Aufstand der Richter

Campus Forschung
Band 934

Elisabeth Bokelmann, Dr. phil., ist Historikerin. Ihr Buch ist Ergebnis des Forschungsprojekts »Die französische Justiz in den 60er und frühen 70er Jahren« an der Universität Bielefeld.

Elisabeth Bokelmann

Aufstand der Richter

Frankreichs Justiz und ihr Verhältnis zum Staat 1946–1981

Campus Verlag
Frankfurt/New York

Bibliografische Information der Deutschen Nationalbibliothek
Die Deutsche Nationalbibliothek verzeichnet diese Publikation in der Deutschen Nationalbibliografie; detaillierte bibliografische Daten sind im Internet unter http://dnb.d-nb.de abrufbar.
ISBN 978-3-593-38728-4

Satz: Marion Jordan, Frankfurt am Main
Printed in Germany

Besuchen Sie uns im Internet: www.campus.de

Inhalt

Abkürzungen

AAAAJ	Association des Auditeurs et Anciens Auditeurs de Justice
AN	Archives nationales
APM	Association professionnelle des magistrats
CNEJ	Centre national des études judiciaires
CFLN	Comité français de libération nationale
CFDT	Confédération française démocratique de travail
CFTC	Confédération française des travailleurs chrétiens
CGT	Confédération générale du Travail
CGTU	Confédération générale du travail unitaire
CSM	Conseil supérieur de la magistrature
ENM	Ecole nationale de la Magistrature
FLN	Front de libération nationale
GAJ	Groupement d'action judiciaire
G.I.P.	Groupe d'information sur les prisons
LGDJ	Librairie Générale de Droit et de Jurisprudence
MACJ	Magistrat dans l'Administration centrale de la Justice
MAJ	Mouvement d'action judiciaire
MRP	Mouvement républicain populaire
NPJ	Nouveau Pouvoir judiciaire (Organ der Union Fédérale de la Magistrature ab 1974)
OAS	Organisation armée secrète
PJ	Pouvoir judiciaire (Organ der Union Fédérale de la Magistrature bis 1974)
RDP	Revue du droit public
SM	Syndicat de la Magistrature
TPFA	Tribunaux permanents des forces armées
UFM	Union fédérale des magistrats (ab 1974 Union syndicale des magistrats USM)

(Alle Übersetzungen stammen, wo nicht anders gekennzeichnet, von der Autorin).

Einleitung

Seit langer Zeit wurde der französischen Richterschaft eine besondere Nähe zur staatlichen Sphäre nachgesagt. Bestätigt wurde diese Einschätzung 1944 durch eine Studie, in der Mitglieder der *Résistance* versuchten, die politische Orientierung der Richterschaft aufzuklären. Anlass für die Untersuchung war die geringe Beteiligung von Richtern an Aktionen des Widerstandes. Die Autoren der Studie kamen zu dem Schluss, es handle sich um ein Milieu, »das sehr schwer zugänglich ist, nicht nur wegen der individualistischen Prägung der Richter, sondern auch, weil es sich aufgesplittert auf die einzelnen Gerichtsorte verteilt. Zudem ist es weitgehend auf sich selbst bezogen und wenig zugänglich für den Einfluss Außenstehender, zu denen kein Vertrauensverhältnis besteht. Insbesondere aber setzt sich dieses Milieu aus Personen zusammen, die durch lange Tradition und durchdrungen von der Vorstellung der Legalität gewöhnt sind, die Hierarchie zu respektieren. Sie geraten leicht in Bestürzung durch äußere Geschehnisse und durch das, was sie Politik nennen, und sind wenig geneigt, gegenüber den bestehenden Machtverhältnissen Widerstand zu leisten.«[1]

Ein ganz anderes Bild ergab sich eine Generation später, als der Richterverband *Syndicat de la magistrature* in der Beschlussfassung seines Jahreskongresses 1971 das richterliche Mandat mit den Worten beschrieb: »In Wahrheit ist die Justiz eine Gegengewalt zum Staat.«[2] Diese neue Deutung blieb offenbar nicht ohne Auswirkung in der Praxis, denn vier Jahre später bezichtigte ein ehemaliger Justizminister in der Zeitschrift *Paris-Match* den Großteil der jungen Richter, »sich der Rechtsprechung zu bedienen, um die

---

1 Zit. nach Aron, *Histoire de l'Epuration*, Bd. 2, 45–46.

2 Zit. nach Robert, *On les appelle les juges rouges*, 103; auch *Justice*. Syndicat de la magistrature, 20 ans de motions, 23–27. Häufig werden die Begriffe »magistrat« und »magistrature« klein geschrieben; doch ist diese Schreibweise nicht einheitlich geregelt. Es findet sich im Französischen, je nach Autor und Quelle, genauso die Schreibweise »Magistrats« und »Magistrature«.

Revolution einzuführen, um eine andere Gesellschaft an die Stelle der heutigen zu setzen«.[3]

Auch wenn die letztere Charakterisierung polemisch zugespitzt sein mag, so überrascht doch der offenkundige Kontrast zwischen den Deutungsmustern. Wie erklärt sich der Wandel, der aus den seit jeher als »Mandarine« bezeichneten Richtern einen Berufsstand werden ließ, dem »revolutionäre« Bestrebungen vorgeworfen werden konnten? Welches sind die Gründe, welches die Motive, die die Gesinnung, das eigene Rollenverständnis und den politischen Standort der Richter so nachhaltig veränderten, dass selbst das seit jeher vorherrschende Verständnis der Staatsbeamten, ihre Aufgabe bestehe in der Aufrechterhaltung der politischen Ordnung, darüber in den Hintergrund trat?

Eingangs stellt sich die Frage, was unter dem Begriff »Richterschaft« im Frankreich der ersten Jahrzehnte nach dem Zweiten Weltkrieg zu verstehen ist, wie dieser Berufsstand sich zusammensetzte und welche Gemeinsamkeiten die Mitglieder verbanden.

Zu den »juges«, bzw. zur »justice judiciaire«, gehörten in erster Linie die Recht sprechenden Richter, die im Französischen auch als die »sitzenden Richter« bezeichnet werden, »les juges assis« oder auch »les juges du siège«. Diese waren auf Grund ihrer Ausbildung, die aus der an den Rechtsfakultäten absolvierten »licence de droit« und einer darauf folgenden praktischen Anleitung bei einem Gericht bestand, zum Richter berufen worden. Der letztere Teil der Ausbildung wurde ab 1958 ersetzt durch ein etwa zweijähriges Studium an der Richterschule, einer Institution, die im europäischen Rahmen eine Sonderstellung einnimmt. Manche der Besonderheiten, die sich in der Geschichte der Richterschaft während des Untersuchungszeitraums einstellten, lassen sich denn auch auf diese Ausbildungsform zurückführen.

Eine Sonderform der französischen Justiz stellt auch die Tatsache dar, dass die Staatsanwälte unter die Richterschaft gezählt werden, nämlich als »stehende Richter«, »les juges debout« oder »les juges du parquet«. Dies beruht darauf, dass die Funktionen beider Berufsgruppen austauschbar sind und Berufslaufbahnen häufig den Wechsel der einen Sparte in die andere ausweisen. Ungeachtet dessen bestehen zwischen beiden Kategorien administrative Unterschiede. So gelten und galten die Recht sprechenden Richter als in höherem Maß von der politischen Administration unab-

3 Jean Foyer in *Paris-Match*, Nr. 1378, 25. Okt. 1975, 43.

hängig – was in der Untersuchungsperiode wenig der gelebten Wirklichkeit entsprach –, waren ihnen doch einige Garantien, zum Beispiel die der Unabsetzbarkeit, zugestanden, die die relativ enge Anbindung an die staatliche Führung abmildern sollten. Die Staatsanwälte hingegen waren, als Vertreter der Staatsmacht vor Gericht, direkt der Weisungsbefugnis des Justizministeriums unterstellt.

Die Forderung nach mehr Selbstbestimmung, die die »sitzenden« Richter während des ganzen Untersuchungszeitraums mehr oder minder lautstark erhoben, bildete, wie sich in der Studie zeigt, ein zentrales Motiv für die stürmische Entwicklung, die der Berufsstand während des Untersuchungszeitraums durchlief. Jedoch stand seit alters her in Frankreich dem Anspruch auf den Status einer »Dritten Gewalt«, also auf weitgehende Unabhängigkeit von Exekutive und Legislative, die weit verbreitete Befürchtung vor einem »gouvernement des juges« entgegen, wie es in bestimmten Phasen des Anciem Régime verwirklicht gewesen war. Nun allerdings, während der Vierten und des ersten Teils der Fünften Republik, gründete sich der Widerstand gegen die Bestrebungen der Richterschaft nach mehr Autonomie weniger auf die Befürchtungen, ein »gouvernement des juges« könne sich über die gewählten politischen Akteure hinwegsetzen und demokratisch nicht legitimierte Macht entfalten, sondern resultierte vielmehr aus dem Bestreben der Exekutive, sich ein Instrument der politischen Kontrolle zu bewahren, das sowohl zur Durchsetzung gaullistischer Planungsvorhaben als auch zur Aufrechterhaltung der etablierten Ordnung nach traditionellem Muster dienen konnte.

Der etymologische Ursprung des Begriffs »Aufstand« bezeichnet den Bewegungsablauf von einer ruhenden Position in eine aufgereckte, bewegte Position. Im übertragenen Sinn verdeutlicht der Begriff in Bezug auf eine Gruppe von Menschen den Übergang von einem Zustand der Anpassung an vorgegebene Regeln und Verhaltensmuster hin zu einem Zustand der Auflehnung, des Protestes und des Widerstandes. Einen derartigen »Aufstand« vollzog die französische Richterschaft im Zeitraum von 1946 bis 1981. Mit der Wahl von François Mitterrand zum Staatspräsidenten 1981 und mit dem Wahlsieg der linken Parteien in der Nationalversammlung fand der »Aufstand der Richter« ein Ende. Ab da folgte das Verhältnis der französischen Justiz zum Staat anderen Vorzeichen, nicht unbedingt konfliktfreier auf längere Sicht, aber doch in anderer Weise auf Augenhöhe.

Die Zeitspanne 1946 bis 1981 ist folglich Gegenstand dieser Untersuchung. Sie umfasst – entsprechend der Bedeutung von »Aufstand« – die

Phase der berufsständischen Sammlung und die Erkenntnis der Defizite des »Standes«, die die Basis legte für die Sensibilisierung gegenüber staatlicher Instrumentalisierung. Auf diese erste Stufe folgt mit der korporativen Selbstvergewisserung die Suche nach einer veränderten gesellschaftlichen Rolle, die sich schließlich zur Auflehnung gegen die staatlichen Gewalten verdichtet. Die Politisierung eines Großteils der Richterschaft steht am Ende dieses Prozesses.

Die 35 Jahre, die der Zeitraum der Untersuchung umfasst, stellen für die Entwicklung der Richterschaft eine Zeitspanne dar, die eine durchgängige Entwicklung aufweist. Dies, obwohl der Zeitabschnitt mehr als zwei Regime umfasst (man könnte auch sagen mehr als drei, wenn man dem liberaldemokratischen Regime Giscard d'Estaings Eigenständigkeit außerhalb der gaullistischen Ära zubilligt).

1946 ging mit der Gründung der Vierten Republik für Frankreich die traumatische Phase der Kriegs- und Nachkriegszeit und der darauf folgenden »Säuberung« (»Epuration«) zu Ende. Erst ab diesem Zeitpunkt konnte folglich eine reguläre staatliche Ordnung Raum greifen. Dass dieses Regime schon zwölf Jahre später von einer politischen Krise hinweggefegt wurde, hing mit der Bürde der kolonialen Vergangenheit zusammen, aber auch mit den konstitutionellen Besonderheiten der Vierten Republik.

Die innenpolitische Instabilität zu überwinden und die Verstrickung in die algerische Problematik zu lösen, übernahm 1958 die Fünfte Republik. Unter der Staatspräsidentschaft General de Gaulles begann eine für Frankreich glückliche, weil wirtschaftlich erfolgreiche Periode, die es erlaubte, die lange Stagnation zu überwinden. Diese unter die »Trente Glorieuses«, also unter die dreißigjährige Periode wirtschaftlicher Prosperität gerechnete Phase schwächte sich unter Georges Pompidou und Giscard d'Estaing zwar ab, konnte aber im Wesentlichen auch über die Krise von 1968 und die nachfolgenden innenpolitisch unruhigen Jahre fortgesetzt werden.

Kennzeichnend für die lange Periode von 1958 bis 1981 und seine von gaullistischen, konservativen und liberal-demokratischen Kräften getragenen Kabinette war, dass die herrschende politische Macht sich nur in geringem Maß der Kontrollfunktion einer effizienten Opposition zu erwehren hatte. Erst im Laufe der späten Jahre gewannen die Parteien der parlamentarischen Linken an Statur und an öffentlicher Resonanz. An dieser Entwicklung hatte die Richterschaft maßgeblichen Anteil.

Mit der Wahl François Mitterrands zum Staatspräsidenten 1981 ging die Periode zu Ende, in der das mittlere und rechte politische Spektrum für die

Entwicklung Frankreichs die allein ausschlaggebende Kraft gewesen war. Damit trat auch die Richterschaft, deren Verständnis von ihrer Rolle im gesellschaftlichen Gefüge einem radikalen Wandel unterzogen worden war, in eine neue Phase ein. Mit dem Schnittpunkt von 1981 war die Zeit vorbei, in der die Richterschaft ihr Selbstbild gesucht und neu bestimmt hatte. Die Richterschaft hatte ihren »Elfenbeinturm« verlassen und ihren Platz auf der öffentlichen Bühne eingenommen. Dort hatte sie ihren Protest gegen das Übergewicht der exekutiven Gewalt vorgetragen und ihren »Aufstand« gerechtfertigt.

Mit dem Protest, dem »Aufstand«, verbunden war ein dynamischer Prozess des Wandels, der zwei Richtergenerationen einbezog, über Brüche, Schübe und Blockierungen hinweg ablief und der mehrere Varianten des Wandels umfasste. Nicht nur lässt sich im Untersuchungszeitraum der Übergang der Justiz von einem Standort an der Seite der politischen Macht hin zur politischen »Gegen-Gewalt« beobachten, von dem sinnstiftenden Konstrukt als Verteidiger der bestehenden Ordnung hin zur Instanz von deren Infragestellung. Auch das Verhältnis der Richterschaft zur Öffentlichkeit, das vordem von Absonderung und Skepsis gekennzeichnet war, wurde abgelöst von der Selbstdeutung als treibende Kraft der gesellschaftlichen Entwicklung. Ein Wechsel also von der Anpassung an bestehende Machtverhältnisse zum Widerstand gegen diese, Wechsel auch von dem Vorrang der Staatsräson hin zur Verteidigung der individuellen Freiheiten, von der Priorität der Interessen der Starken hin zur Schutzmacht der Schwachen, von der Suche nach harmonistischer Anpassung an vorgegebene Ordnungskonzepte hin zur Anerkennung kontroverser Handlungsmuster in einer modernen pluralistischen Welt. Wechsel also von einer Wertegemeinschaft des 19. Jahrhunderts hin zur Modernität mit ihren kompetitiven und konfliktreichen Kommunikationsformen.

Wo die resümierende Schlussfolgerung so zugespitzt ausfällt, müssen sich die der Untersuchung zugrunde liegenden Quellen der Frage nach ihrer Aussagekraft und Deutungsrelevanz stellen.

Dies gilt in besonderer Weise für die Organe der Richterverbände, vor allem der *Union fédérale des magistrats* (*Pouvoir Judiciaire*, ab 1974 *Nouveau Pouvoir Judiciaire*) und des *Syndicat de la magistrature* (*Justice*). Es stellt sich die Frage, inwieweit die in diesen Zeitschriften veröffentlichten Meinungen als repräsentativ für die Ansichten und Vorstellungen der Richterschaft insgesamt gelten können, also die Zahl der nicht organisierten Richter ebenfalls mit einschließen. Im Frankreich der Jahre 1946 bis 1968 waren etwa 4.000 Personen als Richter tätig; davon waren grob geschätzt zwischen zwei Fünfteln und der Hälfte als Mitglieder den beiden Verbänden *Union fédérale des magistrats* und (ab 1968 in der UFM aufgegangen) *Association de la magistrature* (AM) beigetreten, also rund 2.000 Personen. Als 1968 das *Syndicat de la magistrature* gegründet wurde, übte es sofort nach seiner Entstehung große Anziehungskraft aus; seine Mitgliederzahl blieb aber immer geringer als die des Mutterverbandes. 1970 gab das *Syndicat* den Stand seiner Mitglieder mit 1.200 von etwa 4.000 Richtern an; die UFM zählte zum gleichen Zeitraum etwa 1.600 Mitglieder. Der Organisationsgrad hatte sich im Zuge der Dynamisierung des Justizdiskurses beträchtlich erhöht und betrug nun mehr als drei Viertel des Berufsstandes. Man kann davon ausgehen, dass zur Zeit des höchsten Organisationsgrads etwa 70 bis 75 Prozent der Richterschaft einem der beiden Berufsverbände angehörten.[4] Auch wenn um die Mitte der 70er Jahre die Mitgliederzahlen im *Syndicat* zurückgingen, so ist es gleichwohl nicht verfehlt, von der in den Verbänden vertretenen Meinung grosso modo auf die Einstellung der Richterschaft zu schließen. Dass es dabei auch abweichende Meinungen gab, wurde deutlich, als wenige Monate nach der Machtübernahme der politischen Linken 1981 ein neuer Richterverband das Licht der Welt erblickte, die konservative *Association professionnelle des magistrats* (APM).

Neben den Organen der Richterverbände stützt sich die Darstellung auf andere Quellenbestände: Dokumente des Justizarchivs, die zum geringeren Teil im Nationalarchiv in Paris, zum größeren Teil in Fontainebleau lagern, Sitzungsprotokolle, Tagungsberichte, Presse-Artikel, wissenschaftliche Untersuchungen, Erinnerungen der Akteure und andere themenrelevante Unterlagen, in die ich in den Geschäftsstellen der beiden Richterverbände *Union syndicale des magistrats* (Nachfolgeverband der *Union fédérale des magistrats*) und *Syndicat de la magistrature* Einblick nehmen konnte.

Besonders gewinnbringend erwiesen sich die Interviews mit Zeitzeugen, denen ich zu besonderem Dank verpflichtet bin: M. Pierre Lyon-Caen, dem Gründungsmitglied und ehemaligen Generalsekretär des *Syndicat de la magistrature* und derzeitigen Präsidenten der Sozialkammer am Kassationsgerichtshof, der trotz seiner zeitlichen Belastung sich viele Stunden Zeit nahm, um in liebenswürdigster Weise über das Wohl und Wehe des

4 François Caviglioli geht in seinem Artikel in *Paris-Match* von 1975 aus von einer Gesamtzahl von 4.700 Richtern, davon 2.000 im USM und 1.000 im *Syndicat de la magistrature*, *Paris-Match*, Okt. 1975, 43.

Syndicat Rede und Antwort zu stehen. Ebenso herzlich ist M. Jean-Georges Diemer zu danken, dem langjährigen Vize-Präsidenten der UFM und Ehrenmitglied des Kassationsgerichts, der mich auch mit schriftlichem Material versorgte und ebenso M. Valéry Turcey, dem derzeitigen Generalsekretär der USM, dem ich wertvolle Hinweise verdanke.

Der Zugang zum Justizarchiv in Fontainebleau setzte die Genehmigung, «demande de dérogation», zur Einsicht in Dokumente und Akten voraus, die vom *Service des archives* im Justizministerium verwaltet werden. Deren Leiterin, Mlle. Valérie Jourdan, gebührt ebenso Dank für Rat und Unterstützung wie Mme. Christine Pétillat, der Archivdirektorin in Fontainebleau. In herzlicher Dankbarkeit verbunden bleibe ich Mme. Anne Boigeol vom *Institut de l'Histoire du temps présent* (IHTP), Mme. Michelle Zancarini, Professorin an der Universität Lyon, M. François Gaudu, Professor für Privatrecht an der Sorbonne und M. Jean-François Chassaing, Professor für Strafrecht an der Universität Paris X Nanterre.

Der erste Anstoß zur vorliegenden Untersuchung ging von einem Forschungsprojekt aus, das unter der Leitung von Prof. Dr. Heinz-Gerhard Haupt und Dr. Jörg Requate 1996 bis 2000 an den Universitäten Halle und Bielefeld erarbeitet wurde. Ziel des Projekts war die Erstellung einer vergleichenden Untersuchung des Justizdiskurses in der Bundesrepublik Deutschland, in Frankreich und Italien im Zeitraum der 60er Jahre.[5] Die in diesem Kontext erarbeiteten Recherchen gingen, wesentlich erweitert und vertieft, in das vorliegende Manuskript ein.

Weitere Bearbeitungen der Thematik »Frankreich – Richterschaft – gaullistische Ära« liegen im deutschen Sprachraum nicht vor. An Publikationen gibt es die Studie von Hans Schill zur Stellung des Richters in Frankreich, die aber schon 1961 erschien und folglich die neuere Entwicklung nicht einbezieht.[6] Was den französischen Sprachraum anbetrifft, so befasst sich am ehesten Daniel Soulez-Larivière in seinem Buch *Les juges dans la balance* von 1987 mit der Entwicklung der Richterschaft, wobei er sich auf Zeitzeugen-Interviews stützt, ohne die schriftlichen Quellen ein-

5 Veröffentlicht im Nomos-Verlag in der Reihe Interdisziplinäre Studien zu Recht und Staat unter dem Titel *Recht und Justiz im gesellschaftlichen Aufbruch. Bundesrepublik Deutschland, Italien und Frankreich im Vergleich*, Baden-Baden, 2003.

6 Schill, Die Stellung des Richters in Frankreich.

zubeziehen[7]. Andere Untersuchungen legen einzelne Quellenbestände zugrunde oder gehen nur auf einzelne Aspekte der Thematik ein.

Hier nun handelt es sich um eine Untersuchung aus sozialgeschichtlicher Warte; vorrangiges Interesse gilt folglich, soweit sie für die Sozialgruppe »Richter« relevant war, der Abfolge von quellenmäßig belegten Vorgängen und Prozessen, deren Kausalität und Interdependenzen. Rechtswissenschaftliche Aspekte sind nur soweit einbezogen, als sie sich in den sozialwissenschaftlichen Kontext einfügen.

Was die Übersetzungen anbetrifft, so habe ich diese, wo nicht anders vermerkt, selbst erstellt. Allerdings lassen sich für manche französische Begriffe nur schwer deutsche Entsprechungen finden. Dies gilt zum Beispiel für den französischen Terminus »syndicat«, den ich nur ungern mit dem deutschen »Gewerkschaft« wiedergab. Die deutsche Bezeichnung scheint ein anderes Verständnis der inhaltlichen, ideologischen und politischen Orientierung zu Grunde zu legen. Das deutsche »Syndikat« aber entspricht noch weniger dem »syndicat«, so dass hier im allgemeinen auf eine Übersetzung verzichtet wurde und die Bezeichnung »syndicat« mitsamt der französischen Orthographie verwendet wurde.

7 Soulez-Larivière: Les juges dans la balance.

1. Das Gewicht der Vergangenheit

»Que les temps sont changés! […] Mais je sentais bien que cette grande mutation posait de graves problèmes d'adaptation. L'adaptation en quelque domaine que ce soit, est toujours délicate, parfois pénible. Le juge de la stabilité allait devenir le juge du mouvement. Le juge de la tradition était condamné à devenir le juge de la transition […] Les juges de notre temps n'en ont pas fini de rester les juges de la transition.«[1]

1.1 Genese einer Rechtskultur

Im Allgemeinen baut sich das Rechtssystem einer Gesellschaft in einer langen Tradition überlieferter Ordnungsregeln kontinuierlich auf. Anders in Frankreich. Hier legte ein radikaler Bruch mit allem Bestehenden den Grundstein für die neuzeitliche Rechtsordnung. Zentrales Anliegen der Revolutionäre von 1789 war es, einen tief greifenden Wandel im gesellschaftlichen Ordnungsgefüge herbei zu führen. Dies sollte im Rahmen der Rechtsordnung vor allem für die Gerichtsbarkeit gelten. Im Bereich der Justiz nämlich konkretisierten sich die leidvollen Erfahrungen, die die Franzosen mit dem Anciem Régime verbanden, Erfahrungen, die in Beschwerdebriefen, den »lettres de doléance«, in Worte gefasst waren.

Diese seit den ersten Wochen des Umsturzes an die Generalstände gerichteten Beschwerde- und Bittbriefe offenbarten die Bedrängnisse der Bevölkerung und die Mängel und Missstände der öffentlichen Ordnung, die Übergriffe der Polizei, die Auswirkungen des Ämterkaufs, die hohen Kosten und die Schwerfälligkeit der Gerichtsverfahren, die Willkür der hinter geschlossenen Türen gefällten Urteile und die Unverhältnismäßigkeit der Strafen. Für die Revolutionäre stellte sich folglich als vordringliche Aufgabe, dieses »Unrecht« für die Zukunft des neuen Gemeinwesens auszuschließen.

1 »Wie sehr haben die Zeiten sich verändert […] Aber ich spürte wohl, dass dieser tief greifende Wandel ernsthafte Anpassungsprobleme mit sich bringen würde. Anpassung ist immer schwierig, in welchem Bereich auch immer, und manchmal mühsam. Der Richter der Beständigkeit sollte zum Richter der Fortentwicklung werden […] Die Richter von heute haben immer noch nicht aufgehört, Richter des Übergangs zu sein.« Aydalot, Maurice, *Magistrats*, Paris 1976, 178.

In einer dramatischen Nachtsitzung am 4. August 1789 beseitigte die Nationalversammlung alle bisher bestehenden ständischen Rechte und Privilegien und beschloss die Gleichheit aller Bürger vor dem Gesetz. Ausformuliert erschienen die neuen Grundbestimmungen drei Wochen später in der Erklärung der Menschen- und Bürgerrechte; sie stellte das unveränderliche normative Grundgerüst des neuen Gemeinwesens dar. Zwei Jahre später erging die Verfassung von 1791, die sowohl die gesellschaftliche Ordnung festlegte, wie auch die Funktionsweise und die Zuständigkeiten der staatlichen Institutionen festlegte. Das Kapitel »Du pouvoir judiciaire« befasste sich mit den die Justiz betreffenden Fragen. In den Artikeln 7 bis 9 wurden die Grundprinzipien der Rechtsprechung ausgeführt.

»Art. 7: Nul homme ne peut être accusé, arrêté ni détenu que dans les cas déterminés par la loi, et selon les formes qu'elle a prescrites…
Art. 8: La loi ne doit établir que des peines strictement et évidemment nécessaires, et nul ne peut être puni qu'en vertu d'une loi établie et promulguée antérieurement au délit, et légalement établie.
Art. 9: Tout homme étant présumé innocent jusqu'à ce qu'il ait été déclaré coupable, s'il est jugé indispensable de l'arrêter, toute rigueur qui ne serait pas nécessaire pour s'assurer de sa personne doit être sévèrement réprimée par la loi. «[2]

Grundlegende Neuerung war die Bedeutung, die dem Gesetz als Ausdruck des Volkswillens zukam. In »la loi«, dem Gesetz, der von der Vertretung der Bürger verabschiedeten Rechtsregel, fand sich in schriftlicher Form niedergelegt, welche Handlungsweise als Verstoß gegen die Rechte des einzelnen Bürgers oder gegen das Interesse des Gemeinwesens zu gelten hatte und folglich zu ahnden war. Fortan konnte nur der belangt und zur Rechenschaft gezogen werden, der gegen die Ordnungsvorschriften verstieß und somit der Gesellschaft Schaden zufügte. Damit distanzierte sich das Gesetz sowohl von der moralischen Vorschrift wie vom religiösen Gebot; die Rechtsregel ging allein aus einem Kern rationaler Nützlichkeits-

2 »Art. 7: Niemand darf angeklagt, festgenommen oder in Haft gehalten werden, als nur in den vom Gesetz bestimmten Fällen und entsprechend den Bedingungen, die dieses vorgibt.
Art. 8: Das Gesetz kann nur strikt und eindeutig notwendige Strafen festlegen und niemand kann anders als in Entsprechung zu einem Gesetz bestraft werden, das rechtmäßig und zeitlich vor dem Delikt zustande kam.
Art. 9: Da jeder Mensch bis zum Zeitpunkt des Schuldspruchs als unschuldig zu betrachten ist, muss, sollte es sich als unumgänglich erweisen, ihn zu verhaften, jede Härte, die nicht unbedingt zur Ergreifung seiner Person erforderlich ist, vom Gesetz aufs Schärfste unterbunden werden.«

erwägungen hervor, die die Verwirklichung des »freien, gleichen und brüderlichen Bürgers« zum Ziel hatten. Als Volkswille, »volonté générale«, durch das Parlament formuliert, durfte das Gesetz von keiner Seite eingeschränkt oder beschnitten werden und stellte die zentrale Rechtsquelle, Sinnbild und Inbegriff einer aufgeklärten Staatsordnung dar. Unter seinem Geltungsbereich sammelten sich die »citoyens«, die Bürger eines selben Gemeinwesens, der »République une-et-indivisible«. Diese besondere Verbindung von Staat und Gesetz in Frankreich machte die Trias Nation – Staat – Gesellschaft zu Synonymen. »In Frankreich«, schreibt Robert Jacob, »ist es der Staat, also das Gesetz, das die französische Gesellschaft befriedet und das soziale Band geknüpft hat.«[3]

Das Gesetz anzuwenden war dem Richter vorbehalten; allerdings wurde ihm kein Spielraum in der Auslegung der Rechtstexte zugestanden. Er war darauf festgelegt, nichts anderes zu sein, als »der Mund, der das Gesetz ausspricht«, »la bouche de la loi«. Der erste Justizminister der jungen Republik Duport-Detertre führte die neue Richterrolle aus: »Ihr seid die Richter der Bürger, aber die Sklaven des Gesetzes. Ihr seid seine Organe und nicht Schiedsrichter; Euer Amt ist ein rein passives.«[4] Wenig später erläuterte Robespierre:

»Das Wort Rechtsprechung muss in einem Staat, der sich auf Verfassung und Gesetzgebung stützt, aus unserer Sprache getilgt werden: Die Rechtsprechung ist nichts anderes als das Gesetz. Wenn das Gesetz ausgelegt, erweitert, oder nach dem Gutdünken eines einzelnen Willens angewandt werden kann, steht der Mensch nicht mehr unter dem Schutz des Gesetzes, sondern unter der Willkür dessen, der es anwendet oder verstärkt.«[5]

Das Bestreben der Gesetzgeber der Revolution, die Richter auf die strikte Gesetzesauslegung zu beschränken und so die Rechtsprechungsfunktion unter den Buchstaben des Gesetzes zu zwingen, ergab sich nicht von unge-

3 Jacob, Robert: Le juge et le jugement dans les traditions juridiques européennes, Paris 1996, 385.

4 »Vous êtes les juges des citoyens, mais vous êtes les esclaves de la loi. Vous en êtes les organes et non les arbitres; votre ministère est purement passif«; zit. nach Text der Ausstellung *Justice et Pouvoir 1791–1999*, Archives nat. Paris, 24. Juni bis 4. Oktober 1999.

5 »Ce mot de jurisprudence doit être effacé de notre langue dans un Etat qui a une constitution, une législation. La jurisprudence n'est pas autre chose que la loi. Si la loi peut être interprétée, augmentée ou appliquée au gré d'une volonté particulière, l'homme n'est plus sous la sauvegarde de la loi, mais sous la puissance de celui qui l'interprète ou qui l'augmente.« Sitzung der Verfassung gebenden Versammlung vom 18. Nov. 1790, zit. nach Soulez-Larivière, *Les juges dans la balance*, 58.

fähr. Während des letzten Jahrhunderts des Anciem Régime hatte sich die Kaste der Richter, vor allem die Mitglieder des *Parlement de Paris*, des obersten Gerichtshofs und Konsultativorgans des Königs, zunehmend als Sozialgruppe von der Bevölkerung abgelöst. Sie hatten in der Bewahrung der eigenen Privilegien und der Erhaltung des Status quo ihr vorrangiges Interesse gesehen und dies zur Richtschnur ihres Handelns gemacht. Da königliche Erlasse, um Gültigkeit zu erlangen, durch den obersten Gerichtshof registriert werden mussten, hatten die Richter durch die Weigerung, neue Regelungen zu übernehmen, es vermocht, nötige Reformen zu blockieren. Sie hatten ein veritables »gouvernement des juges« ausgeübt, gegen dessen Einspruch selbst König und Regierung machtlos schienen, wie sich in langen Konfrontationen zeigte. Das Ausbleiben von Anpassungsmaßnahmen an zeitbedingte Veränderungen, ein Mangel, der schließlich zum revolutionären Umbruch führte, ging auch auf das Konto der Magistraten des Anciem Régime.[6]

Seither begleitet der Begriff »gouvernement des juges« als Konfiguration einer durch richterliche Willkür gekennzeichneten Herrschaftsform den Diskurs über die Justiz in Frankreich. Die Besonderheiten des Justizsystems, wie es die Gesetzgeber der Revolution einführten, gingen auf das Bemühen zurück, derartige Fehlentwicklungen künftig zu verhindern. Zu den Neuerungen von 1791 gehörten das System der Richterwahl, die Öffentlichkeit der Gerichtsverfahren, die Gleichheit der Bürger vor dem Gesetz und die Gebührenfreiheit der Justiz. Um auf Dauer eine »Regierung der Richter« auszuschließen, verfügten die Gesetzgeber die »in unauflöslicher Weise« erfolgte Trennung von Verwaltungsjustiz und Ziviljustiz, wie sie in Art. 13 formuliert wurde: »Die Rechtsprechungsfunktionen sind unterschieden und bleiben getrennt von den Verwaltungsdiensten. Richter, die die Aktionen der Verwaltungsorgane in irgendeiner Weise stören oder die Verwaltungsbeamten wegen deren Tätigkeiten vor Gericht ziehen, müssen sich wegen Missbrauchs der Amtsgewalt verantworten.«[7] Niemals

6 Siehe dazu *Remontrances du Parlement de Paris au XVIIIe siècle*, 3 Bde., hrsg. von Jules Flammermont , Paris 1888–1898; auch Mager, Wolfgang: *Frankreich vom Anciem Régime zur Moderne*; Kap.: Konflikte zwischen Regierung und Gerichten, Stuttgart/Berlin,1980, 129–131.

7 »Les fonctions judiciaires sont distinctes et demeureront séparées des fonctions administratifs. Les juges ne pourront, sous peine de forfaiture, troubler de quelque manière que ce soit, les opérations des corps administratifs ni citer devant eux les administrateurs, pour raison de leurs fonctions«; zit. nach *Justice. Cahiers français*, Nr. 251, Mai–Juni 1991, 30.

mehr sollten die Beschlüsse oder Verwaltungsakte einer vom Volkswillen bestimmten Regierung sich dem Einspruch einer nicht demokratisch legitimierten Richterschaft zu beugen haben.

Mit der Aufspaltung der Justiz in zwei strikt voneinander getrennte Bereiche, Verwaltungsjustiz und Ziviljustiz, wurde freilich die Bildung einer starken Justiz als »Dritter Gewalt« neben Exekutive und Legislative, wie sie Montesquieu in seinem *Esprit des lois* als Element einer idealen Gewaltenteilung gesehen hatte, verhindert. Doch erschien der Verzicht auf die »Dritte Gewalt« den Gesetzgebern von 1791 hinnehmbar, hatte doch Montesquieu selbst sich später von seiner Theorie distanziert, als er ausführte: »von den drei Gewalten, die wir besprochen haben, ist die der Rechtsprechung gewissermaßen nicht existent. Es bleiben nur zwei.«[8]

Somit stand dem Vorrang der »volonté générale« und des als deren schriftlichem Ausdruck verstandenen Gesetzes nichts mehr im Wege, zumal die unterschiedlichen Rechtsquellen, die unter dem Anciem Régime als Urteilsgrundlagen gedient hatten, nämlich ständische und individuelle Privilegien, rechtliche Sonderregeln von Lokalitäten und Regionen, im Süden das Fortbestehen schriftlicher römischer Rechtsbestände, im Norden die Wirksamkeit des »droit coutumier«, des mitunter auf germanische Traditionen zurückgehenden Gewohnheitsrechts, sämtlich bereits in den ersten Monaten der Revolution aufgehoben worden waren.

Der Sicherung des neuen Rechts- und Verwaltungssystems diente auch die territoriale Reform. Die alten historisch gewachsenen Provinzen wurden als administrative Einheiten zerschlagen und das Land gleichmäßig in Departements aufgeteilt. Keine regionalen Loyalitäten, keine überkommenen Traditionen, keine Stände, keine Orden, keine Zünfte, keine Vorrechte sollten der dauerhaften Gültigkeit einer einheitlichen, für alle gleichermaßen verbindlichen Rechtsordnung entgegenstehen.

Nicht alle hoch gestimmten Erwartungen der Gesetzgeber der Verfassung gebenden Versammlung erwiesen sich in der Folge als realistisch. Das neue System der Rechtsprechung ließ in wesentlichen Punkten zu wünschen übrig. Die Annahme, die Wahl der Richter direkt aus der Bevölkerung führe zu einer objektiven, von parteilichen oder privaten Interessen freien Rechtsprechung, bewahrheitete sich nicht. Vielmehr zeigte sich in den Jahren bis zum Ersten Kaiserreich, dass die Bürger beredte Klage

---

8 »Des trois puissances dont nous avons parlé celle de juger est en quelque façon nulle. Il n'en reste que deux«; Montesquieu, *L'esprit des lois*, Buch IX, Kap.4; zit. nach Soulez-Larivière, *Les juges dans la balance*, 58.

führten über die auf ihr Amt wenig vorbereiteten und mitunter korrupten Richter und deren unsachgemäße Urteile und dass sie insgesamt mit ihrer Justiz höchst unzufrieden waren.

Napoleon sah sich folglich veranlasst, eine umfassende Neuordnung des Justizwesens vorzunehmen. Dabei war er bestrebt, die Richterschaft als Berufsstand sozial aufzuwerten und als staatstragende Korporation an die Exekutive zu binden. Entsprechend dem Vorbild des Militärs wurde der »Richterstand« hierarchisch in zahlreiche Rangstufen unterteilt und mit einer an Uniformen erinnernden Amtstracht, mit militärischen Insignien, Degen etc. versehen. Die Richterwahl wurde abgeschafft und die Ernennung der Magistraten der exekutiven Staatsgewalt übertragen. Bis in die Dritte Republik prägten die napoleonischen Justizreformen die Rechtsprechung in Frankreich, sowohl was das äußere Erscheinungsbild der Richter anbetraf, wie auch in Bezug auf berufsständische Organisation, hierarchische Struktur und die enge Bindung an die Staatsführung.

Vom Ersten Kaiserreich an galt die Rechtsprechung als eine der Aufgaben der staatlichen Verwaltung, sie war gewissermaßen Teil der Exekutive, wenngleich bestimmte Sonderregelungen wie die Unabsetzbarkeit der Richter, eine Bestimmung, die ab 1848 Verfassungsrang erhielt, eine gewisse Form der Unabhängigkeit für die Amtsinhaber garantieren sollten.

Die hohe faktische und symbolische Bedeutung des Gesetzes hingegen blieb erhalten und erfuhr in den Napoleonischen Gesetzeskodifikationen eine weitere Aufwertung. 1804 wurde als erstes von fünf Gesetzbüchern der *Code civil* eingeführt. Aufbauend auf den Prinzipien der Menschen- und Bürgerrechte von 1789 und als Synthese vielgestaltiger Rechtsquellen stellte er einen Kompromiss dar zwischen der Konzeption der Gesetzgeber der Revolution, die die Realisierung eines idealen Menschenbildes angestrebt hatten, und der Anerkennung des Grundsatzes, dass »die Gesetze die Gewohnheiten schonen müssen«. Zeitgenossen begrüßten den Kodex als »die größte, die nutzbringendste, die würdigste Maßnahme, die je eine Nation der Welt schenkte«[9].

In der Tat galt in der Folge der *Code Napoléon* in Kontinentaleuropa als Grundlage einer gesitteten Gesellschaftsstruktur und ging in Teilen in die Verfassungstexte anderer europäischer Staaten ein. Das in sich schlüssig und konsistent konzipierte, von eingängigen Ordnungsnormen bestimmte

9 »[...] la plus grande, la plus utile, la plus solennelle transaction dont aucune nation ait jamais donné le spectacle à la terre«; Ausspruch des Juristen Albisson, zit. nach Fernet, *Recueil complet des travaux préparatoires du Code civil*, Bd. 15, 120.

System, das sich aus der Symbiose von Volkssouveränität und einer sich auf Schriftlichkeit gründenden Rechtskultur ergab, legte die Basis zur Hegemonie des französischen gesellschaftlichen und politischen Ordnungsmodells[10] im Rechtsdiskurs des 19. Jahrhunderts.

Dass in diesem System der Richter als »Sklave des Gesetzes« fungierte und kaum Deutungs- und Gestaltungsspielraum in der Auslegung des Gesetzes und in der Urteilsfindung besaß, tat zunächst seinem Ansehen und sozialem Rang keinen Abbruch. Vielmehr galt das 19. Jahrhundert als hohe Zeit der Rechtslehre. Der Richter fand in der umfassenden Kenntnis der Rechtstexte und in einer streng am Gesetzes-Wortlaut ausgerichteten Exegese Selbstbestätigung und professionelles Prestige, während der *Code civil* während der tief greifenden Regimewechsel und Umbrüche bis zum Aufkommen der Dritten Republik 1875 wenig Änderungen erfuhr. Die Öffentlichkeit vertraute in die Vereinbarkeit von Ethik und Recht und in den Absolutheitsanspruch gesellschaftlicher Normen: Schuld, Sühne und Strafe waren feste Größen im gesellschaftlichen Diskurs und in der allgemeinen Wahrnehmung.

Gegen Ende des 19. Jahrhunderts mehrten sich die Anzeichen für den Niedergang der unangefochtenen Stellung des Rechts- und Justizsystems. Einerseits betraf dies das materielle und ideelle Niveau des Richterstandes und dessen hohen gesellschaftlichen Rang. Zunehmend rekrutierte sich die Richterschaft aus breiteren mittelständischen Schichten, die auf staatliche Besoldung angewiesen waren; das traditionelle Schema des durch Ämterkauf weitergegebenen Richteramts löste sich auf.

Zum anderen wurden zunehmend Stimmen laut, die den normativen Charakter der Rechtsprinzipien in Frage stellten. Erste Zweifel an der ewig gleichen Gültigkeit normativer Vorgaben kamen von Seiten der kritischen Wissenschaft. »In jedem Volk existiert zu einem bestimmten Zeitpunkt seiner Geschichte eine Moral, und es geschieht auf der Grundlage dieser herrschenden Moral, dass die Gerichtsorgane verurteilen und dass die öffentliche Meinung richtet«, stellte Emile Durkheim fest[11] und verwies so auf die Bedingtheit aller Verhältnisse und auf den Wandel, dem die Welt menschlicher Erfahrung unterworfen sei. Die neu entstehende Soziologie verwarf den Glauben an die Stetigkeit und die Kontinuität verbindlicher

10 Dem Code civil folgte 1808 der Code du commerce, 1809 der Code d'instruction criminelle, 1810 der Code pénal.

11 Durkheim, Emile: *Sociologie et philosophie*, Neu-Ausgabe, Paris 1951, 56.

normativer Ordnungsregeln und verneinte damit überhaupt den transzendentalen Charakter des Rechts und der Justiz.

Auf die Kultur-Euphorie, die die Einführung des *Code civil* ausgelöst hatte, und die darauf folgende Dominanz strikter Exegese in der Rechtsauslegung folgte nun eine Phase, in der sich eine wachsende Zahl von Schriften mit dem Unvermögen von Gesetzestexten befasste, als Maßstab zur Beurteilung der sich wandelnden Wirklichkeit zu dienen. François Gény forderte zu Beginn des 20. Jahrhunderts für den Richter mehr Interpretations-Spielraum in der Deutung der Gesetzestexte; eine allzu wortgetreue Textauslegung werde, so machte er geltend, der Vielfalt und Komplexität zwischenmenschlicher Verhältnisse nicht gerecht[12].

Indessen rief in Frankreich die Abkehr von der wortgetreuen Auslegung von Gesetzestexten besondere Schwierigkeiten hervor, weil hier die Rechtskodifikation eine symbolhafte Verbindung mit der Metapher der nationalen, zentralisierten und pazifizierten Gesellschaftsordnung eingegangen war. Die Annäherung an die Unwägbarkeiten der »Gerechtigkeit des Richterstuhles«, der »justice prétorienne«, die dem Richter Freiräume der Gewichtung von Argumenten und Handlungsantrieben einräumen sollte, könnte – so wurde vielfach befürchtet – die Einheitlichkeit und Eindeutigkeit des Rechtssystems in Frage stellen, die Justiz von ihrer überhöhten normativen Position auf den Boden des Alltags holen und eine Desakralisierung von Recht und Gesetz einleiten.

1.2 Legalität oder Legitimität: Vichy und das Recht

Die auf den Ersten Weltkrieg folgende Epoche war in Frankreich gekennzeichnet durch die schwierige Bewältigung der Kriegsfolgen, die zerrütteten Staatsfinanzen, den mühsamen Wiederaufbau und die Probleme einer alternden Gesellschaft. In zunehmendem Maß, verstärkt durch die Auswirkungen der wirtschaftlichen Rezession, schienen ab 1930 extremistische Ideologien Lösungsmodelle anzubieten. Sowohl das kommunistische Lager wie auch faschistische Ordnungsmodelle, bzw. deren Parteien, übten wachsende Anziehungskraft auf das Bürgertum aus, das unter den krisenhaften ökonomischen und sozialen Verhältnissen litt. Es ergab sich eine

12 In seinem Werk *Méthode d'interprétation et sources du droit privé positif*, Paris 1899, kritisierte Gény den »fétichisme de la loi«.

aufgeheizte politische Stimmung, die wenig Raum ließ für pragmatische Reformen oder konsensorientierte gesetzliche Maßnahmen.

Entsprechend gering war in der Zwischenkriegszeit die Beschäftigung mit rechtstheoretischen Erwägungen. Die dogmatischen Konzeptionen, die die extremistischen Lager anboten, waren auf Ziele kollektiver Sinnstiftung ausgerichtet und befassten sich folglich wenig mit dem Prinzip des Rechts, das sich die Regelung zwischenmenschlicher Verhältnisse unter dem Grundsatz des individuellen Interessen-Ausgleichs zum Ziel setzt.

1936 unternahm Léon Blum mit seiner linken Volksfront-Regierung den Versuch, zwischen den sozialen Kräften zu vermitteln und eine Neuorientierung des staatlichen und gesellschaftlichen Lebens herbei zu führen. Er scheiterte an der Unversöhnlichkeit der Gegensätze, aber auch an dem wachsenden Druck, den die ideologische und militärische Aufrüstung des nationalsozialistischen Regimes in Deutschland auf den westlichen Nachbarstaat auszuüben begann.

Nach der in Frankreich traumatisch erlebten kurzen Kriegsphase von 1940 etablierte sich in der unbesetzten Zone Frankreichs der »Etat français« unter der Regierung des Marschalls Pétain. Seine Amtsführung strebte die Errichtung einer »Neuen Ordnung« im Zeichen der Trias »Travail, Famille, Patrie« an. Wie sich in der Folge zeigte, war damit ein Abrücken von der Prämisse der Menschen- und Bürgerrechte gemeint, die durch einen an konservativen, ja gewissermaßen vorrevolutionären Traditionen orientierten Wertekanon ersetzt werden sollten. Der Status eines besiegten und geteilten Landes aber erlaubte der Vichy-Regierung wenig politischen Aktionsradius, so dass das Regime in zunehmendem Maß in eine Zwangslage zwischen den außenpolitischen Bedrängnissen und dem wachsenden innenpolitischen Widerstand geriet. Die Repressionsstrategie, mit der das Regime auf die Herausforderungen reagierte, verschärfte die Krise: die Verletzung grundlegender Rechtsprinzipien ließ erkennen, dass Vichy den Boden des Rechts verlassen hatte, und dies nicht nur in seinem gesetzgeberischen Handeln und der Verwaltungspraxis, sondern auch in Bezug auf sein Zustandekommen. Zunehmend verstärkten sich Zweifel, ob die Übertragung der Regierungsvollmachten an Marschall Pétain, der das Parlament im Juli 1940 in Vichy zugestimmt hatte, überhaupt im Einklang mit der Verfassung der Dritten Republik gewesen sei.

Eben diese Frage nach der Verfassungskonformität der »Neuen Ordnung« sollte nach Kriegsende für die Richterschaft erhebliche Dynamik entfalten. Sehr wohl, so wurde den Richtern vorgehalten, hätte gerade für

Juristen die Tatsache klar erkennbar sein müssen, dass das Regime von Vichy aus einem Verfassungsbruch hervorgegangen war; der Berufsstand der Richter aber habe sich im Großen und Ganzen ohne erkennbare Gewissensnöte zum Dienst am Unrechtsregime bereit gefunden. Nicht nur das Selbstverständnis und die politische Rolle der französischen Richter fanden sich also in dieser Frage involviert, die Beantwortung nach der Rechtmäßigkeit von Vichy war auch Grundlage vieler individueller Entscheidungen und Lebenswege während der »schwarzen Jahre«, für oder gegen Vichy, für oder gegen die *Résistance*, und damit für das Verhältnis zum Gaullismus. Es soll deshalb hier kurz auf die Entstehungsbedingungen des Vichy-Regimes eingegangen werden.

Nach der Flucht der französischen Regierung vor den deutschen Truppen aus Paris nach Bordeaux hatte Marschall Pétain dort am 17. Juni 1940 in einer vom Rundfunk übertragenen Ansprache den Franzosen dargelegt, dass Verhandlungen mit den Deutschen mit dem Ziel eines Waffenstillstandsvertrags eröffnet worden seien. Zu diesem Zeitpunkt fungierte Pétain noch als Ministerpräsident der Dritten Republik. Da er eine grundlegende Verfassungsreform Frankreichs und seiner politischen Institutionen anstrebte, wofür er das Votum des Parlaments benötigte, berief er dieses für den 9. Juli in Vichy ein. In zwei Schritten sollte über die neue politische Ordnung beschlossen werden. Nachdem die Parlamentarier einer Verfassungsreform zugestimmt hatten, legte Pierre Laval im Auftrag Pétains den Senatoren und Deputierten einen weiteren Text vor: »Die Nationalversammlung verleiht der Regierung der Republik alle Vollmachten mit dem Auftrag, unter der Federführung und Leitung des Marschalls Pétain, in einem oder mehreren Dokumenten, die neue französische Verfassung zu erlassen. Diese Verfassung wird die Rechtsansprüche auf Arbeit, die der Familie und die des Vaterlandes gewährleisten. Sie wird durch das Volk ratifiziert und von den Kammern, die sie geschaffen hat, umgesetzt werden.«[13]

Von den 649 Parlamentariern, die in dem durch die Kriegsfolgen und die Besetzung durch deutsche Truppen hervorgerufenen Chaos sich nach Vichy hatten begeben können, stimmten 569 für die Erarbeitung einer

13 »L'Assemblée nationale donne tous pouvoirs au gouvernement de la République à l'effet de promulguer sous la signature et l'autorité du maréchal Pétain, par un ou plusieurs actes, la nouvelle Constitution française. Cette Constitution devra garantir les droits au travail, de la famille et de la Patrie. Elle sera ratifié par la nation et appliquée par les Assemblées qu'elle aura créées«; zit. nach Besson, *Le mythe de la justice*, 134.

neuen Verfassung unter der Ägide des greisen Marschalls, 80 votierten dagegen und 17 enthielten sich der Stimme. Mehr als 200 der Stimmberechtigten aber waren abwesend, zum Teil durch die trickreichen Machenschaften Pierre Lavals, der durch gezielte Fehlinformationen zahlreiche Mandatsträger bewogen hatten, sich auf dem Schiff Massilia nach Nordafrika einzuschiffen, wo sie festgenommen wurden.

Welches Ausmaß an Ermächtigung die neue Regierung aus den gerade verabschiedeten Regelungen ziehen konnte, mag vielen Parlamentariern erst am folgenden Tag bewusst geworden sein, als die Texte veröffentlicht wurden. Sie trugen nicht nur die Dritte Republik zu Grabe, die seit 1875 die Geschicke der Franzosen bestimmt hatte; sie bedeuteten nichts weniger als das Ende der parlamentarischen Demokratie.

Marschall Pétain übernahm das Amt des Staatspräsidenten, er führte die Geschäfte der Exekutive und hatte bis zu der in den Texten angekündigten Einberufung der Nationalversammlung mit seiner Ministerrunde auch die legislative Gewalt inne. Doch weder wurde in den folgenden vier Jahren eine neue Verfassung erarbeitet, noch die Volksvertretungen einberufen. Gleichwohl nahm das Regime des Marschalls für sich in Anspruch, in Einklang mit der Rechtsordnung zu sein, also die Legalität zu repräsentieren. Dass die französische Bevölkerung, von den Schrecken des Krieges zutiefst gezeichnet, das Ende der Kampfhandlungen herbeisehnte und geneigt war, dem aus dem Ersten Weltkrieg hoch verdienten Marschall jeden nur erdenklichen Kredit einzuräumen, fügte der formalen Legalität noch eine besondere Bekräftigung hinzu.

Am selben Tag, an dem der Marschall Waffenstillstandsverhandlungen mit den Deutschen aufnahm, hatte morgens General Charles de Gaulle in einem Flugzeug Bordeaux verlassen und war in London gelandet. Er hatte als Untersekretär im Kriegsministerium gegen die Entscheidung der Regierung, die Waffen nieder zu legen und um einen Separatfrieden nachzusuchen, heftig protestiert, da er der Meinung war, die Lage sei in Anbetracht der verbleibenden Truppen und Rüstungsgüter nicht aussichtslos. Zumal die britischen Verbündeten sich nicht geschlagen gäben, könne man, so seine Ansicht, den Krieg vom Boden Nordafrikas aus weiter führen. Am 18. Juni formulierte er seine Sicht der Dinge in dem vom Rundfunk übertragenen »Appell des 18. Juni«[14], in dem er die Franzosen aufrief, den

14 »Dans ces heures de honte et de colère pour la Patrie, il faut qu'une voix vous réponde. Ce soir, cette voix sera la mienne«; Radio London, 26. Juni 1940; zit. nach Besson, *Le mythe de la justice*, 121.

Widerstand gegen die Deutschen nicht aufzugeben und sich um ihn zu sammeln.

Der Appell freilich fand zunächst kein Echo, da er nur von wenigen gehört wurde und der General zudem nahezu unbekannt war. Doch gelang ihm in den folgenden Jahren, sich als die Stimme des »freien Frankreich« zu positionieren und die wachsende Schar der Gegner des Marschalls Pétain und seiner Regierung in London um seine Person zu sammeln. Dem Regime von Vichy sprach de Gaulle die Legitimität ab. Es sei, so seine Deutung, durch einen Verfassungsbruch an die Macht gekommen und habe sich nur dank der Anwesenheit der deutschen Besatzungstruppen in Frankreich halten können. Tatsächlich sei die Dritte Republik bis zur Befreiung vom Unrechtsregime des Marschalls formal weiter im Amt: Vichy stelle eine Art Parenthese in der Geschichte der Dritten Republik dar.

Auch nach der *Libération* behielt de Gaulle diese Sprachregelung bei, die es ihm ermöglichte, einen »Bogen der Legitimität« von der Vorkriegszeit zur Nachkriegszeit zu schlagen[15].

Was immer von dieser Deutung historischer Zusammenhänge zu halten war, mag dahingestellt sein; für die Zeitgenossen jedenfalls leitete sich daraus ab, dass das Prinzip von Legalität und/oder Legitimität individueller Interpretation unterliegen konnte. Der Rechtscharakter politischer Fakten und Zustände schien an Eindeutigkeit und an überindividueller Bindungskraft verloren zu haben.

Auch in anderer Weise blieb die »Parenthese von Vichy« für den Rechtsdiskurs nicht ohne Folgen. Es erwies sich, dass das Gesetz in den Händen der Akteure von Vichy als beliebig einsetzbares Instrument zur Ausgrenzung von Minderheiten und »unliebsamen Elementen« und zur harschen Repression aller Formen von Kritik und Widerstand herhalten musste. Nach dem Verständnis vieler Zeitgenossen versagten während Vichy die traditionellen Rechtsnormen, ja die Grundregeln der Moralität.[16]

Die Richterschaft selbst vermochte nicht, ihrem ideellen Mandat zur Aufrechterhaltung von Rechtssicherheit und rechtlicher Kontinuität entsprechend zu handeln. Sie wandte die neuen, von Vichy verabschiedeten

15 Eine andere Einschätzung erklärte das Regime von Vichy als illegal, weil das politische System sich in Widerspruch zum republikanischen Prinzip befunden habe. In Art. 8 der Konstitution vom 20. Febr. 1875 war eine Veränderung des republikanischen Statuts nicht vorgesehen.

16 Dazu Motulski, *L'Etat actuel de la philosophie*, Bd. 1, 1959, 199.

Regelungen in ihren Urteilen an und ließ sich – mit wenigen Ausnahmen – ohne für die Öffentlichkeit erkennbare Gegenwehr in die repressive Sondergerichtsbarkeit einbinden. Allerdings hatte die Regierung des Marschalls nicht versäumt, die Richter ihrer Unabhängigkeitsgarantien zu berauben und sie eng an sich zu binden. Schon am 17. Juli 1940 setzte sie per Gesetz die dem Richterstand zustehenden rechtlichen Garantien außer Kraft. Damit wurde es ihr möglich, zunächst befristet bis zum 31. Oktober desselben Jahres, Richter zu versetzen oder ihrer Stellung zu entheben. Da die Gültigkeitsdauer des Gesetzes in der Folge aber fortdauernd verlängert wurde, blieben schließlich während der gesamten Vichy-Periode die traditionellen Garantien für die Ausübung des Richterberufs, wie Unabsetzbarkeit, Beförderungsregelungen u. a. ausgesetzt[17].

Von der Möglichkeit, die das Gesetz vom 17. Juli 1940 ihr in die Hand gab, nämlich den Richterstand entsprechend ihren Vorstellungen zu »säubern«, machte die Vichy-Regierung ausgiebig Gebrauch. Ein Gesetz vom 2. Juni 1941 verbot jüdischen Richtern die Ausübung ihres Berufs. Wenig später erklärte ein Gesetz vom 11. August 1941 denjenigen für seines Amtes enthoben, der Mitglied einer Geheimgesellschaft war. 91 Richter wurden entlassen, weitere Amtsenthebungen durch Sonderregelungen herbeigeführt. Insgesamt verlor die Richterschaft 221 Mitglieder, zum größten Teil wegen ihres jüdischen Ursprungs, ihrer liberalen Orientierung oder ihrer Mitgliedschaft in einem Freimaurer-Zirkel. Im späteren Verlauf führten auch Anzeichen von kritischer Haltung gegenüber dem »Etat français« zur Amtsenthebung. Der Gerichtspräsident des Tribunals de la Seine, Didier, verlor sein Amt, weil er es ablehnte, den geforderten Eid auf Marschall Pétain zu leisten.

Gleichwohl hatte zunächst das Gros der Richterschaft ebenso wie die übrige Bevölkerung das Aufkommen eines Regimes begrüßt, das nach der politischen und sozialen Spaltung der späten 30er Jahre und nach den Wirren und Nöten des Krieges eine durchgreifende Erneuerung verhieß. Und ebenso wie die Bevölkerung allgemein waren die Richter gesonnen, ihren Part zu dieser Erneuerung und zur Durchsetzung der »Neuen Ordnung«

---

17 Die Beförderungstafel, »tableau d'avancement«, war eingeführt worden, um die Laufbahnen der Richter transparenter zu machen; eine Beförderung konnte somit nur der erlangen, dessen Name auf dem »tableau d'avancement« eingetragen worden war. Auf diese Weise sollte der Praxis der Staatsgewalt, Richter als Gegenleistung gegen politische Willfährigkeit auf der Karriere-Leiter Chancen zu eröffnen, ein Riegel vorgeschoben werden. Dazu: Schill, *Die Stellung des Richters in Frankreich*, 165ff.

beizutragen. Doch führten die Zwänge der Kollaborationspolitik, die Abgabenlast, die der Waffenstillstandsvertrag Frankreich aufbürdete und die zunehmend sich herausschälenden Ziele und Ordnungsvorstellungen der Akteure von Vichy zwischen dem Regime des »Etat français« und der Bevölkerung eine Entfremdung herbei, die die Vichy-Regierung dazu bewog, die wachsende Front von Enttäuschten, Kritikern und Opponenten mit immer schärferer Repression zu verfolgen. In dieser Repression bildete die Richterschaft auf grund ihrer Amtstätigkeit die Speerspitze der »Neuen Ordnung«.

Später, nach der *Libération*, als es darum ging, Rechenschaft abzulegen, sollten sich etliche Magistraten darauf berufen, sie hätten nichts anderes getan, als »dem im Amt befindlichen Regime treu zu dienen«; was seit jeher als ihre Aufgabe gegolten habe. In der Tat war es nicht möglich, den Dienst der Rechtsprechung zu verweigern[18] oder sich ihm zu entziehen, ohne sich und seine Familie erheblichen Gefahren auszusetzen. Doch dass die Urteile im Allgemeinen der herrschenden politischen Stimmung entsprachen und dass die zahlreichen politischen Sondergerichte keinen Personalmangel[19] verzeichneten, stellte sich für die Zeitgenossen als ein Indiz dar für die Mängel der französischen Justizkultur.

Als erstes der politischen Sondergerichte[20] war die *Cour suprême de justice* im Juli 1940 geschaffen und mit dem Verfahren wegen Hoch- und Landesverrats gegen fünf prominente Persönlichkeiten der Dritten Republik betraut worden. Im September desselben Jahres folgte die *Cour martiale de Gannat*, die die Prozesse gegen hohe Militärs führte. Ein Gerichtshof, *Cour criminelle spéciale* befasste sich mit den Verstößen gegen die Gesetze, die die Zuteilung der rationierten Versorgungsgüter regelten und ahndete streng jedes Vergehen. Nächtliche Angriffe und Überfälle führten zu Verhandlungen vor dem *tribunal spécial*, dessen Zuständigkeit auf weitere politisch motivierte Unruhen ausgedehnt wurde.

---

18 Im französischen Rechtssystem kann der Richter die Prozessführung in einem Fall, der ihm zugewiesen wurde, grundsätzlich nicht ablehnen.

19 Alain Bancaud weist nach, dass, als sich in der letzten Kriegsphase der Sieg der Alliierten abzeichnete und mehrere Richter den Anschlägen der Résistance zum Opfer gefallen waren, sich kaum noch Kandidaten zur Besetzung der Posten an den Sondergerichten finden ließen, dazu: Bancaud, *Une exception ordinaire*, 406–420.

20 Zu den Sondergerichten Besson, *Le mythe de la justice*, 142– 146; auch Masson, *Les juges et le pouvoir*, 162–175.

Eine entscheidende Steigerung des »repressiven Furors«[21] ergab sich im August 1941 mit der Schaffung von Spezialabteilungen an jedem Appellationsgericht, den berüchtigten *sections spéciales*. Diese Einrichtungen arbeiteten offen mit den deutschen Besatzungsstäben und der Gestapo zusammen. Hier landeten die Personen, die der Propaganda für den Kommunismus, anarchistischer Neigungen oder sonstiger politisch motivierter Stellungnahmen und Aktionen angeklagt waren. Die Urteile lauteten, soweit sie nicht zum Freispruch führten – was selten genug der Fall war – auf Haft, Zwangsarbeit oder Todesstrafe.

Noch im Januar 1944 entstanden weitere Sondergerichte, so eine zweite *Cour martiale*, die sich gegen »terroristische« Aktivitäten richtete, eine *Cour criminelle extraordinaire*, die ebenfalls zuständig war für »Terroristen«, also Angeklagte, die sich der Unterstützung von oder Beteiligung an *Résistance*-Aktionen schuldig gemacht hatten, sowie ein Tribunal »du maintien de l'ordre«, zur Aufrechterhaltung der Ordnung, das quasi als Polizei-Organ agierte. Noch im Juli 1944, vier Wochen vor der Befreiung von Paris, sprach die *Cour martiale* das Todesurteil gegen 28 Häftlinge aus und ließ es vollstrecken. Die Verurteilten hatten, im Blick auf ihre baldige Befreiung, im Gefängnis *La Santé* gegen die Wachen rebelliert.

Diese Vorkommnisse, die der Richterschaft den Vorwurf kollaborierender Gesinnung eintrugen, dürfen freilich nicht vergessen machen, dass die Zahl der Opfer und Verluste, die die Richterschaft in den »années noires« entrichtet hat, nicht geringer war, als die anderer Berufsgruppen. Immerhin waren 217 Richter von den Deutschen deportiert oder inhaftiert worden; einzelne waren zu Tode gekommen[22]. Zahlreiche Magistraten hatten sich der *Résistance* angeschlossen, waren in Frankreich in die Netzwerke des Widerstandes eingebunden oder arbeiteten im Ausland mit den dort operierenden Widerstandsgruppen zusammen.

Eine Vereinigung von Juristen im Widerstand war als *Comité national judiciaire* 1942 von Maurice Rolland, zusammen mit drei weiteren Richtern und vier Anwälten, ins Leben gerufen worden. Nur mit Mühe der Verhaftung durch die Gestapo entkommen, führte Rolland eine lange Odyssee über London nach Algier. Dort rief er in einem von der BBC verbreiteten

21 Der Begriff »fureur répressive« stammt von Anatole de Monzie, *La saison des juges*, 25.

22 In diese Liste gehört auch der Name des Substituts René Parodi, der am 15.April 1942 als Widerstandskämpfer unter der Folter starb (dazu Soulez-Larivière, Les juges dans la balance, 12ff), ebenso wie der etlicher Rechtsanwälte wie Léon-Maurice Nordmann, Joseph Python etc; dazu Besson, *Le mythe de la justice*, 149ff.

Appell seine Kollegen in Frankreich zum Widerstand gegen das Vichy-Regime und die deutschen Besatzer auf: »An allen Gerichtshöfen des ganzen Landes haben die Richter auf den Ruf geantwortet, den wir an sie gerichtet hatten. Der Widerstand der Richter ist ins Leben gerufen. Helft ihm, unterstützt ihn. Er wird, hinausgehend über das Gesetz, der Gerechtigkeit zum Sieg verhelfen.«[23] Dass in dieser Formulierung »la loi« nur noch eine nachrangige Position einnahm, macht deutlich, dass das Gesetz seine Stellung als oberstes Rechtsprinzip an die Gerechtigkeit, »la justice«, verloren hatte.

Ungeachtet des persönlichen Engagements, das etliche Richter im Widerstand zeigten, verblieb nach dem Ende von Vichy dem Berufsstand insgesamt ein Makel, der sich als lang wirkender Ansehensverlust auswirkte. Grundsätzlich ist dem Richter die Bewertung der Zulässigkeit individueller Handlungen im Kontext eines Rechts- und Gesellschaftssystems in die Hand gelegt. Kraft dieser übergeordneten Deutungsfunktion ist er es, der eine besondere Legitimationsmacht für die gesellschaftliche Ordnung und die Rechtssubstanz des im Amt befindlichen politischen Systems innehat: die Aufgabe der Legitimation hatte, in den Augen der französischen Öffentlichkeit der Nachkriegszeit, die französische Richterschaft für den Unrechtsstaat von Vichy ohne erkennbaren Widerstand übernommen und abgeleistet.

1.3 Der Versuch einer Vergangenheitsbewältigung

Es war eben dieser Gesichtspunkt des der Justiz eigenen Symbolgehalts, der sich nach der *Libération* für die unterschiedlichen Gruppen, die sich zum Ziel setzten, ein neues Frankreich aus den Trümmern des alten zu formen, als Problem stellte. Wie konnte, so die Frage, die Mitwirkung der Justiz genutzt werden, um der gesellschaftlichen Ordnung des neuen Gemeinwesens unangreifbare Legitimation und eine stabile Rechtsgrundlage zu verschaffen?

23 »Sur tout le territoire dans les tribunaux et les cours, les magistrats ont répondu à l'appel que nous leur avions adressé. La Résistance judiciaire s'est créée. Aidez-la, soutenez-la. Elle fera triompher, par-dessus la loi, la justice«; zit. nach Soulez-Larivière, *Les juges dans la balance*, 17.

Dass es einer umfassenden Säuberung, einer *Epuration*[24], bedürfe, um dem legitimen Bedürfnis der Bevölkerung nach Abrechnung zu entsprechen, unterlag keinem Zweifel. Nach den Planungen der im *Comité français de la Libération nationale* zusammengefassten Widerstandsgruppen sollte – nach einer Phase der gesetzlosen Säuberung, der »*épuration sommaire*«, während der auch Vergeltungsakte hingenommen wurden – vor dem Richterstuhl Rechenschaft abgelegt werden. Dies musste nach allgemein akzeptierten Rechtsgrundsätzen erfolgen. Doch wer sollte, wer konnte diese Form der juristischen Vergangenheitsbewältigung leisten, wo doch die Richter selbst sich eben noch mehrheitlich als Stütze des vergangenen Regimes erwiesen hatten?

Das *Comité français de la libération nationale*, das von Algier aus wirkte, hatte sich bereits am 20. September 1943 in einer Verfügung vorsorglich die Befugnis vorbehalten, in den von der deutschen Besatzung befreiten Gebieten Frankreichs die Involvierung von Richtern in das Regime von Vichy zu untersuchen und die belasteten Personen ihrer Ämter zu entheben. Eine weitere vom CFLN ergangene *Ordonnance* vom 27. Juni 1944 kündigte all jenen Beamten und Magistraten Disziplinarmaßnahmen an, die »den Feind begünstigt oder sich gegen die verfassungsmäßigen Institutionen oder gegen fundamentale öffentliche Freiheiten vergangen« hatten[25]. Nach den offiziellen Zahlen wurden 455 von insgesamt 2.200 Richtern vor Säuberungskommissionen[26] zitiert.

Diese Kommissionen setzten sich aus Kämpfern der *Résistance* und aus Richtern »von erprobtem Verhalten« zusammen, wobei die ersteren die Mehrheit des jeweiligen Gerichtshofs stellen mussten. Unter den Richtern »von erprobtem Verhalten« befanden sich Magistraten, die unter dem »Etat français« ihr Amt verloren hatten ebenso wie solche, die sich in den Dienst der *Résistance* gestellt hatten. Bei letzteren handelte es sich häufig um jüngere Richter, die in größerem Umfang als ihre älteren Kollegen an den Aktionen des Widerstandes teilgenommen hatten und die später, als es

---

24 Zur *Epuration* allgemein: Novick, *L'Epuration française, 1944–1949*, Paris, 1985. Zur *Epuration* der Richterschaft: Bancaud, Alain/Rousso, Henri: L'Epuration des magistrats à la Libération (1944–1945); in: *L'Epuration de la magistrature de la Révolution à la Libération: 150 ans d'histoire judiciaire*, 117–144.

25 Zit. nach Schill, *Die Stellung des Richters*, 161.

26 Zur Verfahrensmethodik: Bancaud/Rousso, L'Epuration des magistrats à la Libération (1944–1945), 103–144. Die Zahlen stammen aus einem Schreiben des Justizministers, in dem dieser eine Anfrage beantwortete; Archives nationales Paris, BB 30 1832; auch in Bancaud/Rousso, L'Epuration des magistrats, 138.

nach den Säuberungen darum ging, die vakanten Richterposten zu besetzen, ohne Berücksichtigung von Alter und Dienstzeiten zügig auf der Karriere-Leiter voranschritten.

Die Säuberungskommissionen legten ihren Beurteilungen keine systematischen Kriterien zugrunde[27]. Nur wer Todesurteile ausgesprochen hatte, wer die obersten Ämter bekleidet hatte oder Mitglied eines Sondergerichts gewesen war, verlor grundsätzlich sein Amt. Ansonsten wurde sowohl die Art und Weise der Rechtsprechung des einzelnen Richters, wie auch die sonstige Lebensführung, auch die familiäre Situation im Hinblick auf Vichy-treue Verwandte oder kollaborierende Freunde, gewichtet.

Die Vorschläge der Kommissionen, die unter großem Zeitdruck erfolgten, gingen dem Justizminister zu, der daraufhin eine Entscheidung bezüglich der weiteren Amtstätigkeit des jeweiligen Richters fällte. Allerdings war der Minister nicht an die Vorschläge der Kommission gebunden und in der Folge kam es zu etlichen Formfehlern. Die daraufhin von zahlreichen Richtern angestrengten Berufungsklagen vor dem Obersten Verwaltungsgericht, dem *Conseil d'Etat*, mündeten in mehreren Fällen in Annullierungen, sodass die betroffenen Beamten wieder in ihre Ämter zurückkehren konnten – sofern diese nicht bereits von nachrückenden Kollegen besetzt waren.

Die Notwendigkeit, die seit der *Libération* anhaltende Phase der »wilden Säuberungen« in der Bevölkerung zu beenden und zur gerichtlichen Aufarbeitung der Geschehnisse überzugehen, sorgte für die zügige Durchführung der Richter-Verfahren. 184 Richter von insgesamt 2200 büßten dauerhaft ihre Ämter ein. In weiteren 190 Fällen wurden Strafen ausgesprochen, Ehrungen oder Ansprüche aberkannt oder Zwangspensionierungen durchgeführt[28]. Die Amtsenthebungen betrafen vor allem die Spitze der Hierarchie, die nahezu völlig ausgewechselt wurde.

Schließlich beschloss ein offizieller Akt am 15. April 1945 die Phase der Aufarbeitung richterlicher Vergangenheit. Damit endete für die Richterschaft eine Periode staatlicher Willkür, die rund fünf Jahre vorher, im Juli 1940, begonnen hatte, als eines der ersten Gesetze des Vichy-Regimes die Rechtsgarantien der Unabsetzbarkeit und der Beförderungsregelung über das *Tableau d'avancement*[29] außer Kraft gesetzt hatte. Beide Regelungen erlangten nun, nach dem Abschluss der Säuberungsverfahren, neue Gültig-

---

27 Dazu Bancaud/Rousso, L'Epuration des magistrats, 131–140.

28 Assemblée consultative provisoire, Sitzung vom 20. Febr. 1945, Journal officiel, 126.

29 Dazu Schill, Die Stellung des Richters, 165ff.

keit und wurden in der Folge in die Verfassung der Vierten Republik aufgenommen und bekräftigt.

In der Folge sah sich die nun »gesäuberte« Richterschaft mit der Führung der Gerichtsprozesse gegen die Personen betraut, die »gegen die nationalen Interessen verstoßen« und mit den Besatzungskräften zusammengearbeitet hatten. In Bezug auf die Zusammenstellung der Gerichtshöfe spielte dabei der Umstand eine Rolle, dass den Verfolgten der repressiven Politik des Vichy-Regimes und der Besatzungsinstanzen Zusagen gemacht worden waren, die ihnen bei der gerichtlichen Aufarbeitung der Fakten eine zentrale Rolle zusicherten.[30] In der Verordnung vom 28. November 1944 hatte der Gesetzgeber festgelegt, dass sich die »cours de justice pour juger les faits de collaboration«, die an jedem Sitz eines Berufungsgerichts tätig werden sollten, aus einem durch den Justizminister benannten Vorsitzenden Richter und vier Geschworenen zusammen zu setzen hätten, wobei die Liste der Geschworenen von zwei Vertretern des *Comité départemental de la Libération* in Verbindung mit dem Vorsitzenden der Berufungsgerichte erstellt wurde. Als Geschworene kamen nur Personen in Frage, die ihre »nationale Gesinnung« während des Vichy-Regimes und der deutschen Besetzung unter Beweis gestellt hatten. Da infolge dieses Auswahl-Modus häufig die Opfer über ihre ehemaligen Peiniger zu Gericht saßen, kam es in zahlreichen Fällen zu traumatischen Zusammenstößen. Gegen diese Form von gerichtlich sanktionierter Abrechnung verwahrte sich im November 1945 ein Beschluss des Anwaltskongresses. Tatsächlich beendete wenig später eine Verordnung den Missstand: Die *Comités de Libération* wurden von der Erstellung der Geschworenenlisten ausgeschlossen.

In ähnlicher Funktion wie die Gerichtshöfe, die das Kollaborationsverhalten der Franzosen allgemein zu behandeln hatten, richtete sich die *Haute Cour de justice* gegen diejenigen, die seit dem 17. Juli 1940 an herausgehobener Stelle mit dem Vichy-Regime zusammengearbeitet hatten. Das Gericht hatte den Auftrag, die »liquidation pénale« vorzunehmen, die strafrechtliche Aufarbeitung des Regimes von Vichy. Auch bei der Zusammensetzung dieses Gerichtshofs fungierten vorrangig Personengruppen als Geschworene, die in besonderer Weise unter den Machenschaften derer zu leiden gehabt hatten, die vor Gericht geladen wurden. In der Folge führte dieser Sachverhalt zu erregten Szenen im Gerichtssaal, wie etwa bei den

30 »Après la Libération, tout au contraire des textes précis avaient été rédigés qui donnaient aux victimes de l'occupant le droit presque exclusif de juger ceux qui avaient pactisés avec l'occupant«; Rousselet, *Les cas de conscience du Magistrat*, 56f.

Verhandlungen gegen Pierre Laval. Die Umstände einer derartigen Prozessführung waren begreiflicherweise wenig geeignet, zur besseren Aufklärung des Geschehenen beizutragen; zudem erwies die Tatsache, dass die individuellen Emotionen sich – von welcher Seite auch immer – so ungehemmt vor dem Richter entladen konnten, dem Bild der ohnehin im Ansehen der Öffentlichkeit beschädigten Justiz keinen guten Dienst. Endlich schloss die Amnestie von 1953 formal das Kapitel der Säuberungen.

Weniger die Entscheidungen der *Cours de justice*, in denen sie kraft Amtes den Vorsitz führte, als vielmehr die Tatsache, dass sie selbst vor Gericht gezogen worden war, bedeutete für die Richterschaft längerfristig eine schwere Beeinträchtigung ihres Selbstbildes. In ihrer Berufsethik und in ihrem Selbstverständnis fühlte sie sich zutiefst getroffen. Hatte sie nicht, wie während der Verhandlungen immer wieder rechtfertigend angeführt wurde, sich bemüht »dem bestehenden Regime loyal zu dienen«? Und verlangte man nicht nun, unter umgekehrten politischen Vorzeichen, eben dasselbe loyale Verhalten von ihr, das eben noch strafwürdig erschien? Hatte man sie nicht seit jeher angewiesen, sich jeder Annäherung an politische Inhalte zu enthalten und nur die Aufgabe der Rechtsprechung in enger Anlehnung an den Wortlaut des Gesetzes wahrzunehmen?[31]

Die tiefe Verunsicherung der einstmals als »Mandarine« geltenden Magistraten wird greifbar deutlich in den Berichten, Kommentaren und Leserbriefen, die allwöchentlich in der Zeitschrift *Pouvoir judiciaire* des Richterverbandes *Union fédérale des magistrats* erschienen.

Tatsächlich konnte manches gegen die Art und Weise eingewandt werden, wie die über die Juristen zu Gericht sitzenden Kommissionen zu ihren Urteilen gekommen waren. Infolge der großen Eile, in der die »Richter-Säuberung« abgewickelt wurde, wegen der Voreingenommenheit und Parteilichkeit der Zeugen und etlicher Kommissionsmitglieder war es wiederholt zu groben Fehlschlüssen und zu grotesken Missgriffen gekommen, die unter den Richtern für Empörung sorgten.

Einer der spektakulärsten Fälle betraf den Präsidenten des Kassationsgerichtshofs Frémicourt, der die oberste Position der Richterhierarchie

31 Rousselet berichtet von Fällen, die nun zur Verhandlung anstanden, wie dem des Richters an einem *Tribunal correctionnel*, der über Personen zu Gericht saß, die in ihrer Not Lebensmittelkarten gefälscht hatten. Die eng gefasste und überaus strenge Gesetzgebung sah für entsprechende Fälle die Höchststrafe vor; dem Richter verblieb kein Ermessensspielraum; Rousselet, Les cas de conscience, 29.

inne hatte und bei seinen Kollegen hohes Ansehen genoss. Im Oktober 1944 war Charles Frémicourt auf Grund eines Haftbefehls, der von der militärischen Justizbehörde ausgestellt war, festgenommen[32] und mehrere Wochen in Haft gehalten worden. Im darauf folgenden Mai enthob ihn der Justizminister seines Amtes. Eine Rehabilitierung wurde erst möglich, als sich 1947 der *Conseil d'Etat* mit dem Fall befasste und feststellte, dass Frémicourt zwar von Marschall Pétain als Justizminister berufen worden war, dies jedoch noch zur Zeit der Dritten Republik geschehen war, als Pétain kurze Zeit Regierungschef unter Staatspräsident Albert Lebrun gewesen war. Während der Phase von Vichy hatte Frémicourt keinerlei politische Ämter inne gehabt und sich strikt auf Distanz zum Regime des Marschalls gehalten. Wegen der Aufregung, die der Fall in der Richterschaft hergerufen hatte, sah sich der *Conseil d'Etat* zu einer öffentlichen Ehrenerklärung für den zu Unrecht Belasteten veranlasst. Von der Aufhebung seiner Amtsentlassung allerdings konnte Frémicourt nicht mehr profitieren, da er mittlerweile die Altersgrenze erreicht hatte.

Aus der Erfahrung der Säuberungsverhöre folgte, wie eine Untersuchung ausführt, für die Richterschaft »eine schwere Identitäts- und Legitimitätskrise«. Sie führte zu einer paradoxen Situation in Bezug auf ihr Verhältnis zur politischen Macht. Da die Erfahrung die Richter lehrte, »dass sie auf sie [die politische Macht] angewiesen waren, um den Schutz zu finden, den sie, auf sich selbst gestellt, nicht hatten sicher stellen können, sahen sie sich gegenüber der staatlichen Gewalt, zerrissen zwischen Feindseligkeit und zwanghafter Ehrerbietung, gezwungen, bei dem, der sie unterworfen hatte, Sicherheit zu suchen«.[33]

32 Zur Affäre Frémicourt: Besson, *Le mythe de la justice*, 206ff.

33 »[...] une grave crise d'identité et de légitimité dont la magistrature a été la proie a conduit à une situation paradoxale face au pouvoir politique. Obligés à s'en remettre à lui pour assurer sa défense qu'elle ne pouvait assurer seule, la magistrature, partagée entre ressentiment et déférence obligée, s'est vue contrainte de trouver caution auprès de celui-là même qui l'avait soumise«; Bancaud/Rousso, L'Epuration des magistrats, 144.

2. Die Neu-Ordnung: Die Vierte Republik

2.1 Der Oberste Richterrat

Im Zuge der Erarbeitung einer neuen Verfassung stellte sich 1946 für deren Autoren die Frage, warum die demokratische und republikanische Struktur Frankreichs sich als derart instabil erwiesen hatte und wie es hatte zu dem repressiven Regime von Vichy kommen können. Freilich lag der Ursprung der Fehlentwicklungen in dem verlorenen Krieg begründet, der in den letzten Kriegswochen zu Panik und massenhafter Flucht geführt hatte. Zudem hatte die von den Deutschen vorgenommene Aufteilung des Landes ein allgemeines Chaos entstehen lassen. Nördlich und westlich der Linie Genf, Dôle, Tours bis zur spanischen Grenze war das Land von deutschen Truppen besetzt gewesen, Elsass-Lothringen und die Departements Nord und Pas-de-Calais waren vom französischen Staatsgebiet abgetrennt und deutscher Verwaltung unterstellt worden, während die unbesetzten Landesteile den neuen »Etat français« gebildet hatten.

Doch wie, so musste weiterhin gefragt werden, hatte es geschehen können, dass die Richterschaft, die sich den Rechtsgrundsätzen der Republik verpflichtet fühlte, innerhalb von nur fünf Jahren mit der Verkehrung des normativen Bezugsrahmens zurecht kam? Auf welche Weise war es dem Regime des Marschalls gelungen, die Loyalität der Richterschaft zu erlangen, eines Berufsstandes, dessen Auftrag in der Kontinuitätssicherung von Rechtsnormen besteht? Lag es daran, dass die für das französische System traditionelle enge Anbindung der Judikative an die Staatsgewalt zum Typus des autoritätshörigen Richters geführt hatte? Hatte mit dem Regime von Vichy das »modèle de justice étatisé et fonctionnarisé«[1] seine äußerste Ausformung erreicht, das mehr auf die Beibehaltung des sozialen und nationalen Status quo angelegt war als auf die Durchsetzung individu-

1 Bancaud, Une exception ordinaire, 2002.

eller Rechtsansprüche? Wie dem auch sei! Jedenfalls sollte die neue Staatsordnung, so war geltende Meinung der Politiker gleich welcher Couleur, auf eine Weise verfasst sein, die eine derartige Verbindung von Exekutive und Rechtsprechung für die Zukunft ausschloss.

Für die drei Parteien, die aus der Befreiung Frankreichs als die am wenigsten belasteten politischen Kräfte hervorgingen und die folglich nach den Wahlen zur Nationalversammlung die Mehrheit im neuen Parlament stellten, nämlich Sozialisten, Kommunisten[2] und *Mouvement Républicain Populaire* (MRP)[3], stand fest, dass eine Neubelebung der alten Staatsordnung der Dritten Republik nicht in Frage käme. Ebenso stimmte General de Gaulle, den die konstituierende Nationalversammlung zum Regierungschef gewählt hatte, gegen eine derartige Neuauflage. In Bezug auf die zukünftige politische Machtverteilung allerdings lagen die Zielsetzungen der drei Parteien und des Regierungschefs weit auseinander. Während die Parteien des »Tripartismus« ein Parlament mit zentralen Funktionen anstrebten, das eine wirksame Kontrolle über die politischen Handlungen der Regierung auszuüben in der Lage sein sollte, forderte de Gaulle eine starke Zentralgewalt. Als sich abzeichnete, dass eine gemeinsame Aktionsbasis zwischen den widerstreitenden Meinungen nicht möglich war, legte de Gaulle im Januar 1946 die Amtsgeschäfte nieder und zog sich ins Privatleben zurück, nicht ohne allerdings in einer viel beachteten »Rede von Bayeux« gegen den gerade erarbeiteten Verfassungsentwurf Stellung bezogen und die Grundlinien eines Präsidialregimes gezeichnet zu haben, wie er es zwölf Jahre später verwirklichen sollte[4].

Was die Stellung der Justiz in der neuen Verfassung anbetraf, so stellte sich also für die Verfassungsväter als zentrale Aufgabe, die enge Bindung zwischen Staatsgewalt und Richterschaft zu entflechten, die dafür gesorgt hatte, dass es in Frankreich nach jedem Regime-Wechsel zu einer »Reinigung« des Richterstandes gekommen war, innerhalb von 150 Jahren insgesamt neunmal. Nach dem Verzicht der Kommunisten auf die Richterwahl ordnete ein erster Verfassungs-Entwurf die Zuständigkeit für die Belange der Richter einem Obersten Richterrat zu. Er sollte die weitest gehende

2 Den Kommunisten kam nach der *Libération* zugute, dass sie in hohem Maß die *Résistance* mitgetragen und zahlreiche Opfer zu beklagen gehabt hatten. Die Zahl ihrer Mitglieder stieg von 300.000 vor dem Krieg auf 800.000 danach.

3 Mit linker, aber christlich fundierter Tendenz. Schumann und Bidault gehörten der Gruppierung an.

4 De Gaulle, Charles: Mémoires de guerre. Le Salut 1944–1946, 647–652.

Unabhängigkeit der Justiz von der Staatsgewalt garantieren und gleichzeitig der Gefahr einer korporativen Verfestigung der Richterschaft, einem *Gouvernement des juges* vorbeugen. »Für uns Demokraten«, erklärte der Abgeordnete Pierre Cot, »besteht die beste Möglichkeit wirkliche Unabhängigkeit zu gewährleisten darin, diese durch die gewählten Volksvertreter garantieren zu lassen. Damit dies geschieht, muss die Beförderung der Richter und auch die gesamte Organisation des Justizwesens durch eine große Körperschaft kontrolliert und gesteuert werden, die aus Vertretern der Richterschaft und aus gewählten Mandatsträgern besteht: durch den Obersten Richterrat.«[5]

Der mit vielen Hoffnungen erstellte Verfassungsentwurf scheiterte allerdings in der im Mai 1946 abgehaltenen Volksabstimmung. Eine zweite Fassung fand schließlich im Oktober desselben Jahres die Zustimmung der Öffentlichkeit.

Ungeachtet der Kompromisshaftigkeit des neuen Textes behielt er für die Justiz die Einrichtung des Obersten Richterrats bei. In ihm erhielt die Richterschaft, wie sich ein kompetenter Zeitgenosse ausdrückte, »eine Art hierarchischen Vorgesetzten in Form eines Kollegiums«[6], das an die Stelle des während der Dritten Republik für Beförderung und Disziplinargewalt der Richter zuständigen Justizministers rückte. Zwar hatte schon seit 1883 zeitweise ein als *Conseil supérieur de la magistrature* bezeichnetes Gremium bestanden, doch war dieses nur mit beratenden Funktionen ausgestattet gewesen.

Artikel 83 der Verfassung von 1946 bestimmte die Zusammensetzung des aus 14 Personen gebildeten Richterrates. Den Vorsitz hatte der Staatspräsident inne, als stellvertretender Vorsitzender fungierte der Justizminister. Die weiteren Mitglieder rekrutierten sich aus sechs Personen, die von der Nationalversammlung mit Zweidrittel-Mehrheit zu wählen waren und weiteren vier Mitgliedern, die die Richterschaft selbst benannte. Dabei wurden das Kassationsgericht, die Berufungsgerichtshöfe, die erstinstanzliche Gerichten und die Friedensrichter durch je ein Ratsmitglied vertreten.

5 »Pour nous, en démocratie, la meilleure façon d'assurer la véritable indépendance, c'est de la faire garantir par les élus, les représentants du peuple. Pour ce faire, l'avancement des magistrats, l'organisation judiciaire dans son ensemble doivent être contrôlés et dirigés par un grand corps composé de représentants de magistrats et élus de la souveraineté nationale: le *Conseil supérieur de la magistrature*«; *Assemblée nationale constituante*, 2e. séance du 17e avril 1946.

6 »Une espèce de supérieur hiérarchique collégial«; Vedel, Georges: *Droit constitutionnel*, 539.

Weitere zwei Ratsmitglieder ernannte der Staatspräsident. Die Sitzungen des Rates waren geheim und die Ratsmitglieder verpflichteten sich zum Stillschweigen auch gegenüber der Presse. Die Amtszeit betrug sechs Jahre.

In der Zusammensetzung des Rates spiegelten sich die Überlegungen und Bedenken der verschiedenen Verfassungsväter. Diejenigen, die das Erstarken einer selbständigen richterlichen Gewalt und das Entstehen einer Richterkaste befürchteten, waren bestrebt, die richterliche Autonomie in Bezug auf Laufbahn-Gestaltung und Disziplinargewalt zu beschneiden. Andere wiederum stellten das Argument in den Vordergrund, die politischen Kräfte, vor allem die Exekutive, dürften keinen Zugriff auf die Belange der Richterschaft haben, wollte man für die Zukunft die Fehler der Vergangenheit vermeiden. Mit dem *Conseil supérieur de la magistrature*, dem Obersten Richterrat der Vierten Republik entstand eine Instanz, die, obgleich dem Namen nach ein Erbteil der Dritten Republik, eine neue Kräfteverteilung aufwies. In ihr hatten die Vertreter der Legislative das Sagen, entsprechend der Zielvorstellung, dass nie wieder die Justiz zum Instrument der Regierungspolitik werden dürfe, sondern durch das Volk bzw. durch dessen gewählte Vertreter in der *Assemblée nationale* kontrolliert werden müsse.

Um zu verhindern, dass die Richter auf Grund ihrer politischen Einstellung oder ihrer Rechtsprechung Nachteile von Seiten der politischen Gewalten zu befürchten hätten, griffen die Verfassungsväter auf die alte Rechtsgarantie der Unabsetzbarkeit zurück, in die nun auch Friedensrichter und Richter in überseeischen Gebieten einbezogen wurden. Diese »Inamovibilité«[7] besagte, dass Richter weder gegen ihren Willen aus ihrem Amt entlassen oder suspendiert, noch versetzt werden konnten. Es handelte sich dabei um eine seit langem bestehende Rechtsgarantie, die allerdings während der zurückliegenden anderthalb Jahrhunderte die nach Regimewechseln üblichen Säuberungen im Richterstand nicht hatte verhindern können, weil gesetzliche Regelungen das Prinzip der Unabsetzbarkeit für bestimmte Fristen aufheben konnten. Nun aber war die Entfernung aus dem Amt nur als disziplinarische Maßnahme nach den entsprechenden Vorschriften zulässig.

Als weitere Rechtsgarantie verfügte die Vierte Republik das Prinzip der Richter-Beförderung nach vorheriger Eintragung auf der veröffentlichten Beförderungsliste, dem *Tableau d'avancement*. Aus den Kandidaten-Namen

7 Dazu Schill, Die Stellung des Richters, 161ff.

auf der Liste wählten die Mitglieder des Obersten Richterrates die neu zu ernennenden Richter aus, die dann durch den Staatspräsidenten ihre Urkunde in Empfang nahmen. Durch das System der Beförderungsliste sollte verhindert werden, dass die Regierung Beförderungen nach Gutdünken oder als Belohnung vornahm. Beide Garantien gemeinsam boten, so schien es den Zeitgenossen, einen wirksamen Schutz vor der Begünstigung willfähriger Richter durch die Exekutivgewalt[8].

In Anbetracht der umfassenden Kompetenzen des Obersten Richterrates von 1946 kam der Frage große Bedeutung zu, welche Kräfte die Entscheidungen im Richterrat dominieren würden. Der Berufsverband der Richter, die *Union fédérale des magistrats* (UFM), reagierte mit Entrüstung auf die Veröffentlichung des Verfassungsentwurfs. Der Verband hatte den Anspruch der Justiz als unabhängige Dritte Gewalt auf die richterliche Disziplinar-Autonomie vertreten und sah sich getäuscht:

»Die *Union fédérale des Magistrats* stellt mit dem lebhaftesten Bedauern fest, dass der *Conseil supérieur de la Magistrature*, so wie er im Verfassungsentwurf vorgesehen ist, unter 14 Mitgliedern nur vier Richter einbezieht. Sie empfindet es als eigentümlichen Anspruch, die richterliche Unabhängigkeit mit Hilfe eines Organismus schützen zu wollen, der in seiner Mehrheit dem Richterstand fremd gegenüber steht. Sie verleiht ihrem Willen Ausdruck, alle Mittel auszuschöpfen, damit die solcherart festgelegte Zusammensetzung keinen endgültigen Charakter annimmt.«[9]

Entgegen dieser vollmundigen Ankündigung gewann das Leitungsgremium des Richterverbandes in den folgenden Monaten eine maßvollere Einstellung zu den Fakten. Auf dem Kongress der französischen Richterschaft im Dezember erklärte der Verbandsvorsitzende Jean Reliquet, man könne über die Wirkungsweise des *Conseil supérieur de la Magistrature* (CSM) noch kein Urteil fällen. »Wie können bedauern, dass der CSM nur vier Richter zählt bei einer Gesamtzahl von 14 Mitgliedern. Dieses Bedauern kann zur Zeit aber nur platonischer Natur sein. Tatsache ist: der CSM existiert; die UFM hat die Pflicht, eine Politik der Präsenz zu betreiben, indem sie ihren

8 Ebd., 165ff.

9 »*L'Union fédérale des Magistrats* constate avec le plus vif regret que *le Conseil supérieur*, tel qu'il est prévu par le projet de Constitution, ne comprend que 4 magistrats sur un total de 14 membres; elle considère comme singulière la prétention de défendre l'indépendance de la magistrature par le moyen d'un organisme dont la majorité reste étrangère au corps judiciaire; elle affirme sa volonté de tout mettre en œuvre pour que la composition ainsi fixée n'ait pas un caractère définitif«; *Le Pouvoir judiciaire* (Organ des Richterverbandes UFM), 15. Okt. 1946, 4.

Kandidaten zur Wahl auf die den Richtern vorbehaltenen Posten verhilft.«[10]

Da in der Folge die Wahlen zum CSM fast immer zugunsten der UFM-Mitglieder ausgingen, enthielt sich der Richterverband übermäßiger Kritik. Tatsächlich war es weniger die Zusammensetzung des Gremiums, die die Realisierung der von der Richterschaft in den Richterrat gesetzten Hoffnungen verhinderte, als vielmehr dessen nicht eindeutig vom Gesetzgeber festgelegte Aufgaben. Was die Zuständigkeiten des Gremiums anbetraf, waren unterschiedliche Auslegungen möglich, eine Unklarheit, die seine Wirksamkeit schmälerte. Einerseits machte der *Conseil d'Etat* als oberstes Verwaltungsorgan geltend, dass ihm die Kontrolle über die Tätigkeit des CSM zustehe[11]; andererseits ergaben sich für den Justizminister Gelegenheiten, seinen Einfluss zur Geltung zu bringen, und entgegen dem Willen der Verfassungsväter die Exekutive wieder stärker in das Spiel um richterliche Laufbahn-Chancen einzubringen.

Solange der Staatspräsident, dem als Vorsitzenden bei den Entscheidungen des Rates die ausschlaggebende Rolle zufiel, die Belange der Richterschaft mit Nachdruck unterstützte, blieb die Entwicklung gebremst. »Man muss, hatte Staatspräsident Vincent Auriol 1947 der Richterschaft versichert, den Richtern die völlige Unabhängigkeit verschaffen, denn ohne diese gibt es keine Gerechtigkeit.«[12] An dieser Maxime richtete Auriol, der von 1947 bis 1954 als Staatspräsident fungierte, seinen Ratsvorsitz aus. Geringeres Interesse brachte der zweite Staatspräsident der Vierten Republik, René Coty, ab 1954 den Fragen der Justiz entgegen und in Kürze entwickelte sich der Richterrat zu einem Organ, das – wie es die Richterschaft befürchtet hatte – auf äußerst harmonische Weise mit dem Justizminister kooperierte. Der amtierende Justizminister Maurice Schumann konnte denn auch 1955 vor der versammelten Richterschaft ausführen, dass »nicht ein Konflikt, nicht eine Meinungsverschiedenheit die Beziehungen zwischen dem CSM und dem Justizminister trübt«[13].

---

10 »Nous pouvons regretter que le CSM ne comprenne que 4 magistrats sur un total de 14 membres. Le regret ne peut être pour le moment que platonique: le CSM existe; l'UFM a le devoir de pratiquer une politique de présence en faisant élire ses candidats aux postes réservés aux magistrats«; *Le Pouvoir judiciaire*, 15. Dez. 1946, 5.

11 Zur Kritik am CSM, Besson, Antonin: *Le Conseil supérieur de la magistrature*, 8.

12 Rede vom 28. März 1947; zit. nach PJ, 15. April 1947.

13 »Qu'aucun conflit, aucun discours n'affectent les relations du Conseil supérieur et du Garde des Sceaux«; PJ, Juni 1955, 1.

Neben der geringen Wirksamkeit des Richterrates im Hinblick auf die richterlichen Standesinteressen erregte eine andere Begleiterscheinung das Missfallen der Richter: Die Wahl der Ratsmitglieder durch das Parlament brachte es mit sich, dass die Kandidaten sich um die Wählerstimmen der Deputierten bemühten und es zu einer Strategie des Antichambrierens kam, die dem Ansehen des Gremiums keinen guten Dienst erwies. Erst als 1958 das abrupte Ende der Vierten Republik auch den Obersten Richterrat von 1946 hinwegfegte, stellte der Richterverband UFM fest, dass dieses Organ bei aller Kritik einen Schritt in die richtige Richtung bedeutet hatte. Das Juli/August-Heft des *Le Pouvoir judiciaire* (PJ), des Organs der UFM, gestand nun in einem Aufsatz »Themen und Positionen zu einem Conseil supérieur de la magistrature«, zu, dass es neben den Nachteilen wie ungleichgewichtige Repräsentanz, politische Kungelei, zu starker Einfluss durch den *Conseil d'Etat* und die Regierung, durchaus auch positive Aspekte im Wirken des Rates gegeben habe. Besonders gewürdigt wurde das Bemühen einzelner Ratsmitglieder um die Belange der Justiz.

Die Staatskrise, die 1958 durch die Vorgänge in Algerien hervorgerufen wurde, brachte das schnelle Ende eines Regimes, das zu keiner inneren und äußeren Stabilität gefunden hatte. Zu groß waren die Probleme, die die Nachkriegsepoche stellte. Zum einen war es die in der Konstitution angelegte – und als Lehre aus den Fehlern der Vergangenheit betrachtete – politische Machtverteilung, die der jeweiligen Regierung zu wenig politischen Spielraum gegenüber den starken Kräften der parlamentarischen Parteien einräumte. Dies führte zu schneller Abfolge der Kabinette: in knapp zwölf Jahren lösten sich 19 Regierungskabinette ab. Zudem wirkte sich die Konfrontation des Kalten Krieges verhängnisvoll auf die Aktionsfähigkeit der Staatsgewalt aus, weil sie eine Zusammenarbeit der gemäßigten Parteien mit den Kommunisten verhinderte. Es gelang auch nicht, der Wirtschaft dauerhaft aufzuhelfen, noch auch Antworten auf die Autonomie-Bestrebungen zu finden, die das Verhältnis der früheren Kolonien – nun in einer »Union française« zusammengefasst – zum Mutterland belasteten. Seit 1945, dem Zeitpunkt, an dem der Zweite Weltkrieg zu Ende ging, befand sich Frankreich in einem weiteren militärischen Konflikt in Indochina, der an den Kräften des Landes zehrte und 1954 mit dem Verlust des französischen Einflusses in diesem Teil Asiens zu Ende ging.

Ungeachtet der Erfolge, die die Vierten Republik auf einigen Gebieten vorweisen konnte[14], blieb das Bild der Vierten Republik dauerhaft verbunden mit politischer Instabilität und dem Unvermögen, dem Land einen Ausweg aus der Krise zu weisen. In besonderem Maß traf das allgemeine Malaise der Epoche 1946 bis 1958 auf die Richterschaft zu.

2.2 Die »Krise der Justiz«[15]

In den Jahren nach dem Krieg hatte sich die Richterschaft mit der *Union fédérale des magistrats* einen Verband geschaffen, in dem sie ihre Gemeinsamkeiten pflegen konnte und in dessen Organ »Le Pouvoir judiciaire« (PJ) ihr ein Sprachrohr zur Verfügung stand, das zunehmend auch außerhalb der eigenen Zunft gehört wurde. Zum ersten Mal in seiner Geschichte besann sich der Berufsstand, dessen Mitglieder sich seit je als in überlegener Vereinzelung über den Gruppen-Interessen stehend empfunden hatten, auf die gemeinsamen Bedürfnisse und Interessen.

Zu diesen Bedürfnissen gehörte in erster Linie die Sicherstellung der existenziellen Grundlagen.

Die Richter klagten über das Ausbleiben eines adäquaten Einkommens. Entsprechend dem Dekret vom 10. Juli 1948 bestimmten sich die Gehälter der Richter nach einem Index, der in der Nachkriegszeit unter dem anderer vergleichbarer Berufsgruppen lag. Nur die höchsten Positionen der Justizlaufbahn, die des Ersten Präsidenten und der Kammervorsitzenden am Kassationsgerichtshof, sowie die des Ersten Präsidenten am Pariser Berufungsgericht, dem Tribunal de la Seine, waren von der Indexstaffelung der Bezüge ausgenommen.

Im Gegensatz zu anderen Beamten-Gruppen blieben die Richter lange Zeit von Gehaltserhöhungen ausgespart. Seit 30 Jahren beschreibe das Richtergehalt eine abwärts gerichtete Kurve, schrieb das PJ im März 1946.

14 Zum Beispiel vermochten die wechselnden Regierungen das internationale Ansehen Frankreichs zu heben, was sich an dem französischen Sitz im Sicherheitsrat der Vereinten Nationen zeigte. Auch die Einbindung Frankreichs in die Europäischen »Römischen« Verträge muss positiv bewertet werden.

15 Zur »crise de la magistrature« siehe Mounier, *Du corps judiciaire à la crise de la magistrature*, 20–29; auch Lenoir, *La parole est aux juges*, 77–84.

Man wolle nicht zum Paria werden, was bei einer Kaufkraftverringerung um 50 Prozent gegenüber 1914 aber nicht auszuschließen sei.[16]

Verschiedentlich wurde in der Vernachlässigung ihrer Interessen ein gezielter Affront gegen die Richterschaft gesehen, der damit ihre Abhängigkeit vor Augen geführt werden solle. Man beabsichtige, so wurde gemutmaßt, die Richterschaft zu mehr Fügsamkeit zu erziehen. Dafür sprach auch, dass zugesagte Einkommensverbesserungen mehrfach revidiert wurden. Offenbar bestand in den Kreisen der politischen Akteure nicht zu Unrecht der Eindruck, dass die Richterschaft, im Gegensatz zu anderen Berufssparten wie etwa der Lehrerschaft, über keine wirksame Interessenvertretung verfügte.

Vor allem in den unteren Einkommensgruppen waren die Richtergehälter so niedrig, dass Nebenverdienstmöglichkeiten gesucht werden mussten. Das PJ berichtet von Richtern, die Maler- und Anstreicherarbeiten verrichteten oder die juristische Beratung einer Klientel in Fällen übernahmen, die sie nicht selbst zu bearbeiten hatten. Andere schrieben Artikel für die lokale Zeitung oder nahmen jedwede entlohnte Tätigkeiten an.[17] Die Tatsache, dass »jeder Richter gezwungen ist, im Elend zu leben und sich folglich mit einer sozialen Rückstufung abfinden muss, die sich im Rhythmus der Geldabwertung verschärft«, nannte ein junger Richter als Motiv für seinen Entschluss, die Justizlaufbahn zu verlassen.[18] Ein für 1946 durchgeführter Vergleich mehrerer Berufsgruppen ergab, dass die Einkünfte der Richter unter denen von Facharbeitern und von juristischem Hilfspersonal lagen.[19]

Im Herbst 1953 wurde, nach langen Debatten im Parlament, eine Erhöhung der Bezüge für einige Einkommensgruppen von Richtern angekündigt. Im Februar des darauf folgenden Jahres wurde die Auszahlung mit dem Argument storniert, dass das Budgetdefizit die Ausgabe nicht erlaube. Da den anderen Beamten-Gruppen bereits Erhöhungen zugestanden worden waren, machte sich der Zorn der Richter im Schreiben der UFM-Leitung an den Justizminister Luft:

16 »L'évolution régressive des traitements depuis 30 ans [...].Mais nous ne voulons pas être des parias. Les traitements que le projet de réorganisation prévoyait accordaient des augmentations nominales correspondant à un appauvrissement réel d'au moins 50% au pouvoir d'achat des traitements de 1914, déjà peu lucratifs«; PJ, März 1946, 3.

17 PJ, Aug.–Sept. 1946, 2.

18 »Tout magistrat est astreint à vivre dans la misère et, par là, à se résigner à une rétrogradation sociale s'aggravant au rythme de la dépréciation monétaire«; PJ, Mai 1946, 1.

19 PJ, Okt. 1946, 2.

»Wir glauben, Sie daran erinnern zu dürfen, dass die Maßnahmen der Verordnungen vom 16. Oktober 1953 Gegenstand zahlreicher Beratungen im Ministerrat waren, wo die Notwendigkeit anerkannt wurde, die Benachteiligung zu verringern, unter der die Richterschaft im Verhältnis zu den anderen Staatsbeamten leidet. Diese Maßnahmen wurden im *Journal Officiel* vom 17. Oktober 1953 veröffentlicht [...] Sie sind gültig und wir werden unter keiner Bedingung Veränderungen hinnehmen, die auf eine Herabsetzung unserer Einkünfte abzielen. Wir finden erstaunlich, dass die Richter, anders als alle anderen Staatsbeamten, als einzige aufgerufen sind, von ihren Gehältern einen Beitrag zu den geplanten Einsparungen zu leisten.«[20]

Noch während der Vorsitzende der UFM dem Justizminister sein Protestschreiben überbrachte, wurde die Nachricht bekannt, dass der Lehrerschaft eine neuerliche Gehaltserhöhung zugesprochen worden war.

Immerhin erreichten die Vertreter der Richterschaft in den folgenden Jahren, dass die Einkommen an die anderer Besoldungsgruppen angenähert und sogar die Reisespesen künftig erstattet wurden. Doch blieb die Besoldung der Richter weiterhin – und wie Einkommensvergleiche zeigen, gerechtfertigterweise – Gegenstand zahlreicher Eingaben und Bittschreiben.

Auch die Laufbahnchancen galten als äußerst gering. Die Säuberungen im Anschluss an die *Libération* hatten die Justiz gewissermaßen dekapitiert und in der Folge jungen Richtern den Zugang auf ranghohe Posten verschafft, was mittelfristig die Laufbahnchancen anderer verzerrte. Etliche von den Säuberungsprozessen betroffene und aus ihren Ämtern entfernte Richter waren durch den *Conseil d'Etat* rehabilitiert worden, hatten aber auf den ihnen wieder zugesprochenen Positionen Kollegen vorgefunden, deren Entfernung zu Missstimmungen führte.[21]

Nach dem Ende der Vierten Republik unterzogen die Verfassungsväter von 1958 die Hierarchisierung der Justiz einer durchgreifenden Veränderung. Die noch von Napoleon datierenden 14 Laufbahn-Stufen wurden auf

20 »Nous croyons pouvoir vous rappeler que les mesures prises par les décrets du 16 octobre 1953, ont fait l'objet de nombreuses délibérations au Conseil des ministres qui avait reconnu la nécessité de remédier à la situation de défaveur dont souffrait la magistrature par rapport à l'ensemble de la fonction publique. Ces mesures ont été publiées au Journal Officiel du 17 octobre 1953 [...]. Elles sont acquises et nous n'admettrons, en aucune circonstance, des modifications qui aboutiraient à une réduction de notre rémunération. Nous trouvons singulier que les magistrats, à l'exclusion de tous autres agents de l'Etat, soient seuls appelés à supporter sur leurs traitement une contribution aux économies envisagées«; PJ, Febr. 1954, 1.

21 PJ, März 1950, 3.

fünf zusammengefasst, eine Maßnahme, die zu größerer Durchlässigkeit hätte führen können, wenn nicht zum selben Zeitpunkt die Eingliederung der Friedensrichter und der Richter, die in den überseeischen Departements und in Algerien Dienst getan hatten, für eine neuerliche Blockierung der Aufstiegschancen gesorgt hätte. Zudem griff zwischenzeitlich die Regierung zum Mittel des »récrutement latéral« zurück und besetzte vakante Posten mit Kandidaten, die aus den Anwaltsberufen oder aus juristischem Hilfspersonal hervorgegangen waren. Diese Verfahrensweise wurde in den Organen der Richterverbände wiederholt kritisiert, wenngleich die Seiteneinsteiger in den Folgejahren dazu beitrugen, das wachsende Defizit an Richtern immerhin partiell zu kompensieren.

Die prekäre materielle Lage und die ungünstigen Laufbahnchancen waren Voraussetzungen, die für die junge Generation den Richterberuf in ungünstigem Licht erscheinen ließen. Folge war, dass der Richternachwuchs ausblieb. Hatten sich 1945 noch 1.549 Kandidaten zu den Abschluss-Prüfungen angemeldet, so waren es zwei Jahre später nur noch 339[22] – während in den anderen Beamten-Sparten die Zahl der Anwärter etwa konstant blieb. Auch in den Folgejahren verstärkte sich das Defizit an jungen Richtern; in den Jahren 1961, 1962 und 1963 fanden sich nur noch zwischen 32 und 38 Kandidaten ein[23], so dass sich eine einschneidende Nachwuchskrise abzeichnete und in den ausgehenden 60er Jahre zahlreiche Posten nicht mehr besetzt werden konnten. Immerhin wurde der dringendste Personalbedarf zeitweise durch »Seiteneinsteiger« gedeckt – auch wenn diese Fremdzugänge in traditionsbewussten Richterkreisen nicht immer gut gelitten waren.[24]

Einen Schub an Zugängen verzeichnete die Richterschaft 1962, als rund 900 in Algerien und in den überseeischen Gebieten tätige Richter ins Mutterland zurückkehrten und in die reguläre Richterschaft eingegliedert wurden.[25]

Vor allem kehrten sich, wie in zwei Untersuchungen von 1954 und 1960 nachgewiesen wurde, die Söhne von Richtern von der juristischen Laufbahn ab.[26] 1954 untersuchte André Sauvageot, ein Mitglied des CSM,

22 PJ, April 1948, 3.

23 Bericht des Generalstaatsanwalts Aydalot an den Justizminister, 9. März 1964, Nationalarchiv Paris, BB/30/1843.

24 Vor allem die UFM lehnte lange die Praxis des *Recrutement latéral* ab.

25 Dazu Mounier, Du corps judiciaire à la crise de la magistrature, 25.

26 Sauvageot, L'origine sociale de la magistrature, PJ, Okt. 1954, S.2; auch PJ, Febr. 1960, 6f.

die sozialen Verhältnisse der Kandidaten, die sich in dem entsprechenden Jahr der Aufnahmeprüfung in die Richterschule unterzogen hatten[27]. Dabei stellte er fest, dass die Väter von mehr als einem Drittel der Bewerber Beamte waren, ein Fünftel stammte aus Familien von Industriellen und ein Siebtel waren Kinder von freiberuflich tätigen Personen. Weitere sechs Prozent der Bewerber hatten Berufsoffiziere zu Vätern, während eigentliche Wohlstandsgruppen nahezu nicht vertreten waren. Vor allem fiel auf, dass nur sieben Prozent der Kandidaten aus Richterfamilien stammten. Aus einem Vergleich mit Erhebungen aus anderen Berufsgruppen entnahm Sauvageot, dass, im Gegensatz zu früheren Zeiten und im Unterschied zu anderen Professionen, für die Nachkommen aus Richterfamilien der Beruf ihrer Väter erheblich an Anreiz verloren hatte.[28]

Die Unübersichtlichkeit des beruflichen Aufstiegs, das geringe soziale Ansehen und die immer wieder angesprochene Arbeitslast ließen vor allem die jungen Männer vor dem Richterberuf zurückschrecken, während die seit dem Gesetz vom 16. März 1946 zugelassenen Frauen dem Richterberuf größeres Interesse entgegenbrachten. »Wird die Richterschaft der Fünften Republik ausschließlich weiblich sein?«,[29] fragte 1958 das PJ und gründete die Besorgnis auf die Zahlen der Kandidaten, die sich zur Abschluss-Prüfung der Richterschule angemeldet hatten. Bei nur 82 männlichen Bewerbern waren 120 Richterinnen aus den Prüfungen hervorgegangen; es wurde vermerkt, dass 39 verheiratet, 81 unverheiratet seien. Der Vergleich mit der ein Jahr früher vorgenommenen Untersuchung des Verbandsorgans zeigte auf, wie sich das Verhältnis der Kandidaten beiderlei Geschlechts im Verlauf von sieben Jahren verschoben hatte.[30]

2.3 Das Unbehagen an der Rechtsprechung

Ein weiterer Grund für die Zurückhaltung junger Menschen, sich für die Justiz-Laufbahn zu entscheiden, hing damit zusammen, dass sich die

27 Sauvageot, L'origine sociale, PJ, Okt. 1954, 2.

28 So ergriffen etwa 50 Prozent der Söhne von Offizieren denselben Beruf, unter Medizinern ergab sich ein Faktor von etwa 30 Prozent, ebd., 2.

29 PJ, Sept. 1958, 4.

30 1952: 234 männl., 131 weibl./1953: 220, 160/1954: 198, 137/1955: 156,132/1956: 110, 130/1957: 84, 131; nach PJ, November 1957.

Richterschaft – verstärkt seit dem Tagen von Vichy – in einer Vertrauens-, ja einer Identitätskrise befand. Es schien, als habe mit der Involvierung in den Unrechtsstaat die französische Justiz viel von dem vordem in sie gesetzten Vertrauen eingebüßt. Die zahlreichen Zeugnisse einer kritischen Einstellung der Öffentlichkeit gegenüber den Richtern der Vierten Republik belegen, dass das kollektive Gedächtnis das von vielen Richtern mitgetragene – oder zumindest ihnen zugeschriebene Unrecht bewahrte. Noch lange nach dem Ende von Vichy prägte das Misstrauen der Öffentlichkeit gegen die Richterschaft das gegenseitige Verhältnis.

Nicht geeignet, dieses Misstrauen zu zerstreuen, waren zahlreiche Sensationsprozesse, die während der Vierten Republik öffentliche Aufmerksamkeit erregten. Junge, engagierte und mit juristischen Kenntnissen ausgestattete Gerichtsreporter berichteten aus den Gerichtssälen und füllten mit ihren Berichten und Kommentaren die Spalten der Boulevard-Presse, aber auch die der seriösen Presse-Organe. Jean-Marc Theolleyre von Le Monde, Pierre Scize vom Figaro, Madeleine Jacob, André Toulemon[31] u.a.m. verfügten über einen hohen Bekanntheitsgrad in der Bevölkerung; ihre regelmäßig in den großen Tageszeitungen erscheinenden Kolumnen galten als Highlights der Berichterstattung.

Dabei ging es weniger um die Einzelheiten der Straftat oder die Schuldfrage, vielmehr war es, nachdem es vermehrt Anzeichen für Übergriffe der Polizei, für nachlässige Ermittlungen und unkorrigierte Fehlurteile gegeben hatte, mehr die Art und Weise des Vorgehens der Ordnungskräfte Polizei und Justiz, die das Interesse der Prozessberichterstatter erregte und nach Aufklärung zu verlangen schien. Über den kriminellen Sachverhalt hinaus gerieten so die Begleitumstände der polizeilichen Ermittlungen, die juristische Behandlung des Falles und das richterliche Verhalten zum Gegenstand der öffentlichen Debatte.

Es zeigte sich, dass manche Methoden von Polizei und Gendarmerie, von Justizbeamten und Richtern Reminiszenzen an den Obrigkeitsstaat hervorriefen, ja die Nähe zu Verhaltensmustern zeigten, die dem totalitären Staat zu Eigen waren. Während der Untersuchungshaft, in der der Angeklagte in den Händen von Polizeikräften war, hatten diese ausreichend Möglichkeit, den Angeklagten zum Geständnis zu bewegen. Und dieses, das Geständnis, war Ziel der polizeilichen Untersuchung; es zu erlangen, war – so suggerierte zumindest die Berichterstattung – nahezu jedes Mittel

31 André Toulemon veröffentlichte den Erfahrungsbericht: *En marge du code et aux alentours du Palais*, Paris 1958.

recht. Widerrufen oder nicht widerrufen wurde das Geständnis häufig zur Grundlage des Urteilsspruchs – und folglich von Fehlurteilen. Zahlreiche Fälle wie der von Marguerite Marty, deren Geständnis nach den sichtbaren Spuren von Misshandlungen zu schließen, auf physischen Druck hin erfolgt war, ließen die Wogen der öffentlichen Empörung anschwellen[32]. Wie sich bei näheren Recherchen zeigte, handelte es sich dabei nicht um Sonderfälle, vielmehr stand die Kenntnis von Methoden, die geeignet waren, den Häftling zum Geständnis – mitunter auch zum falschen Geständnis – zu bewegen, mit dem Lehrplan der nationalen Polizeischule in Verbindung.[33]

Physischer Druck, Schludrigkeit in den Ermittlungen, vorgefasste Meinungen und Vorurteile, Festhalten an als falsch erkannten Annahmen und Fehlurteilen bildeten das eigentliche Skandalum in den Fällen Marguerite Marty, Jean Deshays, Agapito Solera, Pauline Dubuisson, Gaston Dominici, Marie Besnard und andere mehr.

Die teils angenommenen, teils auch festgestellten Regelverletzungen zogen in der Öffentlichkeit scharfe Kritik an der Rechtsprechung nach sich und mündeten in den Ruf nach Reformen. Vor allem war es die Praxis der *garde à vue*, einer Polizeihaft, die ohne richterliches Mandat und ohne Beistand eines Anwalts von der Polizei verhängt werden konnte[34], deren Abschaffung oder zumindest Veränderung die Kritiker forderten. Man erörterte Vorschläge, wie etwa die Herauslösung der Polizeikräfte aus der Zuständigkeit des Innenministers und ihre Zuordnung unter die Autorität der Justizbehörden oder die Überlegung, die Entscheidung über Schuld oder Unschuld des Angeklagten allein in die Hand von Geschworenen zu legen.

Es kam zu einer Parlaments-Debatte, die die an der Regierung befindlichen Kräfte zwang, dem Ruf nach Reformen nachzukommen. Sie setzten eine Kommission *d'études pénales et législatives* unter dem Vorsitz des Richters Antonin Besson ein. Der Ausschuss erhielt den Auftrag, eine neue Strafprozessordnung zu erarbeiten. Als dieser *code de procédure pénale* schließlich Gesetzeskraft erlangte und von nun an die Bedingungen der Untersuchungshaft an strenge Auflagen band, erregte er aus eben diesem Grund

32 Zum Fall Marty u.a.: Theolleyre, *L'accusée. 45 ans de justice en France, 1945–1990*, 17–40.

33 Dazu: Theolleyre, *L'accusée*, 40ff.: Ein Professor an der Ecole nationale de police in Saint-Cyr-au-Mont-d'Or nahe Lyon hatte ein entsprechendes Handbuch verfasst, wo er Methoden der »technischen Erschöpfung« empfahl, um ohne sichtbare Spuren von Gewalteinwirkung Geständnisse zu erlangen.

34 Der Sachverhalt der »garde à vue« spielte auch noch in der Fünften Republik eine Rolle; dazu: Burin, *Machtausübung und Rechtstaatlichkeit in der 5. Republik*, 390–409.

das Missfallen der Polizei, die sich um die wirksamsten Methoden der Verbrechensbekämpfung – so wie sie es verstand – gebracht sah und den Schutz der Gesellschaft vor Straftätern nicht mehr glaubte sicherstellen zu können.

In besonderem Maß wurde von den kritischen Journalisten das Bild des Richters in Frage gestellt. So schrieb der Korrepondent einer großen Zeitung:

»In den Schwurgerichten hat der Vorsitzende Richter eine überaus aktive Rolle. In den Strafprozessen ist er überhaupt der einzige, der eine Rolle spielt. Er befragt Angeklagte und Zeugen. Er regelt die Beiträge des Staatsanwalts und der Verteidigung. Er verfügt über das Rederecht. Er nutzt es selbst. Er vergibt es, an wen er möchte und je nachdem, was er hören möchte und er nimmt es sich wieder. Als einziger unter ›seinen‹ Geschworenen kennt er die Akten; er weiß, wo er Aufklärung erlangen kann und ist bestrebt, sie zu bekommen. Die Legende sagt, der Vorsitzende Richter sei neutral, objektiv, ernsthaft um Lösung bemüht. In Wahrheit wird er dazu verführt, Partei zu ergreifen: mehr oder minder offenkundig schlägt er sich auf die Seite der Anklage. Der Zustand seiner Nerven trägt dazu bei, dass er, je nach den Gegebenheiten, in Eile ist oder voller Verachtung, wütend, ja selbst offenkundig gleichgültig.«[35]

Auch Justizminister Martinaud-Deplat wies im März 1952 in einem allen Generalstaatsanwälten zugegangenen Rundschreiben auf Fehlentwicklungen hin:

»Einige kürzlich erfolgte Affären haben meine Aufmerksamkeit erregt. Es scheint mir, dass die Untersuchung nicht mit einem ausreichenden Maß an Sorgfalt in der zur Feststellung der Schuld der Angeklagten erforderlichen Strafverfolgung geführt wurde. [...]. Mitunter hat sich der Richter zufrieden gegeben mit einem Geständnis, das Polizeibeamte oder die Gendarmerie von verdächtigten Zeugen erlangt hatten. Ein anderes Mal wurden die Gutachten, die zur Aufklärung einer Straftat angefordert worden waren, übereilt ausgefertigt ohne die Behutsamkeit, die den Wert einer wissenschaftlichen Untersuchung ausmacht. Diese Fakten sind der

35 »Le Président a un rôle éminemment actif dans un procès d'assises. Dans un procès correctionnel il est même le seul à avoir un rôle. Il interroge les accusés et les témoins. Il règle les interventions de l'avocat général et de la défense. Il dispose de la parole. Il en use lui-même. Il la donne à qui il veut et pour ce qu'il veut, pour ce qu'il lui plaît d'entendre, et il la reprend. Seul, au milieu de ›ses‹ jurés à connaître le dossier, il sait du même coup l'éclairage dont il a besoin et s'attache à le lui procurer. La légende veut que le président soit neutre, objectif, sérieux. En fait, il est conduit à prendre parti: avec plus ou moins d'ostentation, il se range aux côtés de l'accusation. Ses nerfs aidant, il est, selon les circonstances, pressé, méprisant, furieux, voire apparemment indifférent«; *Esprit*, Spezial-Ausgabe über die Strafjustiz, 1954, zit. nach Theolleyre, *L'accusée*, 80.

Aufmerksamkeit der Richter entgangen. In einem anderen Strafprozess sind nicht alle Ermittlungsmethoden, die eine gewissenhafte Befragung erfordert hätten, in Auftrag gegeben worden. Selbst die Einbeziehung aller Zeugenaussagen, aus denen die Wahrheit hätte hervorgehen können, ist mitunter zu eilig aufgegeben worden. [...]. Derlei Vorfälle dürfen sich nicht wiederholen. Dies würde der Würde der Justiz und dem Ansehen des Richterstandes großen Schaden zufügen. Über die Verantwortlichen hinaus wäre damit eine Körperschaft des Staates getroffen, deren Ergebenheit und hohe berufliche Pflichtauffassung ich kenne, und die soziale Ordnung wäre gestört.«[36]

Die Empörung unter den Richtern war einhellig. Ein Generalstaatsanwalt wies erbost darauf hin, dass die Richter nicht die Zustimmung ihrer Mitbürger benötigten, sondern nur im Einklang sein müssten mit ihrem Gewissen, »um dem Recht, der Gerechtigkeit und der Wahrheit Achtung zu verschaffen«[37]. Auch der Vorsitzende des Richterverbandes UFM, Jean Reliquet, griff zur Feder. In einem offenen Brief im *Pouvoir judiciaire* (PJ), dem Organ des Richterverbandes, forderte er die Staatsmacht auf, »den Schutz der Richter vor den gegen sie gerichteten Angriffen zu übernehmen«.[38]

Die Richterschaft sah sich zu Unrecht an den Pranger gestellt: Sie, die sich doch nach der *Libération* in die schwierige Aufarbeitung der Vergangenheit gefügt und mit aller Kraft einen neuen Anfang für die Rechtsord-

---

36 »Mon attention est particulièrement retenue par certaines affaires récentes dans lesquelles il m'est apparu que l'information n'avait pas été conduite avec un souci suffisant d'entourer les poursuites des garanties nécessaires à l'établissement de la culpabilité des prévenus [...]. Tantôt le magistrat s'est satisfait de l'aveu que des services de police ou de gendarmerie avaient obtenu de témoins suspects. Une autre fois, les expertises ordonnées pour établir la réalité d'une action criminelle ont été diligentées sans les précautions qui garantissent la valeur d'une recherche scientifique, et ces faits ont échappé à la surveillance des magistrats. Dans une autre procédure criminelle, toutes les mesures d'instruction commandées par une scrupuleuse enquête n'ont pas été ordonnées. La recherche même de tous les témoignages susceptibles de faire éclater la vérité a été abandonné parfois avec trop de hâte.[...]. La répétition de faits semblables ne saurait se produire. Elle porterait à la dignité de la justice et au prestige de la magistrature un lourd préjudice. Au-delà des responsables, c'est un corps de l'Etat, dont je sais le dévouement et la haute conscience professionnelle, qui serait atteint et l'ordre social qui serait ébranlé«; zit. nach Theolleyre, L'accusée, 83.

37 »Les magistrats n'ont pas besoin de l'approbation de leurs concitoyens mais seulement de celle de leur conscience quand il s'agit de faire respecter le droit, la justice et la vérité«; ebd., 82.

38 »[...] d'assurer la protection des magistrats contre les attaques dont ils sont l'objet«; ebd., 82.

nung gesucht hatte, wurde nun beschuldigt, ihre Aufgabe der Rechtsprechung nachlässig und mit zweifelhafter Tendenz wahrzunehmen!

Aus dem Blickwinkel der Öffentlichkeit hingegen waren die Reaktionen im Richter-Organ *Le Pouvoir judiciaire* (PJ) gekennzeichnet von Selbstmitleid, Larmoyanz und dem Unvermögen, sich sachlicher Kritik zu stellen. Die Front der Gegenseite fühlte sich bestätigt. »Es war noch die Zeit«, schrieb später der Korrespondent von *Le Monde*, Jean-Marc Theolleyre, »wo die Welt der Richter, die so wenig an Kritik gewöhnt war und noch weniger an Infragestellung, sich im Kreis Gleichgesinnter einschloss und reagierte wie ein lebendig Gehäuteter, kläglich und unglücklich bei dem geringsten Einwand. Sogleich sah sie sich als Opfer einer Verschwörung und rief nach ihrem Minister wie nach einem Beschwerde-Amt.«[39]

Das Bild der Justiz, das sich in der Öffentlichkeit formte, befand sich im Wandel. Die herausgehobene Position, die der Richterstand noch 50 Jahre vorher inne gehabt hatte, das über den Querelen des Alltags angesiedelte Amt, die Sakralität des Richterspruchs, all das galt nicht mehr!

Nur einige wenige scharfsinnige Vertreter der Richterschaft erkannten und verstanden die veränderten Rahmenbedingungen und begannen zaghaft, sich mit den Regeln der neuen Zeit auseinander zu setzen, mit der Notwendigkeit, der Kontrolle durch die Presse stand zu halten und die Überprüfung von Wertungen und Urteilen zuzulassen, auch selbst an die Öffentlichkeit zu treten, sich der allgemeinen Beurteilung zu stellen und für die eigene Sicht zu werben.

Schärfer als viele seiner Kollegen nahm Maurice Aydalot, zu dieser Zeit Generalstaatsanwalt am Pariser Berufungsgericht, die Zeichen der Zeit wahr. In einer berühmt gewordenen Rede zu Beginn der Gerichtsperiode 1959 forderte er seine Kollegen auf »die Steinzeit hinter sich zu lassen«.

»Tretet doch heraus aus Eurem Elfenbeinturm und geht mit Neugier hinunter auf die Straße. Mischt Euch ohne Bedenken unter die Menschen. Wo immer ein Ausschuss, ein Beratungsgremium, eine Jury gebildet wird, muss ein Richter unter ihnen sein und seine Stimme einbringen [...]. Anwesend zu sein überall in der Öffentlichkeit, das muss unsere Devise sein. [...]. Dann, meine Freunde, werden wir beginnen, den Platz auf dem Markt der sozialen Werte wieder einzunehmen,

---

39 »C'était encore le temps où le monde des juges, si peu habitué à être critiqué et moins encore remis en question, s'enfermait dans son cénacle, réagissait en écorché vif, plaintif et malheureux devant la moindre des observations, criant tout aussitôt à la cabale et en appellant à son ministre comme on s'en irait saisir le bureau des pleurs«; Theolleyre, *Les médias et la justice*, 90.

den unsere übertriebene Zurückhaltung und unsere Öffentlichkeitsscheu uns haben verlieren lassen«.[40]

Der Appell erregte Aufsehen, blieb aber nahezu folgenlos. Neun Jahre sollten vergehen, bis die junge Richter-Generation sich seiner erinnerte und die Lehre daraus zog.

Zunächst aber nahm eine Abfolge von Vorkommnissen die Aufmerksamkeit der Franzosen in Anspruch, die anfangs von geringer Bedeutung zu sein schienen, weil sie sich fernab vom Mutterland nur im Kontext von Militär und Rechtsprechung bewegten. Von 1957 an jedoch entwickelten die Verwerfungen in Algerien zunehmende politische Brisanz, die das Land und in besonderem Maß die Justiz in traumatische Verwerfungen führten und das Verhältnis der Richter zur politischen Gewalt langfristig zerrütteten.

40 Aydalot, Le magistrat dans la cité et dans le siècle, 307.

3. Die Dekolonisierung und die Rolle der Justiz

3.1 Der Konflikt um Algerien

Am 8. Mai 1945, als die deutsche Kapitulation erfolgte und zahllose Menschen das Ende des Zweiten Weltkriegs feierten, sammelten sich in Constantine und anderen Städten Algeriens mehrere Tausend arabische Einwohner auf der Straße, um auf ihr Anliegen aufmerksam zu machen. Nun, nach dem für Frankreich glücklich beendeten Krieg, schien ihnen die Zeit gekommen, die während des Krieges zum Mutterland geübte Loyalität belohnt zu sehen und für die arabisch-stämmige Bevölkerungsmehrheit mehr rechtliche Gleichstellung zu erreichen. Die Reaktion der staatlichen Obrigkeit war hart und stand in keinem Verhältnis zum Anlass. Aus Tunesien und Marokko wurde französisches Militär eingeflogen; es kam zu Feuergefechten. Constantine, Setif und einige Dörfer, in denen man Aufwiegler vermutete, wurden von Flugzeugen aus bombardiert. Als wieder Ruhe eintrat, begannen die Säuberungen und Strafaktionen durch französische Militärverbände, die weiterhin vielen Menschen das Leben kosteten. Die Zahl der Opfer schwankt je nach Quelle zwischen 15.000 und 45.000.

Im Gegensatz zu den Unabhängigkeitsbestrebungen in Marokko und Tunesien, denen gegenüber sich Frankreich nach dem Scheitern erster Repressionsversuche kompromissbereit zeigte[1], war zu diesem Zeitpunkt für die Mehrheit der Franzosen die Vorstellung einer Loslösung Algeriens aus der direkten Obrigkeit Frankreichs undenkbar. Anders als die Nachbarstaaten gehörte Algerien seit mehr als 120 Jahren zum französischen Kolonialreich; viele Franzosen und Europäer hatten sich im Laufe der Zeit hier niedergelassen und stellten mit 984.000 Menschen etwas über ein Zehntel der Gesamtbevölkerung[2]. Ebenso wie das Mutterland war Alge-

---

1 Französisch-Marokko wurde am 2.3.1956, Tunesien am 20.3.1956 in die Unabhängigkeit entlassen.

2 Zahlen nach Droz/Lever, Histoire de la guerre d'Algérie 1954–1962, 40.

rien, das als integraler Bestandteil Frankreichs galt, in *Départements* eingeteilt, denen je ein Präfekt vorstand. Ebenso wie dort verwalteten sich die *Départements* in Algerien in administrativer und finanzieller Hinsicht weitgehend autonom. Das Schul- und Ausbildungswesen ebenso wie die Justiz unterstand direkt den entsprechenden Ministerien in Paris. Die Rechtsprechung in Algerien war folglich ähnlich organisiert wie im Mutterland, wobei allerdings wegen der geringen Siedlungsdichte großer Landstriche die Friedensrichter, die *juges de paix*, als Einzelrichter ihre Amtstätigkeit im Allgemeinen in größeren Territorien versahen.

Wenn auch die Unruhen am 8. Mai 1945 mit äußerster Härte beantwortet worden waren, so ging die Pariser Regierung in der Folgezeit doch daran, einige der arabisch-algerischen Forderungen zu erfüllen. So regelte ein Dekret von 1947 das Wahlrecht der arabischen Bevölkerung neu – was freilich nicht die Gleichstellung mit der europäisch-stämmigen Minderheit bedeutete. Die islamische Glaubenspraxis wurde liberalisiert und die arabische Sprache in den Schulen zugelassen.

Gleichwohl konnten diese Zugeständnisse die sich ausweitenden Bestrebungen nach mehr Selbstbestimmung nicht verhindern, wenn es auch an der Oberfläche neun Jahre lang ruhig blieb. Während des Indochina-Krieges, der die französischen Truppen von 1945 bis 1954 in Asien band, kämpften algerische Soldaten loyal auf französischer Seite. Doch nach der Niederlage von Dien-Bien-Phu, die das Ende der französischen Kolonialgewalt in Indochina nach sich zog, kam es in Algerien zu einer über das ganze Land verteilten, offenbar koordinierten Anschlagsserie. Als deren Urheber trat eine neue Gruppierung in Erscheinung, die sich bald darauf mit anderen Organisationen zum *Front de Libération nationale* (FLN) zusammenschloss. Als ihr bewaffneter Arm fungierte die *Armée de Libération nationale* (ALN).

Von diesem Zeitpunkt an, dem November 1954, datiert der »Algerien-Krieg«, der sich bis 1962 hinzog. Doch handelte es sich tatsächlich um einen »Krieg«? »Nein, ließ die Regierung in Paris wissen, Algerien ist Bestandteil des französischen Mutterlandes; es handelt sich nicht um den Konflikt zweier selbständiger Mächte, sondern um eine innenpolitische Auseinandersetzung.« Als Folge dieser Zuschreibung fielen die gegnerischen Kombattanten nicht unter die Schutzbestimmungen der Genfer Konvention, sondern unterlagen der französischen Strafgerichtsbarkeit. Ihre Aktionen galten als Störung der innenpolitischen Ordnung, sie selbst als Kriminelle. Die gerichtliche Aufarbeitung der ihnen zur Last gelegten

Rechtsbrüche war Aufgabe der Rechtsprechung. Die Justiz erhielt somit die Zuständigkeit in einem Geschehen zugesprochen, dessen Dynamik und Ausmaß ihre Kräfte weit übersteigen sollte und in dem andere Gesichtspunkte als Recht und Gesetz den Fortgang der Ereignisse diktierten. Auf traumatische Weise sollte die Justiz sich dabei, im Bestreben den ihr zudiktierten Auftrag zu erfüllen, anderen als den ihr eigenen Prinzipien beugen.

Analysiert man das Zahlenverhältnis der Kräfte, die sich in dem Konflikt um Algerien begegneten, so konnte es sich tatsächlich nicht um einen Krieg herkömmlicher Art handeln. Etwa 400.000 französischen Soldaten standen 15.000 Kämpfer der ALN gegenüber. Umgekehrt proportional war die Größenordnung der Opfer: auf französischer Seite etwa 15.000, auf algerischer 152.000[3].

Die Fronten schienen zunächst eindeutig: Auf Seiten der algerischen Unabhängigkeitskämpfer wachsende Gruppen der arabischen Bevölkerung, die sich der unausgesprochenen Unterstützung der Mehrheit sicher sein konnten. Sie agierten mit Anschlägen, zunächst vorwiegend gegen Verkehrswege, Produktionsstätten, Waren und Gebäude, später auch gegen Personengruppen gerichtet. Die Zahl der Anschläge schwankte, zeitweise handelte es sich um 120–150 pro Monat landesweit. Auf der anderen Seite stand die französisch-europäische Bevölkerung – aber auch geringere Anteile der arabischen Einwohnerschaft – für den Verbleib bei Frankreich; aus ihrer Mitte rekrutierten sich die Ultras, die sich im Lauf der Zeit radikalisierten und den Einsatz von Gewalt mit extremer Brutalität beantworteten.

Die französische Armee, noch traumatisiert durch das Ende des Indochina-Kriegs, übernahm den Auftrag, für Ruhe und Ordnung zu sorgen. Die anfänglich unparteiliche Haltung der Militärs wandelte sich im Lauf der Zeit in das Bemühen, insbesondere die europäischen Siedler und Bürger zu schützen und ging mit großer Härte gegen die arabisch-stämmige Bevölkerung vor. Vor allem die Gruppe der Kommandeure verinnerlichte das Motto der »Algérie française« und vergaß darüber die Gehorsamspflicht gegenüber der staatlichen Exekutive. Zwischen diesen Gruppierungen gerieten alle differenzierteren politischen Schattierungen ins Abseits: französische Kommunisten, die mit der FLN sympathisierten, algerische Bürger, die den französischen Einfluss erhalten wollten etc.

3 Zahlen nach *Dictionnaire historique de la vie politique française au XXe siècle*, 463

Im Zuge der Radikalisierung des Konflikts machten sich außenpolitische Kräfte bemerkbar, die versuchten, in der einen oder anderen Richtung Einfluss auf das Geschehen zu nehmen: Die Vereinten Nationen, die gegen den Willen Frankreichs eine Generaldebatte über die Vorgänge in Algerien abhielten; die USA, die eine Beilegung des Konflikts anstrebten, um nicht die arabische Welt an den kommunistischen Osten zu verlieren; Großbritannien, das sich gemeinsam mit Frankreich in der Suez-Krise engagiert hatte; Ägypten unter General Nasser, das danach trachtete, die panarabische Sache zu fördern und Israel, das sich eben dem entgegenstellte.

Inmitten dieser Gemengelage von Interessen suchte die politische Zentralgewalt in Paris zunächst mit allen Mitteln, hohen Kosten und Opfern das Verbleiben Algeriens bei Frankreich zu erreichen. Sie sah darüber Minister, Regierungen und schließlich das Regime der Vierten Republik stürzen, bis schließlich 1958 im Rahmen der neuen, der Fünften Republik, General de Gaulle begann, Wege und Lösungen aus dem Dilemma zu suchen, genötigt auch durch die Mehrheit der Franzosen, die sich in Referenden nun endlich für die Unabhängigkeit Algeriens aussprachen.

3.2 Die Justiz als Element der Kriegslogik

Eine zentrale Rolle kam zunächst, da es sich bei den Unruhen und Sabotageakten nach offizieller Lesart um eine innenpolitische Angelegenheit handelte, der Justiz zu. Sie hatte die Aufgabe, individuelle Verstöße gegen die öffentliche Ordnung zu ermitteln und entsprechend den Buchstaben des Gesetzes zu ahnden. Demgegenüber ging es den Militärs, auf deren Mitwirkung die Richter angewiesen waren, darum, Informationen zu erlangen, die sie in den Stand setzten, den Aktivitäten des Gegners zuvor zu kommen und diese zu verhindern. Um zu diesem strategischen Ziel zu gelangen, dessen Bedeutung im Zuge der Radikalisierung zunahm, waren nach militärischer Sicht auch Mittel zugelassen, die nicht von rechtsstaatlichen Prinzipien gedeckt waren. Die Intentionen wie auch die Methoden der beiden Bereiche Justiz und Militär stimmten also nicht überein, ja sie schlossen sich vielmehr aus und eine Zusammenarbeit beider musste früher oder später zur Infragestellung der instabilen Kooperation und letztlich zur Dominanz der militärischen Seite führen.

Bis 1955 war formal die Ziviljustiz in Algerien zuständig für alle Verfahren, außer jenen, die sich mit der Zerstörung militärischer Einrichtungen beschäftigten. Zu deren gerichtlicher Aufarbeitung waren militärische Gerichtshöfe, *Tribunaux permanents des forces armées* (TPFA), eingerichtet worden.[4] Je weiter sich die Unruhen ausbreiteten, desto mehr verlagerten sich Entscheidungskompetenzen hin zu Polizei und Armee, während die ordentliche Rechtsprechung sich in die Rolle des Handlangers gedrängt sah und im Zuge der Radikalisierung des Konflikts die Spielräume einbüßte, in denen Recht und Gesetz die Deutungshoheit innehatten.

Im April 1955 zeigte sich, dass die verfassungsmäßigen Befugnisse der Regierung nicht ausreichten, um den Guerilla-Krieg in Algerien zu führen. Die Anschläge der FLN-Kämpfer hatten an Umfang und Bedeutung so zugenommen, dass die Zerstörung der öffentlichen Ordnungsstrukturen befürchtet werden musste. Mit einer Notstandsregelung plante die Regierung Edgar Faure, zeitlich befristet Sondervollmachten einzuführen, die es erlaubten, in Algerien Bürgerrechte außer Kraft zu setzen und Polizei und Armee größere Handlungsfreiheit zu gewähren.[5]

Der Verabschiedung der Notstandsgesetze ging in der Nationalversammlung eine kontroverse Debatte voraus; zahlreiche Deputierte stimmten dem Regelwerk nur unter der Bedingung zu, dass eine Zusatz-Klausel ausdrücklich die Einrichtung von Lagern untersagte: »In keinem Fall darf die polizeiliche Anweisung des Aufenthaltsorts zur Einrichtung von Lagern führen«[6]. Einen Sturm der Entrüstung entfesselte ein kommunistischer Deputierter, als er die neu geplanten »Aufenthaltsorte für Straftäter« mit den Lagern der Vichy-Ära verglich.[7]

De facto jedoch vergingen nur wenige Wochen, bis die ersten von der Armee als »Befragungszentren« bezeichneten Lager eingerichtet wurden, in denen es zunehmend und schließlich systematisch zur Anwendung von

4 Näheres dazu Thénault, Une drôle de justice. Les magistrats dans la guerre d'Algérie, 29–34.

5 Mit den *pouvoirs spéciaux* verbunden waren besondere Maßnahmen wie Sperrstunde, Schließung von Einrichtungen aller Art, Versammlungsverbot, Hausdurchsuchungen, Anweisung des Aufenthaltsorts.

6 »En aucun cas, l'assignation à résidence ne pourra avoir pour effet la création de camps« zit. nach Thénault, *Une drôle de justice*, 35.

7 Während der Parlamentsdebatte hatte ein kommunistischer Deputierter, Pierre Fayet, gegen die Notstandsgesetze vorgebracht, dass sie der Polizei die Befugnis zur Anweisung des Aufenthaltsorts einräumten: »Sous le régime de Vichy, les arrêtés pris pour interner les personnes dans un camp de concentration ne parlaient également que de résidence«; ebd., 35.

Foltermethoden kam.[8] Der zivilen Rechtsprechung standen praktisch keine Möglichkeiten zu Gebote, sich Zugang zu den Lagern und Einblick in die Vorgänge zu verschaffen und noch weniger war sie in der Lage, gegen die dort herrschenden Praktiken vorzugehen. Falls Untersuchungen über die Vorfälle in den Lagern anberaumt worden waren, wurde meist der Zugang verwehrt. Urteilsprüche, die aus Zivilverfahren hervorgingen, wurden, sofern sie den Zielen des Militärs widersprachen, nicht befolgt, Anordnungen nicht umgesetzt. Ja, es kam vor, dass entlassene Häftlinge, die von einem Zivilgericht freigesprochen worden waren, von der Armee wieder eingesammelt und neuen Verhören unterzogen wurden. Bei der Obrigkeit fanden Richter, die auf rechtsstaatliche Verfahren pochten, kein Gehör. Was die Klagen über Willkürakte und Gewalttaten der französischen Ordnungskräfte anbetraf, die der Ziviljustiz zugestellt wurden, so waren die Richter bereits in einem vom 3. August 1955 datierten und von den Ministern für Verteidigung und Justiz gemeinsam abgefassten Rundschreiben angewiesen worden, »außer in Sonderfällen«, diese Klagen ad acta zu legen und auf entsprechende Verfahrenseröffnungen zu verzichten. Oberste Priorität hatte die ungestörte Arbeitsweise des Militärs, das sich freilich auf seinen Auftrag zum Schutz der Bevölkerung und auf zwingende Sicherheitsinteressen berufen konnte.

Selbst die Deutungshoheit darüber, was als Normverstoß zu gelten hatte, kam zunehmend den militärischen Stellen zu. So wurde der finale Schuss auf flüchtende Personen legitimiert; in der Kriegslogik herrschten andere Prioritäten als der Buchstabe des Gesetzes. Im Rahmen des nationalen Notstands wuchs dem Militär die Regie über die Vorgehensweise gegenüber den algerischen Nationalisten zu; der Ziviljustiz entglitt zunehmend die Handhabe, um vom Gesetz vorgeschriebene Verhaltensmuster durchzusetzen.

In der ersten Zeit waren Zivil- und Militärjustiz aneinander gekoppelt. Die erstere, die nach wie vor als Legitimationsbasis fungierte, blieb zuständig für die Eröffnung der Verfahren und für die Voruntersuchungen, ebenso wie für die vor den Strafgerichten anhängigen Zivilverfahren. Im Fall von Verbrechen – und als solche galten die politisch motivierten Aktivitäten der FLN-Kämpfer – trat das Militärtribunal in Funktion, deren Beisitzer sich aus Armee-Angehörigen rekrutierten, die der Kommandierende General für ihr Amt benannt hatte. Den Vorsitz des Gerichts hatte

8 Zu den Lagern und den Zahlen von Inhaftierten, ebd., 34–38.

meist ein zum Wehrdienst eingezogener Jurist inne, der als Angehöriger der Streitkräfte der militärischen Hierarchie unterstand. Außerhalb der direkten militärischen Hierarchie stand der Staatsanwalt, der seine Anweisungen von einem durch den Verteidigungsminister eingesetzten Regierungskommissar erhielt.

Obwohl Regierungsmitglieder sich gegen den Vorwurf verwahrten, mit den Notstandsgesetzen werde die Justiz ausgehebelt und betonten, »dass von einem völligen Kompetenzentzug der Ziviljustiz keine Rede sein kann,«[9] trat eben dies ein. Die Ziviljustiz wurde praktisch von der Militärjustiz überlagert. Auch die zeitliche Befristung der dem Militär eingeräumten Befugnisse konnte an der Entwicklung nichts ändern, nachdem die Geltungsdauer des Notstands durch ein Dekret vom 7. August 1955 verlängert wurde und schließlich im März 1956 das Parlament der Regierung umfassende Vollmachten zusprach »zur Ergreifung aller Sondermaßnahmen, die die Umstände erfordern und die die Wiederherstellung der Ordnung, den Schutz von Personen und Gütern und die Sicherung des Hoheitsgebiets zum Ziel haben.«[10]

In der Folge erlangte die Militärgerichtsbarkeit nun auch das Recht, soweit sie es für sinnvoll hielt, Voruntersuchungen zu führen, um so zu einer »justice parallèle«, nämlich »rapide et effective« zu kommen. Die Zivilgerichtsbarkeit hingegen war in Bezug auf Informationen auf die lokale Presse angewiesen[11] oder führte die Prozesse auf der Grundlage von Akten, die ihr von den Militärbehörden zugestellt worden waren und in denen Geständnisse aufgeführt waren, deren Zustandekommen die Gerichte nicht hinterfragten.

Die Notstandsregelungen setzten auch andere Rechtsgarantien außer Kraft. So waren Berufungsverfahren vor dem Kassationsgericht in Paris nicht mehr möglich, entsprechende Verfahren wurden an ein militärisches Berufungsgericht in Algier verwiesen, wo sie in nahezu allen Fällen ohne Ergebnis endeten. Ebenso wurden die Rechte der Verteidigung eingeschränkt, etliche Bürgerrechte aufgehoben und die Befugnisse der Ord-

9 »Qu'il ne peut être question d'un dessaisissement total de la justice civile«, Robert Schuman in der Nationalversammlung, 31. März 1955, *Débats*, Assemblée nationale, 3e. séance 1955.

10 »Pour prendre toutes mesures exceptionnelles commandées par les circonstances en vue du rétablissement de l'ordre, de la protection des personnes et des biens et de la sauvegarde du territoire«, Dekret Nr. 56–628 vom 16.März 1956.

11 Aussage des Generalstaatsanwalts Jean Reliquet im Verfahren Audin, zit. nach Vidal-Naquet, *La raison d'Etat*, 269; dazu auch Masson, *Les juges et le pouvoir*, 315, Anm. 100.

nungsorgane erweitert: Sperrstunde, Versammlungsverbot, Pressezensur, nächtliche Hausdurchsuchungen. Besonders schwerwiegend erwies sich der Rückgriff auf die »assignation à résidence«, die Anweisung des Aufenthaltsorts, die es gestattete, zu jedem Zeitpunkt ohne richterliche Genehmigung die Inhaftierung von Personen vorzunehmen, »deren Aktivität sich als gefährlich für die öffentliche Sicherheit und Ordnung erweist.«[12]

Ab 1957 nahm der Konflikt um Algerien eine neue Qualität an. Etwa 78 Befragungslager waren mittlerweile eingerichtet worden, etwa 20.000 bis 24.000 Personen wurden dort vermutet. In den ersten vier Monaten des Jahres verschwanden 4.000 Menschen ohne Spuren zu hinterlassen. Als im Mutterland bekannt wurde, dass in Algerien elf Anwälte von FLN-Angeklagten verhaftet worden waren, protestierte eine Gruppe prominenter Richter, Anwälte und Rechtsprofessoren.[13] Zumindest in Juristenkreisen begannen sich Informationen auszubreiten über das Geschehen in Algerien und den Alltag der Zivilrichter, der in wachsendem Maß von Klagen über Terror und Gegenterror, durch Folter erpresste Geständnisse, Liquidierungen und standrechtliche Exekutionen bestimmt wurde.

Wenig erstaunlich, dass sich viele Juristen in Frankreich, denen die Einberufung zur Militärgerichtsbarkeit in Algerien ins Haus stand, mit allen Mitteln der Versetzung zu entziehen suchten.[14] Hatten sie aber den Posten in Algerien angetreten, so bestand kaum Möglichkeit, sich der Involvierung in das System von Gewalt, Furcht und Terror zu entziehen. Widersetzten sie sich den Anordnungen der Militärs, legten sie Übergriffe der Militärs offen oder nahmen Ermittlungen in Fällen auf, in denen Soldaten ungesetzlicher Taten angeklagt waren, so konnte dies als Eingeständnis der Sympathie für die Rebellen ausgelegt werden. Im günstigsten Fall war die sofortige Ablösung des Richters die Folge. Allein die Tatsache, dass die Juristen, sowohl Richter wie Staatsanwälte, in ihrer Amtsausübung gehalten waren, bestimmte formale und prozessuale Vorgehensweisen einzuhalten, wurde in den Kreisen der Militärs als Verschleppung und Blockierung

12 »Dont l'activité s'avère dangereuse pour la sécurité et l'ordre public«; zit. nach Thénault, *Une drôle de justice*, 35.

13 Der Vorsitzende der Anwaltskammer in Paris, René-William Thorp, sprach bei Staatspräsident Coty vor; dazu Näheres ebd., 116f.

14 In einem Brief beklagte sich der Kriegsminister Bourgès-Maunoury über »les plus grandes difficultés« die er habe, »à mobiliser les magistrats de l'ordre judiciaire de la métropole, afin de les charger des fonctions de magistrats des tribunaux militaires en Algérie«; ebd., 74.

einer »justice rapide et effective« gedeutet. Das Beharren auf der Einhaltung der Prozessordnung galt als Behinderung der Repression terroristischer Akte. Nachdem sich wiederholt hohe Offiziere über derlei »Behinderungen« beschwerten, sagte Generalstaatsanwalt Paul Susini den Militärs zu, »strenge Ermahnungen an die Richter richten« zu wollen, die »ein starkes Missbehagen in den Kreisen des Militärs zu verantworten« hätten.[15]

1957 übernahm General Salan den Oberbefehl über die in Algerien stationierten Truppen. In den Ausführungen, mit denen er seine Amtsführung umriss, wies er der Justiz die Rolle als »Instrument im konterrevolutionären Krieg«[16] zu.

Zum selben Zeitpunkt wie General Salan trat der neue Generalstaatsanwalt in Algier, der Vorsitzende des Richterverbandes UFM, Jean Reliquet, sein Amt an. Reliquet war ein Vertrauter des Justizministers François Mitterrand und bemühte sich, den Anforderungen gerecht zu werden, die einerseits die legitimen Schutz-Interessen der Bevölkerung und die Erfüllung des militärischen Auftrags, andererseits aber auch die Wahrung der Rechtsgarantien darstellten.[17]

Doch an der grundlegenden Problematik jener Jahre konnte er nichts ausrichten, zumal sich in die Sprache und in die Verhaltensweisen etlicher Richter auch Überlegungen einnisteten, die sich den Gesichtspunkten und Argumenten der militärischen Seite annäherten. So räumte der Richter Georges Apap im Interview mit der Autorin Sylvie Thénault ein, »es wäre mir in patriotischer Hinsicht selbstmörderisch vorgekommen, der Armee zu schaden, die soviel Mühe hatte, ein Mindestmaß an Sicherheit zu erhalten. Sich als Schiedsrichter über den Konflikt zu stellen, das war, zumindest in meinen Augen, ausgeschlossen.«[18]

Nein, die Möglichkeit, die den Richtern offen stand und von der sie – will man den Hinweisen eines kompetenten Zeitgenossen folgen – reichlich Gebrauch machten, bestand darin, über Berufskollegen, Bekannte, Kreise von Intellektuellen und Presseorgane im Mutterland Informationen

15 Zit. nach Thénault, *Une drôle de justice*, 44.

16 »Instrument de la guerre contre-révolutionnaire«, dazu ebd., 68–71.

17 Die Enkelin von Jean Reliquet, Sandrine Reliquet, bearbeitete und veröffentlichte die Erinnerungen ihres Großvaters: Reliquet, Sandrine: *L'exercise de la magistrature en Algérie d'octobre 1956 à octobre 1958*, Paris 1989.

18 »Il m'aurait paru suicidaire, du point de vue patriotique, de nuire à l'armée qui avait tant de peine à assurer un minimum de sécurité. Se poser en arbitre au-dessus de la mêlée était exclu, du moins à mes yeux«; zit. nach Thénault, *Une drôle de justice*, 159.

über die Vorgänge in Algerien zu verbreiten und auf diese Weise dazu beizutragen, die öffentliche Meinung in Frankreich zu sensibilisieren.[19]

Will man der Frage nachgehen, ob die Justiz sich von den Vorgängen während der »troubles« in Algerien distanzierte, ob sie sich der Einbeziehung in die Kriegslogik verweigerte, ob sie der Armee in den Arm fiel, so muss festgestellt werden, dass dies nicht geschah. Vielmehr hat die Justiz durch ihre Präsenz die üble Praxis der Armee mit dem Mantel der Rechtsstaatlichkeit gedeckt. Allerdings muss berücksichtigt werden, dass kaum Spielraum bestand, sich der Indienstnahme zu verweigern. Gleichwohl, die Justiz »beugte« sich unter dem Druck der Verhältnisse. »Indem sie der Staatsmacht auf diese Weise diente, hat sie die Überlegenheit der Staatsräson anerkannt – was auf ihrer Seite einer Art Abdankung gleichkam.«[20]

3.3 Ein neues Regime und das alte Problem

Im Mutterland hatten sich unterdessen die Gerüchte über die repressiven Exzesse in Algerien verdichtet. Die ersten Hinweise hatten schon 1955[21] für Unruhe gesorgt. Zu diesem Zeitpunkt aber hatte die Öffentlichkeit im Mutterland in ihnen das Lügengespinst oppositioneller Gruppen, von kommunistischen Parteigängern und Sympathisanten der algerischen Rebellen vermutet. Immerhin traten prominente Autoren und Intellektuelle, Camus, Mauriac, Martin du Gard, Malraux, Sartre u.a.m. mit einer Zeitschrift *Algérie-Espoir* an die Öffentlichkeit, um für eine Lösung der algerischen Frage zu plädieren. Nach 16 Ausgaben erzwangen administrative Verbote und mehrere Anschläge auf das Verlagsgebäude die Einstellung des Organs.

Trotz der feierlichen Versicherung des sozialistischen Regierungschefs Guy Mollet, es gäbe keine Folter, wollten in der Folge die Andeutungen über Gewalttaten der französischen Soldaten nicht verstummen.

19 Besson, Le mythe de la justice, 236.

20 »En servant le pouvoir de cette façon, elle avait reconnu la suprématie de la raison d'Etat – ce qui aboutissait de sa part à un acte d'abdication«; ebd., 238.

21 Erste Artikel über Anwendung der Folter bei Verhören: *France-Observateur* vom 13. Januar 1955, Claude Bourdet: »Votre Gestapo d'Algérie«; *L'Express* vom 15.Jan. 1955, François Mauriac: »La Question«.

Zwei Fälle waren es vor allem, die der Öffentlichkeit schließlich vor Augen führten, dass es sich bei den Gerüchten um bittere Realität handelte. Der Mathematiklehrer Audin, Mitglied der kommunistischen Partei, war der Sympathie für die FLN verdächtigt worden. Man hatte ihn festgenommen und in ein Lager eingewiesen: Dort war er offenbar unter der Folter gestorben; seine Leiche wurde nie gefunden. Eine Vereinigung *Comité-Audin*, die von zahlreichen Intellektuellen unterstützt wurde, machte es sich zur Aufgabe, die Umstände seines Todes aufzuklären. Ebensoviel Aufsehen machte ein anderer Fall: nach schweren Folterungen kam der Journalist Henri Alleg aus der Haft frei und veröffentlichte 1958 seinen Erfahrungsbericht in einem Buch »La Question« – das freilich kurz nach seinem Erscheinen beschlagnahmt wurde.

Diese beiden Vorfälle beendeten das »komplizenartige Schweigen«[22], das im Mutterland so lange geherrscht und Politik und Militär freie Hand gelassen hatte. Als die Presse begann, das Thema »Justiz in Algerien« aufzugreifen, sah sich die Regierung gezwungen, eine *Commission de sauvegarde des droits et libertés individuels* einzurichten, unter deren zwölf Mitgliedern sich ein einziger Magistrat, Pierre Béteille, befand: Er übernahm schließlich den Vorsitz des Gremiums[23]. Die Befugnisse des Ausschusses waren freilich nicht so geartet, dass es dem Militär hätte Paroli bieten können; doch, wenn auch die Regierung es ablehnte, den Untersuchungsbericht der Kommission zu veröffentlichen, so bestand nun immerhin ein Ansprechpartner für Klagen von Opfern der Militärjustiz und deren Angehörigen.

Zunehmend machte sich in der Öffentlichkeit Beunruhigung bemerkbar, eine Gruppe einflussreicher Juristen meldete sich als Vereinigung *Association de sauvegarde des institutions judiciaires* zu Wort, daneben entstanden Netzwerke, die von bekannten Persönlichkeiten gefördert, juristische und materielle Hilfe für die Opfer und mitunter auch für die algerischen Nationalisten bereitstellten.

Auf der internationalen Bühne begann sich die Stimmung gegen Frankreich zu wenden. Die Vereinten Nationen setzten eine Generaldebatte über Algerien an, an der Frankreich es ablehnte teilzunehmen. Die USA und Großbritannien erhöhten ihren politischen Druck, um eine Beendigung der auch in den anderen nordafrikanischen Staaten um sich greifenden Unruhen zu erreichen. Die wechselnden Regierungen der Vierten Republik je-

22 Masson, Les juges et le pouvoir, 312.
23 Ebd., 316.

doch sahen sich außerstande, einen Ausgleich herbei zu führen zwischen den Extrem-Positionen, einerseits der radikalisierten Algerier-Franzosen, die auf den Rückhalt der Armee – oder zumindest der Generalität in Algerien – vertrauen konnten, und andererseits den wachsenden Gruppen sowohl im Mutterland wie auf der internationalen Ebene, die im Verzicht Frankreichs auf sein algerisches Gebiet den Ausweg aus der Krise sahen. Zudem geriet das Land durch die Militär-Ausgaben in eine Finanzkrise, die im April 1958 die Regierung Gaillard stürzen ließ.

Damit schien für die französisch-algerische Bevölkerung und die Armeeführung in Algier der Zeitpunkt gekommen, um die politische Entwicklung im Mutterland in ihrem Sinn zu beeinflussen. Die Anhänger des »französischen Algerien«, die sich von Paris im Stich gelassen fühlten, rebellierten gegen die Zentralgewalt in Paris und gründeten am 13. Mai 1958 ein *Comité de salut public.* In einem Telegramm an die politische Führung in Paris formulierte das *Comité* die Erwartung »einer Regierung des öffentlichen Wohls, die allein fähig ist, Algerien als integralen Bestandteil des Mutterlandes zu erhalten.«[24] Als dessen Regierungschef sollte nach den Vorstellungen General Salans General de Gaulle fungieren. De Gaulle war für die Anhänger der *Algerie française* der Mann, auf dem die Hoffnungen ruhten.

In der Nationalversammlung in Paris hingegen und in regierungsnahen Kreisen traute man de Gaulle nicht; manche maßen ihm diktatoriale Neigungen zu. Zudem zeigte der General wenig Neigung, die Macht aus den Händen von Putschisten entgegen zu nehmen. Nach mehreren Tagen der politischen Lähmung und intensiver Verhandlungen innerhalb der politischen Spitze in Paris war der Weg frei. Die gerade ins Amt berufene Regierung Pflimlin legte ihre Ämter nieder, Staatspräsident René Coty berief de Gaulle als neuen Regierungschef: auf legalem Weg konnte der General das Amt antreten. Im Juni lösten sich die beiden Kammern, Nationalversammlung und Rat der Republik[25], auf und beendeten damit das 14 Jahre währende Regime der Vierten Republik.

Drei Monate später legte die Regierung einen neuen Verfassungsentwurf vor, den eine große Mehrheit der Franzosen in einem Referendum

24 »Ce Comité attend avec vigilance la création d'un gouvernement de salut public, seul capable de conserver l'Algérie partie intégrante de la métropole«; zit. nach Droz/Lever, *Histoire de la guerre d'Algérie*, 173

25 »Conseil de la République« als Vertretung der Departements.

gut hießen. Als Konstitution einer neuen, der Fünften Republik, trat am 4. Oktober 1958 die neue Verfassung in Kraft.

Die umfassenden Vollmachten, die die konstitutionelle Ordnung dem nunmehrigen Staatspräsidenten de Gaulle einräumte, mussten Befürchtungen wecken, doch der neue Amtsinhaber zerstreute die Bedenken. »Glaubt man, dass ich mit 67 Jahren eine Laufbahn als Diktator beginnen werde?«[26] fragte er bei seiner ersten Pressekonferenz und sagte die strikte Einhaltung von Recht und Gesetz zu. Allerdings erforderten, so führte er aus, besondere Umstände besondere Methoden; wenn »die Ereignisse mit starker Stimme sprechen, erfordern die Verfahren erhebliche Flexibilität.«[27]

Zur algerischen Problematik traf der General keine eindeutige Aussage und so wähnte jede der beiden Fronten ihn auf ihrer Seite. Seine erste Reise führte de Gaulle nach Algier, wo er, triumphal von der französischstämmigen Bevölkerung empfangen, in den sibyllinischen Ruf ausbrach »Je vous ai compris!«[28] Doch während im folgenden Jahr der FLN eine neue Serie von Attentaten lostrat, ließ nichts darauf schließen, welche Richtung der General in der algerischen Frage einzuschlagen gewillt war. Zwar hatte er sich verpflichtet, Willkürakte und Folterungen zu verhindern, doch war die Realität eine andere: ungehindert nahmen Terror und Gegenterror ihren Lauf. Ja, es zeigte sich, dass die Zuständigkeit der Zivilrichter weiterhin zugunsten der Militärgerichte beschnitten wurde. Darüber hinaus stellte sich heraus, dass die Truppenführung in Algerien den Weisungen des Kriegsministers und den Anordnungen des Regierungschef immer weniger Gefolgschaft leistete, die Direktiven verschleppte oder ignorierte.

Im September 1959 sprach de Gaulle auf einer weiteren Reise nach Algier vor den in Algerien stationierten Truppen gezielt deren oppositionelles Verhalten an: »Ihr seid nicht die Armee um der Armee willen, Ihr seid die Armee Frankreichs. Ihr existiert nur durch Frankreich, für Frankreich und für den Dienst an Frankreich. Und ich bin auf dieser Stufe, mit diesen Verantwortlichkeiten derjenige, dem die Armee zu gehorchen hat, damit Frankreich lebe.«[29]

---

26 »Croit-on qu'à soixante-sept ans, je vais commencer une carrière de dictateur?«; zit. nach Droz/Lever, *Histoire de la guerre d'Algérie*, 176.

27 »Lorsque les évènements parlent très fort, les procédures comportent une flexibilité considérable«; ebd., 176.

28 »Ich habe Euch verstanden!«

29 »Vous n'êtes pas l'armée pour l'armée. Vous êtes l'armée de la France. Vous n'existez que par elle, pour elle et à son service. Or celui que je suis, à son échelon, avec ses res-

Doch die Absichten der Anhänger einer »Algérie française« hatten sich zu weit von den Pariser Zielvorstellungen abgekoppelt, als dass sie durch einen Ruf zur Ordnung hätten erreicht werden können. Und mit der »Autodétermination«, der Vision eines selbstbestimmten Algerien, die der General auf derselben Reise erstmals als politische Intention beschrieb, war zudem eine Option beschrieben, die von ihnen nicht mitgetragen werden konnte.

Als der populäre Oberkommandierende der Truppen in Algier, General Jacques Massu, im Januar 1960 von de Gaulle seines Amtes enthoben wurde[30], kam es zur offenen Rebellion. Während einer »Woche der Barrikaden« verschanzten sich die Aktivisten im Zentrum Algiers in einer Art bewaffnetem Ausstand, hoffend auf die solidarische Unterstützung der Truppen. Doch von einigen besonnenen Offizieren und Politikern beraten, verwahrten sich die meisten Truppenverbände dem Ansinnen. Nach sieben Tagen brach der Aufstand zusammen; das Kräftemessen schien entschieden.

3.4 Die Sondergerichtsbarkeit

Direkte Folge der »Woche der Barrikaden« war, dass General de Gaulle, gestützt auf Artikel 16 der Verfassung, der Notstandsklausel, sich die Befugnis zusprach, »die zur Aufrechterhaltung der Ordnung notwendigen Maßnahmen«[31] zu treffen. Von diesem Zeitpunkt an verschoben sich die politischen Gewichte in der Fünften Republik zu einem stärker autoritär und auf die Person des Staatspräsidenten hin ausgerichteten Regime.

Zwei Kommissionen wurden eingerichtet mit dem Auftrag, die gesetzlichen Bestimmungen zur Staatssicherheit zu überarbeiten; Ergebnis war

ponsabilités, doit être obéi par l'armée pour que la France vive«; zit. nach Droz/Lever, *Histoire de la guerre d'Algérie*, 221.

30 Vorausgegangen war ein Interview Massus in der Süddeutschen Zeitung. Der Reporter, Klaus Kempsky, ein ehemaliges Mitglied der französischen Fallschirmjäger-Einheiten in der Fremdenlegion, hatte die vertraulich gehaltenen, gegenüber der Politik de Gaulles sehr kritischen Aussagen Massus veröffentlicht.

31 »Les mesures nécessaires au maintien de l'ordre«, zit. nach Besson, Le mythe, 248. Zur Notstandsgesetzgebung siehe Gerth, *Der Staatsnotstand im französischen Recht*; auch Chevallier, *L'article 16 de la Constitution française*, 212–238; auch Baring, *Frankreichs legale Diktatur*, 411–415.

die Verschärfung der Strafgesetze. Anschläge auf die äußere und innere Sicherheit des Staates wurden künftig durch die Todesstrafe geahndet, die damit erstmals seit 1946 wieder in den Strafgesetzen erschien. Dasselbe Strafmaß konnte bei den Gesetzesübertretungen in Anwendung kommen, die mit Waffengewalt ausgeübt worden waren, wobei allerdings die Art der »Waffe« nicht definiert wurde und somit auch Stöcke und Messer als solche bezeichnet werden konnten. Todesstrafe stand ebenso auf Teilnahme an einer »aufrührerischen« Bewegung, wie auf Komplizenschaft bei staatsfeindlichen Aktivitäten.

Die Regelung der vorläufigen Festnahme[32] wurde ausgeweitet. Diese äußerst umstrittene Praxis erlaubte die Festnahme von Zeugen oder belasteten Personen ohne Angabe von Haftgründen und ohne Zuziehung eines Anwalts. Der *Code de procédure pénale* hatte die vorläufige Festnahme auf 24 Stunden beschränkt mit der Möglichkeit, sie mit Zustimmung des leitenden Oberstaatsanwalts auf 48 Stunden auszudehnen. Diese Regelung stammte vom 31. Dezember 1958. Nur wenig mehr als ein Jahr später verlängerte ein neuer Text das Zeitlimit der vorläufigen Festnahme auf fünf Tage für die in Zusammenhang mit Artikel 30 der Verfassung stehenden Strafsachen, Straftaten also, die in Verbindung standen mit Verstößen gegen die Staatssicherheit. Nach der »Woche der Barrikaden«, am 24. April 1961, verdreifachte eine neue Verordnung diese Frist: Die Inhaftierten konnten nun bis zu 15 Tagen im Polizeigewahrsam bleiben, ohne dass formell Anklage erhoben werden musste.

Die Bevölkerung im Mutterland registrierte die kontinuierliche Verschärfung repressiver Vorgaben, doch signalisierten Referenden die allgemeine Zustimmung zur Politik de Gaulles. In dem im Januar 1961 abgehaltenen Referendum über die Algerien-Politik des Generals, brachten 75,2 Prozent der Franzosen ihr Einverständnis darüber zum Ausdruck, dass Verhandlungen mit der Führungsgruppe der FLN im Hinblick auf die Loslösung Algeriens aus dem französischen Staatsgebiet aufgenommen werden sollten. Im Mutterland Frankreich war man der algerischen Thematik müde und wollte der seit dem Zweiten Weltkrieg anhaltenden Dekolonisierungsproblematik ein Ende setzen.

In Algerien hingegen musste die französisch-stämmige Bevölkerung aus dem Ergebnis des Referendums in Frankreich und aus dem im Wortschatz des Staatspräsidenten zunehmend verwendeten Stichwort »Algérie algé-

32 »Garde à vue«.

rienne« den Eindruck entnehmen, dass die französische Regierung sich von ihr abwende und sie schutzlos den zu erwartenden Repressalien und der Rache der Algerier überlasse.

Diese Befürchtung veranlasste einige hochrangige Offiziere der in Algerien stationierten Truppen, den Plan für einen gewaltsamen Umsturz der Regierung in Paris zu fassen, bei dessen Scheitern die Schaffung eines französisch-algerischen Teilstaates vorgesehen wurde. Mit dem Argument der kommunistischen Gefahr, die nach der Unabhängigkeit Algeriens für die westliche Hemisphäre drohe, fanden sich im Februar 1961 zahlreiche Aktivisten in der *Organisation Armée secrète* (OAS) zusammen, um nun mit allen Mitteln, auch denen terroristischer Gewaltakte, die gaullistische Politik zu bekämpfen.

Die Ankündigung de Gaulles der baldigen »Dekolonisierung im Interesse Frankreichs« und die Aufnahme der Verhandlungen von Evian bildeten den Zündfunken für einen Akt der Verzweiflung. In den Tagen zwischen dem 22. und dem 25. April 1961 bemächtigten sich die Verschwörer unter der Führung hochrangiger Generäle des Flughafens, der Waffendepots und der Regierungsgebäude in Algier und brachten ein Fallschirmjäger-Regiment hinter sich. Weitere Unterstützung aber blieb aus. Sicher nicht unbeeindruckt von den wirkungsvollen Fernseh-Auftritten de Gaulles, verhielt sich die Mehrheit der Truppenverbände loyal gegenüber der Regierung in Paris. Der »Putsch der Generäle« brach nach drei Tagen zusammen. Während sich einige Generäle festnehmen ließen, gingen andere in den Untergrund. Teile der OAS verblieben auch weiterhin bei ihrer Strategie, durch blutige Anschläge auf französischem Boden, vor allem gegen die Person de Gaulles gerichtet, die Regierungspolitik zu bekämpfen.[33]

Während bislang die Vorgänge in Algerien zwar breite Resonanz in der Presseberichterstattung gefunden hatten, ansonsten aber die öffentliche Wahrnehmung der Franzosen auch von anderen Themen in Anspruch genommen wurde, erschloss sich im Zuge der gerichtlichen Aufarbeitung des Putsch-Versuchs in aller Eindringlichkeit die tragische Dimension der Vorgänge in Algerien. Der Putsch der Generäle stürzte Frankreich in eine politische und psychologische Krise und bewirkte eine lang anhaltende

33 Die Aktivitäten der OAS kosteten 2.730 Menschenleben.

Spaltung der öffentlichen Meinung, die vordem noch so eindeutig hinter de Gaulle gestanden hatte.

Dies lag sowohl an den Personen, die nun vor dem Richter erschienen, wie auch an der Art und Weise der gerichtlichen Aufarbeitung der Verschwörung. Es zeigte sich, dass die Namen der meisten Putschisten-Generäle als die ehemaliger tapferer Widerstandskämpfer während des Zweiten Weltkriegs oder von hoch dekorierten Teilnehmern am Indochina-Krieg in hohem Ansehen standen. Unter den Zivil-Personen, die den Putsch unterstützt hatten, befand sich manche prominente Persönlichkeit wie auch eine der führenden Persönlichkeiten der Vierten Republik, der ehemalige Ministerpräsident Georges Bidault.[34]

Die Motive, die die Verschwörer zu ihren Handlungen geführt hatten, konnten von vielen Franzosen nachempfunden werden: die Schrecken des Guerilla-Kriegs, die Traumatisierung der französisch-stämmigen Bevölkerung Algeriens durch das Gefühl, vom Mutterland in Stich gelassen und die Angst, schutzlos der Vergeltung der Algerier überlassen zu werden. Auch die Tatsache, dass sie selbst dem Regime, das sie nun anklagte, zur Macht verholfen hatten und dies im Vertrauen darauf geschehen war, dass de Gaulle Algerien für Frankreich retten werde, dies alles nahm große Teile der Öffentlichkeit für die Aufrührer ein, selbst wenn die in der französischen Öffentlichkeit herrschende Einsicht in die Erfordernis der Unabhängigkeit Algeriens davon nicht berührt wurde.

Zudem fiel die Ungleichbehandlung der Straftaten von FLN und OAS ins Auge. Während die von den algerischen Nationalisten verübten Verbrechen, soweit sie überhaupt vor ein Gericht in Frankreich gelangten, milde Richter fanden – als Verhandlungspartner mussten sie geschont werden –, wurden die Taten der aufrührerischen Generäle in aller Schärfe verurteilt.[35]

Im Zuge der Aufarbeitung des Putsches rückte die Rechtsprechung wieder in den Vordergrund. In Ausübung der Vollmachten, die Artikel 16 der Verfassung dem Staatsoberhaupt gewährte, richtete de Gaulle zwei Tage nach Ende des Generalsputsches ein *Haut Tribunal militaire*[36] und

34 (1899–1983) Deputierter des Departements Loire, mehrfach Außenminister, Ministerpräsident 1946 und 1949–1950; ehemaliger Präsident des Conseil national de la Résistance.

35 Eine Auswahl von Pressestimmen zu den OAS-Prozessen findet sich in: *Les justices d'exception et la presse française*, Paris, 1962.

36 Als Generalstaatsanwalt beim Haut Tribunal militaire fungierte Antonin Besson, der 1973 seine Erinnerungen unter dem vielsagenden Titel »*Le mythe de la justice*« veröffent-

wenig später ein *Tribunal militaire spécial* ein. Die Zuweisung der Fälle an das jeweilige Gericht nahm die Regierung selbst vor. Dies war insoweit von Bedeutung, als für die vor dem *Haut Tribunal* verhandelten Fälle keine Berufung zugelassen war, wohingegen gegen die Urteile des *Tribunal militaire spécial* Einspruch beim Kassationsgericht eingelegt werden konnte.

Während die ersten Verfahren gegen die Generäle Challe und Zeller mit dem Urteil auf 15 Jahren Haft ohne größere Zwischenfälle endeten, führte der Prozess gegen General Salan, den höchstdekorierten Offizier Frankreichs, zu einem Eklat. Entgegen dem Bestreben de Gaulles, der den aufrührerischen Offizier zum Tod verurteilt zu sehen wünschte, entschied das Gericht auf eine Strafe von lebenslänglicher Haft.

Das Staatsoberhaupt reagierte empört mit der Auflösung des Gerichtshofs und setzte wenig später einen Neuen Gerichtshof, als *Cour militaire de justice* bezeichnet, ein, der sich dieses Mal nur aus Militärs zusammensetzte.[37] Als Rechtsbasis für die Schaffung der *Cour militaire de justice* griff der Staatspräsident dabei auf ein Gesetz vom April 1962 zurück, das ihn ermächtigte, bis zur Unabhängigkeit Algeriens alle zur Aufrechterhaltung der Ordnung nötigen Maßnahmen zu ergreifen.

Der neu geschaffene Gerichtshof führte den Prozess gegen die beiden Urheber des Attentats von Petit-Clamart, das gegen de Gaulle selbst gerichtet war, und sprach in beiden Fällen das Todesurteil aus. Während das Urteil gegen den einen der beiden Attentäter vollstreckt wurde, wandte sich der zweite Verurteilte mit einer Anfechtungsklage[38] an das oberste französische Verwaltungsgericht, den *Conseil d'Etat*.

Diese Instanz kam nach Prüfung der verfassungsrechtlichen Voraussetzungen zu dem Schluss, dass die Einrichtung der *Cour de justice militaire* nicht verfassungskonform gewesen sei, weil das Ermächtigungsgesetz vom April 1962 nicht durch die Nationalversammlung verabschiedet, sondern

---

lichte. In dem Bericht nehmen die Prozesse gegen die Generäle breiten Raum ein (259–339). Zur Zusammensetzung und Funktionsweise des Haut Tribunal militaire, siehe dort, 272f.

37 Der psychologische Druck, der während dieser Zeit der hitzigen innenpolitischen Auseinandersetzung und der Anschläge auf das Leben des Staatspräsidenten auf den Richtern lastete, wurde deutlich, als der zum Vorsitzenden des militärischen Gerichtshofs ernannte General de Larminat sich das Leben nahm. Dazu Lindon, Justice: *Un magistrat dépose*, 79; auch Besson, *Le mythe de la justice*, 310.

38 »Recours pour excès de pouvoir«; dazu Burin, Machtausübung und Rechtstaatlichkeit in der V. französischen Republik, 394–396.

durch ein Referendum bestätigt worden war. Die Urteile des betreffenden Gerichtshofs wurden somit ungültig.

Die Entscheidung des *Conseil d'Etat* führte zu einem schweren Konflikt zwischen Staatsführung und Verwaltungsjustiz. Zunächst schien dabei der *Conseil d'Etat* zu obsiegen: Die *Cour de justice militaire* wurde aufgelöst und durch eine dieses Mal verfassungskonforme Neuschöpfung, die *Cour de Sûreté de l'Etat*[39] ersetzt. Auf längere Sicht aber setzte sich der Staatspräsident durch und es kam zur Umgestaltung des obersten Verwaltungsgerichts. De Gaulle bestätigte der Vorfall in dem Misstrauen, das er Juristen generell und der Richterschaft insbesondere entgegenbrachte und für das Spannungen und Zusammenstöße zwischen der Staatsführung und ihrer Justiz ein beredtes Zeugnis ablegen.

Für die französischen Juristen hingegen war der selbstherrliche Umgang de Gaulles mit der Sondergerichtsbarkeit ein weiteres Indiz für seine geringe Wertschätzung der Dritten Gewalt. Die Rolle, die de Gaulle der Justiz zugedachte, hatte er 1961 in einer vom Fernsehen übertragenden Rede ausgeführt:

»Einmal mehr hat sich in unserer Geschichte gezeigt, dass die Staatsmacht – vorausgesetzt sie ist wirklich die Staatsmacht – Führer und Schutzwall der Nation ist. Damit sie aber wirksam sein kann, müssen die Instrumente, kraft derer die legitime Staatsgewalt auf allen Feldern handelt, mit ihr jederzeit eine Einheit bilden. Dies betrifft selbstverständlich ihre weltlichen Ordnungskräfte, nämlich die Armee, die Polizei, die Justiz, für die die kompromisslose Ausführung der ihnen übertragenden Pflichten eine ebenso kategorische wie ehrenvolle Aufgabe darstellt.«[40]

Letztlich bestanden zwei Konzeptionen von Justiz und daraus hervorgehend zwei Anforderungsmuster: die Vision einer den individuellen Bürgerrechten und den humanitär-demokratischen Werten verpflichteten Justiz, ein idealtypisches Konstrukt, das gerade auch durch die sich bildenden internationalen Kontakte verbreitet wurde und dem sich die französischen Richter zunehmend verpflichtet fühlten. Daneben existierte eine zweite Vision, die von Seiten der Staatsmacht vertretene Sicht einer Justizgewalt,

39 Sie wurde erst nach der Machtübernahme der sozialistischen Regierung 1981 aufgelöst.

40 »On a vérifié une fois de plus dans notre histoire que l'Etat, pourvu qu'il soit l'Etat, est le guide et le rempart de la Nation. Mais pour qu'il soit efficace, il faut que les instruments par lesquelles le Pouvoir légitime agit dans tous les domaines fassent corps avec lui et à tout moment. Cela est vrai, évidemment, de son bras séculier, l'armée, la police, la justice, pour lesquelles l'accomplissement rigoureux des devoirs qui leur incombent constitue un impératif catégorique autant que magnifique «; zit. nach Besson, Le mythe, 274.

die ein Instrument in den Händen der staatlichen Obrigkeit darstelle und deren oberstes Ziel es sein müsse, dem politischen Staatsinteresse zu dienen.

In Anbetracht der schwierigen politischen Lage, in der Frankreich sich infolge der Dekolonisationsproblematik, aber auch wegen der anhaltenden wirtschaftlichen Stagnation und den politischen Wirren der Vierten Republik befand, waren viele Richter durchaus geneigt, dem Appell des Generals an ihre vaterländische Gesinnung Folge zu leisten und der Staatsräson hohen Stellenwert einzuräumen. Doch beeinträchtigten die fortdauernden Misshelligkeiten, Spannungen und Zusammenstöße die angestrebte Loyalität. »Während dieser Periode stand alles unter dem Zeichen der Staatsräson und die Zentralgewalt machte mit einem bislang in unserem Land unbekannten Zynismus deutlich, dass die Richter, die sie einsetzte, nur die Ausführungsorgane ihrer hoch bedeutenden Aktionen sein sollten,«[41] merkte Raymond Lindon, ein prominenter Generalstaatsanwalt, kritisch an.

41 »Tout au long de cette période, tout se passait sous le signe de la raison d'Etat et le Pouvoir manifesta, avec un cynisme jusque-là inconnu dans notre pays, que les juges qu'il créait ne devaient être que les exécuteurs de ses hautes œuvres«; zit. nach Lindon, *Un magistrat dépose*, 76. Lindon war Generalstaatsanwalt am Kassationsgericht in Paris und einer der einflussreichsten Juristen Frankreichs.

4. Die gaullistische Republik und ihre Richterschaft

4.1 Die Verfassung von 1958

Die Vierte Republik hatte sich als unfähig erwiesen, die in der Verfassung angelegten Widersprüche zu lösen, der Wirtschaft des Landes aufzuhelfen und für die Probleme der Dekolonisierung eine Lösung zu schaffen. Die politische Machtverteilung wurde für dieses Scheitern verantwortlich gemacht: die starke Stellung des Parlaments hatte den Aktionsradius der Exekutive zu stark eingeschränkt; das Klima des Kalten Krieges gepaart mit innenpolitischen Problemen der Nachkriegszeit und den daraus resultierenden sozialen Spannungen verhinderten den überparteilichen Konsens. In zwölf Jahren waren zahlreiche Kabinette auf einander gefolgt, ohne dass ihre Bemühungen zu dauerhaften Resultaten geführt hätten.

Die Gründung des *Comité de salut public* in Algier führte schließlich zur Staatskrise, als deren Ergebnis General de Gaulle zum Staatschef berufen wurde und die Vollmachten zur Ausarbeitung einer neuen Verfassung erhielt. Innerhalb von nur vier Monaten kam de Gaulle dem Auftrag nach und legte im Herbst desselben Jahres dem Parlament den Entwurf einer neuen Konstitution vor, die von einer Gruppe von Sachverständigen unter Federführung von Michel Debré erarbeitet worden war. Nach einigen Änderungen, die auf die Einwände von Parlamentariern zurückgingen, sprach sich im Referendum vom September 1958 die Mehrheit der Bevölkerung (82,6 Prozent der abgegebenen Stimmen) für die neue Rechtsordnung aus, die am 4. Oktober 1958 als Verfassung der Fünften Republik in Kraft trat.

Die konstitutionellen Mängel, die nach allgemeinem Verständnis zum Scheitern der Vierten Republik beigetragen hatten, bewogen die Autoren der neuen Rechtsordnung, die Rolle des Parlaments zugunsten einer wirksamen Exekutive einzuschränken. Sie kamen damit der Vorstellung de Gaulles nach, der die zentralen politischen Gestaltungsbefugnisse auf seine

Person als Staatspräsident zuzuschneiden und ein Präsidialregime zu installieren suchte. Schon in der Rede von Bayeux 1945 hatte er darauf verwiesen, dass unter den herrschenden Bedingungen nur eine starke Zentralgewalt in der Lage wäre, die politische und wirtschaftliche Stagnation zu überwinden. Nun fühlte er sich zudem durch die Umstände seiner Amtsübernahme berechtigt, die Chance des Moments zu ergreifen und die seiner Meinung nach zum Wohl der Nation erforderliche Machtverteilung festzuschreiben.

In der Folge sollte vor allem Artikel 16 der Verfassung, der sich mit der Regelung des nationalen Notstands befasste, erhebliche politische Dynamik in den Händen de Gaulles entwickeln. Darauf gestützt veränderte der Staatspräsident in den folgenden Jahren das Gleichgewicht der demokratischen Kräfte und engte stufenweise die Mitwirkung des Parlaments am politischen Willensbildungsprozess ein. Nicht mehr dessen Votum sollte künftig über Zustimmung oder Ablehnung maßgeblicher Aspekte der Regierungspolitik entscheiden, sondern die Bevölkerung selbst wurde nach dem Willen des Staatspräsidenten aufgefordert, im Referendum dazu Stellung zu nehmen. Damit ersetzte ein plebiszitäres System die parlamentarische Willensbildung; die politischen Parteien sahen sich weitgehend ihrer Rolle beraubt. Aus der verminderten Rolle des Parlaments ergab sich dessen Abwertung und in logischer Folge eine »Désacralisation« des Gesetzes, das zur Ausnahme-Regelung wurde, während im Zuge der Verfassungswirklichkeit die Regierungsverordnung sich als Regel etablierte.[1]

Als letzte der Stufen des Machtgewinns der Exekutive gewährte die 1962 eingeführte Direktwahl des Staatspräsidenten – von prominenten Juristen als Verstoß gegen die Verfassung gerügt[2] – dem General für eine Amtsperiode von sieben Jahren nahezu unbegrenzten Aktionsspielraum.

Die neue Konstitution engte nicht nur durch die Machtfülle, die sie dem Staatspräsidenten und folglich der Exekutive einräumte und durch den Rückgriff auf Volksbefragungen die Rolle des Parlaments ein. Die Artikel 61 und 62 richteten zudem ein Organ ein, das nach Vorstellung der gaullistischen Verfassungsväter zur Zähmung des Parlaments dienen sollte: ein Normen-Kontrollorgan, der *Conseil constitutionnel*.[3] Das neue Gremium

---

1 Dazu Kimmel, Von der jakobinischen Republik zur rechtstaatlichen Demokratie, 58.

2 Dazu Baring, Frankreichs legale Diktatur, 411–415; Gerth, Der Staatsnotstand im französischen Recht; Siedentopf, Staatsnotstand und Parlamentsauflösung in der Fünften Republik, 363–367; Chevallier, L'article 16 de la Constitution Française, 212–238.

3 Dazu Vogel, Der Conseil Constitutionnel zwischen Recht und Politik, 97–110.

sollte gewissermaßen als »Wachhund« die Prärogative der Exekutive gegen die Gefahr schützen, dass das Parlament sich in seiner Mehrheit gegen die Exekutive stellen könnte. Der Verfassungsrat, setzte sich – anders verfasst als das Verfassungsgericht in der Bundesrepublik Deutschland – nicht aus Berufs-Richtern, sondern aus neun erfahrenen und integren Persönlichkeiten des öffentlichen Lebens zusammen, die je zu einem Drittel durch den Staatspräsidenten und durch die Präsidenten der beiden Kammern auf neun Jahre ernannt wurden. Meist handelte es sich um hohe Staatsbeamte und Politiker. Anders als in Deutschland hatte dieser Rat somit nicht den Charakter eines Gerichtshofs. Zudem konnte der Verfassungsrat nur in Funktion treten, bevor die Gesetze durch das Parlament verabschiedet wurden; war das Gesetz erst einmal erlassen, so gab es keine Möglichkeit, es zu Fall zu bringen. In der Folge sollte dieses Gremium, nachdem 1974 seine Anrufung auch durch ein Quorum von Parlamentariern möglich geworden war, mit seinem letztinstanzlichen Votum mehrfach in das schwierige Verhältnis zwischen Staatsmacht und Richterschaft eingreifen und die Weichen neu stellen.

Aus der Besonderheit des konstitutionellen Rahmens ergab sich, dass die Parteien aus dem politischen Gestaltungsspiel weitgehend ausschieden. Der Staatspräsident hatte allein, wie er selbst ausführte, »die unteilbare und gänzliche Autorität des Staates vom Volk, das ihn erwählte, verliehen bekommen und es gibt keine andere, weder ministerielle, weder zivile, noch militärische, noch auch richterliche, die anders als durch ihn zu erlangen oder zu behalten wäre«.[4] Die Richterschaft konnte folglich, da, wo sie sich allzu enger Bindungen an die Exekutive zu entledigen versuchte, nicht auf oppositionelle Kräfte oder Parteien zurückgreifen; vielmehr stand sie allein der Staatsmacht gegenüber… bis ihr schließlich im weiteren Verlauf bewusst wurde, dass noch eine weitere, eine dritte Kraft im Spiel war, deren Unterstützung sie sich sichern konnte: die Öffentlichkeit. Als Ergebnis dieser Konstellation lässt sich feststellen, dass die politische Emanzipation der französischen Richterschaft und die Modernisierung der Justiz in der gaullistischen Epoche nicht innerhalb des Spannungsfeldes Regierung – Opposition statt fand, sondern in einem von Exekutive, Justiz und Öffentlichkeit gebildeten Dreieck.

4 »L'autorité indivisible de l'Etat est déléguée toute entière au président par le peuple qui l'a élu et il n'y en a aucune autre, ni ministérielle, ni civile, ni militaire, ni judiciaire, qui ne puisse être conférée ou maintenue autrement que par lui«, Rede de Gaulles vom 31. Januar 1964; zit. nach Mayer, *La justice: un besoin*, 29.

Die neue Verfassung zog einen Paradigmenwandel nach sich. Seit der *Libération* hatten die wechselnden Regierungen der Vierten Republik versucht, den Wiederaufbau des zerrütteten Landes und die Modernisierung der Wirtschaft durch die systematische Erarbeitung und Umsetzung von Fünfjahresplänen voranzutreiben. Dieser Tradition folgte die Fünfte Republik, doch vermochte die politische Führung nun die widerstrebenden Interessen von parlamentarischen Lagern und außerparlamentarischen Zweckverbänden, die während des vorangegangenen Regimes blockierende Wirkung entfaltet hatten, dank der neuen Kräfteverteilung auszuschalten. Zum allgemeingültigen Handlungsprinzip erhob de Gaulle das Prinzip der wirtschaftlichen Effektivität, ihm wurden alle anderen Gesichtspunkte nachgeordnet. Im Zuge des Paradigmenwandels traten neue professionelle und technokratische Eliten auf den Plan. Sie begannen durch Fortschritte auf technologischem Gebiet und Modernisierung vor allem im ökonomischen Bereich soziale Wirklichkeit zu gestalten. Das alte System der aus Interessenkonflikten und Kompromissfindung auf der parlamentarischen Ebene hervorgegangenen Ordnungsentwürfe ablehnend, sahen diese neuen Eliten im »planisme«[5] die moderne Form sozialer Regulierungstechnik und zeitgemäßer Zukunftsgestaltung. Gesetz bzw. Recht als Modus sozialer Regulierung musste damit an Stellenwert im sozialen Gefüge verlieren; ein Bedeutungsverlust der juristischen Profession zeichnete sich ab[6].

4.2 Die Justizreform

Dass der General mit seinem Amtsantritt eine umfassende Justizreform verbinden würde, war bekannt. Schon im November 1945 hatte de Gaulle vor der Nationalversammlung ausgeführt, für wie wichtig er eine Justizreform hielt, »die den Justiz-Apparat vereinfacht, die Funktion der Gerichte beschleunigt und der Richterschaft das Ausmaß an Unabhängigkeit und Würde zusichert, die ihre erhabene und außerordentliche Aufgabe erfor-

5 Als »ardente obligation« (»dringliche Verpflichtung«) bezeichnete de Gaulle den »planisme«, die französische Form einer Planwirtschaft. zit. nach François, *Le régime politique de la Ve. République*, 20.

6 Dazu François, Le régime, 16.

dert«.[7] Die Ankündigung hatte große Erwartungen geweckt; seit dem Kaiserreich hatte es keine groß angelegte Justiz-Reform mehr gegeben. Kritisch vermerkt wurde allerdings vom Richterverband UFM im Vorfeld der Beratungen, dass er zu den Vorarbeiten kaum zugezogen wurde. In Beantwortung der zahlreichen Fragen, die der Leserdienst des Richterorgans *Le Pouvoir judiciaire* entgegennahm, stellte der Verband klar, dass das Justizministerium zwar über die konstituierenden Arbeiten an der Verfassung informiert habe, der Verband aber zu eigenen Vorschlägen nur in geringem Maß gehört worden sei. Auch seien die Verfassungstexte in solcher Eile vorbereitet worden, dass innerhalb weniger Tage ganze Passagen hätten abgeändert werden müssen und die eingereichten Vorschläge binnen kurzer Zeit überholt gewesen seien.[8]

Der Titel der Verfassungsklausel Artikel 64 »De l'autorité judiciaire« verwies die Justiz in die Grenzen einer »Autorität« und räumte somit begrifflich mit dem alten Anspruch auf die Position einer Dritten Gewalt auf. Der Text führte aus: »Der Präsident der Republik ist der Garant für die Unabhängigkeit der Justiz. Ihm zur Seite steht ein Oberster Rat für den Richterstand und die Staatsanwaltschaft. Ein Organisationsgesetz bestimmt das Statut der Richter. Die amtierenden Richter sind unabsetzbar.«[9]

Ebenso wie zur Zeit der Vierten Republik war für die Ernennung der Richter und die disziplinarische Gewalt der Oberste Richterrat zuständig, dessen Vorsitz der Staatspräsident selbst innehatte; als sein Stellvertreter fungierte der amtierende Justizminister. Doch im Gegensatz zum vorausgegangenen Regime wurden nun die Mitglieder des Obersten Richterrates durch den Staatspräsidenten bestimmt und die Sitzungen des Rates fanden – ein weithin signifikantes Symbol – im Elysée-Palast, dem Amtssitz des Präsidenten, statt. Die Kontrollbefugnisse, die die politische Zentralgewalt fortan über die Justiz besaß, konnten kaum drastischer demonstriert wer-

7 »Il n'est pas moins urgent, ni moins nécessaire, de procéder à une réforme judiciaire qui simplifie l'appareil, rende plus rapide l'action des tribunaux et garantisse à la magistrature française toute l'indépendance et toute la dignité que doit comporter sa noble et exceptionnelle fonction«; de Gaulle vor der Assemblée nationale am 23. Nov. 1945; zit. nach Ropers, *La défense des intérêts professionnels et moraux de la magistrature*, 25.

8 Dazu PJ vom Januar 1959, 2.

9 Die deutsche Übersetzung ist hier entnommen aus: Haensch, Günther/Lory, Alain: *Frankreich, Band 1: Staat und Verwaltung*, München 1976, 237. Der Wortlaut der Verfassung: Article 64: »Le Président de la République est garant de l'indépendance de l'autorité judiciaire. Il est assisté par le Conseil supérieur de la Magistrature. Une loi organique porte statut des magistrats. Les magistrats du siège sont inamovibles«, ebd., 218.

den. Der Dienst, den die gaullistische Republik von ihrer Richterschaft erwartete, hatte sich an der *Raison d'Etat*, dem kollektiven Interesse, zu orientieren. Für viele Richter bedeutete dies nach den Erfahrungen aus der Vichy-Vergangenheit, während der die Justiz eben diesen »Dienst« ohne viel Wenn und Aber übernommen hatte, eine unzumutbare Herausforderung. War nicht, als Lehre aus dem Unrechtsregime von Vichy und aus der darauf folgenden »Säuberung«, die Einsicht entstanden, dass in einem demokratischen Staatswesen die Rechtsprechung vor allem die Rechte des Individuums – gegebenenfalls auch gegen den Staat und das Gemeinwesen – zu schützen habe?

Dass die Justiz im Verfassungstext nur noch als »autorité« firmierte, erregte – obwohl es vereinzelt als Herabsetzung begriffen wurde – nicht übermäßig viel Protest. Da seit langem der Begriff »pouvoir judiciaire« als sinnentlehrte Floskel empfunden worden war und die Forderung nach Gleichstellung der »Dritten Gewalt« Justiz mit Exekutive und Legislative seit langem nicht mehr ernsthaft erhoben wurde, rief der neue Sprachgebrauch zwar vereinzelt Entrüstung hervor, wurde aber von einsichtsvollen Zeitgenossen als Beschreibung der tatsächlichen Gegebenheiten gewertet. Gleichwohl erwartete die Richterschaft mit besorgter Skepsis die umfassende Justizreform, die zusammen mit einigen Neuregelungen im Dezember 1958 und im Februar 1959 verabschiedet wurde.

Allgemein begrüßt wurde dabei die Neu-Verteilung der Gerichts-Distrikte. In den vergangenen Jahrzehnten hatte sich ein massives Ungleichgewicht hinsichtlich der territorialen Ausdehnung und der Inanspruchnahme zwischen den einzelnen Gerichtsorten ergeben. Im Zuge einer regionalen Neuverteilung verloren nun zahlreiche kleine Orte ihre unrentablen Gerichte, andere Jurisdiktionen wurden ausgeweitet oder zu zweitinstanzlichen Gerichten ausgebaut. Aus der Reform gingen 455 Gerichte mit Einzelrichtern (*tribunaux d'instance*), 172 zweitinstanzliche Gerichte (*tribunaux de grande instance*) und 27 Berufungsgerichte (*cours d'appel*) hervor. Das aus der Revolutionszeit stammende Amt des Friedensrichters (*juge de paix*), eines nicht akademisch ausgebildeten Einzelrichters in kleinen Gerichtsorten, wurde abgeschafft; die amtierenden Friedensrichter erhielten die Möglichkeit, nach Nachweis einer abgeleisteten beruflichen Fortbildung und nach Feststellung ihrer Befähigung in die reguläre Richterschaft eingegliedert oder mit Entschädigung in den Ruhestand versetzt zu werden.

Jedes *tribunal de grande instance* bekam einen Jugendrichter zugeordnet, was allgemein als ein Schritt zur Humanisierung des Strafrechts gewertet wurde. Auch die Strafprozessordnung erfuhr in Bezug auf die Neuregelung des Autoritätsverhältnisses zwischen Untersuchungsrichter und Polizei einige Änderungen.

Mit besonderer Aufmerksamkeit verfolgte die Richterschaft die Verfassungsklauseln, die den Obersten Richterrat betrafen, das Gremium, das nach der *Libération* eingerichtet worden war, um die Unabhängigkeit der Justiz zu gewährleisten. Während des zwölf Jahre währenden Regimes der Vierten Republik war die Mehrheit der Ratsmitglieder durch Wahl der Deputierten der Nationalversammlung bestimmt worden[10], was ursprünglich zu der Hoffnung zu berechtigen schien, auf diese Weise sei der leidigen Verknüpfung von Exekutive und Justiz vorzubeugen. Es hatte sich jedoch gezeigt, dass der Richterrat parteipolitischen und persönlichen Einflüssen von Seiten der Parlamentarier ausgesetzt war und seinen Aufgaben, der Wahrnehmung der disziplinarischen Gewalt und der Beförderung und Ernennung der Richter nicht in der erhofften Unabhängigkeit nachkam.

Die Reform von 1958 gestaltete das Gremium völlig neu. Von nun an wählte der Staatspräsident sechs Ratsmitglieder aus den verschiedenen Sparten der Justiz aus, drei aus dem juristischen Personal des Kassationsgerichtshofs, sowie drei Richter, die einem Gericht erster Instanz oder einem Berufungsgericht angehörten. Die Liste der Kandidaten, die die dreifache Anzahl von Namen beinhalten musste, hatte das Büro des Kassationsgerichts aufzustellen. Ferner gehörte dem Obersten Richterrat ein Mitglied des *Conseil d'Etat* an, sowie zwei Persönlichkeiten außerhalb des Bereichs der Rechtsprechung, die dem Staatspräsidenten auf Grund ihrer juristischen Sachkenntnis für das Amt geeignet erschienen. Einen Teil seiner Kompetenzen musste der neue Richterrat abgeben: die Aufstellung der Beförderungsliste für die unteren und mittleren Dienstgrade übernahm künftig eine Beförderungskommission. Nur was die höchsten Posten der Richter-Laufbahn anbetraf, entschied weiterhin der Richterrat über Neubesetzungen.

Was das Missfallen vieler Juristen erregte, war der starke Einfluss, den politische Gesichtspunkte in der Arbeit des Rates auszuüben drohten. Prominente Rechtswissenschaftler und Richter äußerten ihre Enttäuschung

10 Zur Zusammensetzung des CSM von 1946 siehe Kap. 2.2.1.

über das ihnen vorgesetzte Organ, beklagten »die bedauerliche Reform«[11] oder sprachen von massivem Substanzverlust des Rates.[12]

Als Vorteil der neuen Regelungen erschien hingegen die Vereinfachung der Laufbahn-Stufen. Noch zu Beginn der Vierten Republik hatte es zwölf Beförderungsstufen gegeben, die 1955 auf fünf komprimiert worden waren. Sie erschienen nun nur noch als zwei Klassen, die in je zwei Gruppen gegliedert waren. Die erste und die zweite Gruppe der zweiten Klasse übten das Richteramt an einem erstinstanzlichen Gericht, einem *Tribunal d'instance* (Amtsgericht) aus. Die Gruppen der ersten Klasse auf der Karriere-Leiter umfassten die Berufungs-Richter an den *Tribunaux de grande instance* (Landgerichte) und der Berufungsgerichte. Außerhalb der Hierarchie standen Richter, die der *Cour de Cassation* (Kassationsgerichtshof) angehörten, sowie die Ersten Präsidenten an den *Cours d'appel* (Appellationsgerichtshöfen). Einschränkend für die Beförderung wirkte sich die Altersgrenze aus: von 60 Jahre bei der Ernennung zum Richter der ersten Klasse, von 65 Jahren bei einer Berufung an den Kassationsgerichtshof.

Damit ein Richter innerhalb einer Klasse von einer Gruppe zu einer anderen aufsteigen konnte, musste er in einer *liste d'aptitude* (Befähigungsliste) eingetragen sein. Der Aufstieg von der zweiten in die erste Klasse setzte die Eintragung auf dem *tableau d'avancement* (Beförderungstafel) voraus.

Beide Listen wurden jährlich von der *Commission d'avancement* (Beförderungs-Kommission) zusammengestellt.[13] Diese Kommission setzte sich zusammen aus 14 Personen: dem Präsidenten des Kassationsgerichtshofs, dem Generalstaatsanwalt, sowie drei Beisitzern desselben Gerichtshofs, drei Richtern anderer Gerichtshöfe, die von den Mitgliedern des Obersten Richterrats ausgewählt wurden und von den sechs Verwaltungsdirektoren des *Conseil d'administration* (Verwaltungsrat) des Justizministeriums. Die Kommissionsmitglieder, die nicht kraft ihrer Position dem Gremium angehörten, rekrutierten sich aus einer Liste, die vom Präsidium des Kassa-

11 Rossignol, Henri (ehemaliger Präsident des Kassationsgerichts): Une réforme regrettable, celle du Conseil supérieur de la magistrature, in: *Le Monde* vom 9. April 1959.

12 Der Staatsrechtler Maurice Duverger stellte in der 4. Auflage seiner Schrift »*Droit constitutionnel et institutions politiques*« fest, dass es sich bei dem Richterrat, wie ihn die Verfassung von 1958 vorsah, um ein Organ handle, das wegen mangelnder Kompetenzen im Grunde keinen Verfassungsrang mehr beanspruchen könne. Die Richterschaft habe mit der Reform eine «capitis diminutio» erlitten; dazu Schill, *Die Stellung des Richters in Frankreich*, 197.

13 Dazu Schill, Die Stellung, 197–204.

tionsgerichtshofs zusammengestellt und dann dem Justizminister vorgelegt wurde. Die Liste hatte doppelt so viele Namen zu enthalten als Personen, die zu benennen waren. Der Minister traf dann die Wahl unter den Kandidaten.

Die Kandidatennamen auf den Beförderungslisten ergaben sich aus den Beurteilungen, die die Kammervorsitzenden und Generalstaatsanwälte der Berufungsgerichte jedes Jahr im Justizministerium einreichten. Da die Listen veröffentlicht wurden und während einer bestimmten Frist jeder Richter die Aufnahme in die Liste direkt beim Justizminister beantragen konnte, schien der planmäßigen Bevorzugung oder Benachteiligung durch den Vorgesetzten weitgehend ein Riegel vorgeschoben. Besonders begrüßt wurde von der Richterschaft die Neuerung, dass das Beförderungssystem sowohl für Richter wie für Staatsanwälte gelten sollte.[14] Damit wurde der Übergang von einer Profession in die andere möglich.

Den beiden Klassen entsprachen Gehalts-Stufen, in die man alle zwei Jahre aufrückte. Dieses automatische Aufrücken in die nächste Gehaltsklasse war lange Zeit zentrale Forderung der *Union fédérale des magistrats* gewesen, die sich gegenüber der übrigen Beamtenschaft zurückgesetzt gefühlt hatte[15], bis die Regierung 1955, also schon vor der Justizreform von 1958/59, diese Regelung verwirklichte. Verbunden damit erfolgte nun auch die Anhebung der Richtergehälter. In dieser Hinsicht brachte die Reform die längst fällige Gleichstellung der Richter mit den anderen Beamten-Gruppen.

Ähnlich diesen hatten auch der Richter bei Amtsantritt einen Eid zu leisten, von dem er nicht entbunden werden konnte. Er lautete: »Ich schwöre, meine Aufgaben gut und nach bestem Wissen zu erfüllen, die Geheimhaltung der Beratungen gewissenhaft einzuhalten und mich in allem als würdiger und loyaler Richter zu verhalten.«[16] Die Verpflichtung umfasste auch die Beschränkung des persönlichen Wirkungskreises: Die Übernahme öffentlicher Ämter oder Würden, etwa ein politisches Mandat oder eine Beratungsfunktion, ebenso wie die Betätigung in anderen beruflichen Bereichen, gleichgültig ob ehrenamtlich oder besoldet, wurde als

---

14 Dazu Aydalot, Maurice: »L'Unité retrouvée« in: PJ, März 1959.

15 Dazu Lautecaze, P.: »Le magistrat a-t-il droit lui aussi à des échelons d'ancienneté?« in: PJ, Dezember 1948.

16 »Je jure de bien et fidèlement remplir mes fonctions, de garder réligieusement le secret des délibérations et de me conduire en tout comme un digne et loyal magistrat«; Archives nationales du Ministère de la justice, Fontainebleau, Carton 950407/24.

unvereinbar mit dem Richteramt betrachtet. Ein Richter oder eine Richterin, dessen oder deren Ehepartner ein politisches Mandat oder die Ratsfunktion im *Conseil économique et social* ausübte, wurde seiner Ämter enthoben. Untersagt waren dem Richter weiterhin jegliche politischen Erwägungen und Stellungnahmen, ebenso wie jede kritische Äußerung zu den Grundsätzen oder den Formen der Regierungs-Ausübung.

Beibehalten wurde der alte Paragraph der »Unabsetzbarkeit«, der »*inamovibilité*«, eine Regelung, die es der Obrigkeit unmöglich machen sollte, die Richterschaft zu politischen Zwecken zu instrumentalisieren. Doch gab es – wie sich in der Folge zeigen sollte – für die Exekutive Mittel und Wege, Einfluss auf die Stellenbesetzung zu nehmen und auch in anderer Weise die beschworene Unabhängigkeit der Richterschaft zu unterlaufen. Gegen diesen Sachverhalt meldete 1965 der Kongress der *Union fédérale des magistrats* in seinem Beschluss lebhaften Protest an.[17]

Einen radikalen Bruch mit der Vergangenheit vollzog die Reform im Bereich der Richterausbildung, die ab 1959 in einer zentralen Richterschule erfolgen sollte.[18] Überlegungen dieser Art waren schon in der Vierten Republik debattiert worden, doch hatte man infolge von wirtschaftlicher Stagnation und Dekolonisierungsproblematik dafür keinen Spielraum gesehen.[19] Nun nutzte Michel Debré die Gunst der Stunde, um nach dem Beispiel der weithin anerkannten *Ecole nationale de l'administration* (ENA) auch für den Justizsektor ein Zentrum zu schaffen, das das gesamte Metier modernisieren sollte. Neue Lehrmethoden in Theorie und Praxis sollten in der zentralen Ausbildungseinrichtung erprobt werden, wobei Gruppenarbeit und gemeinsamem Gedankenaustausch erhöhte Bedeutung zugemessen wurde, um der sattsam bekannten Vereinzelung der Richter entgegenzuwirken.

Als Standort für die Richterschule wurde ein nahe dem Viertel Saint-Germain-des-Prés gelegenes Areal in Aussicht genommen; als Zwischenlösung fand der Unterricht in der Fasanerie im Cherche-Midi statt. Das

---

17 Der Kongress fasste dabei den Beschluss: »Die Generalversammlung der UFM äußert mit allem Nachdruck den Wunsch, dass unter keinem Vorwand, was für Umstände auch immer vorliegen mögen, das Prinzip der richterlichen Unabsetzbarkeit (»Inamovibilité«) angetastet werden dürfe, und dass die richterliche Unabhängigkeit, die einzige wirksame Garantie der demokratischen Einrichtungen und persönlichen Freiheiten, in vollem Umfang erhalten bleiben muss«; Kongress der UFM in Lyon, 1965 in: *Revue internationale de Droit comparé*, Bd. 17, 924ff.

18 Dazu Boigeol, La formation des magistrats, 49f.

19 Zu dem Für und Wider bezüglich der Richterschule: Boigeol, La formation, 49–64.

Provisorium hatte kein langes Leben: noch 1959 verlegte die Regierung das Ausbildungszentrum nach Bordeaux, wie offiziell erklärt wurde, im Zuge des Plans »Aménagement du territoire«, der im Rahmen der eingeleiteten Dezentralisierungspolitik die Aufwertung der abgelegenen Städte und Regionen zum Ziel hatte.[20]

Der neue Kabinettschef Michel Debré hatte die Präfekten beauftragt, die Reaktion der Öffentlichkeit auf die Justizreform, die sich in den Kommentaren und Leserbriefen der regionalen Zeitungen Luft machte, zu ermitteln. Die dem Justizministerium zugesandten Berichte und die beigefügten Zeitungsausschnitte verdeutlichen die Meinungen, die von grundsätzlicher Würdigung einzelner Reformelemente bis zu scharfer Ablehnung und der Befürchtung nachteiliger Folgen reichten.[21] Man war sich einig, dass »die Reform eine Revolution bedeutet«. Positiv gewertet wurde vor allem die Aussicht auf die Richterschule, mit der sich Hoffnungen auf eine allgemeine Aufwertung des Richterstandes verbanden. Grund zur Klage bot hingegen auf dem Land und in Kleinstädten der drohende Verlust angestammter Gerichtsstandorte. Man führte an, dass der ländliche Raum gegenüber den Ballungsräumen benachteiligt werde und durch das Wegfallen des nahe gelegenen Gerichtsstandorts an Attraktivität einbüße. Auf diese Weise werde just das Gegenteil dessen erreicht, was die Politik seit längerem anstrebe: die Aufwertung des ländlichen Raums.

Einen anderen Aspekt kritisierte die Pariser Presse. Sie verwahrte sich energisch gegen zwei Artikel der Gesetzestexte, die, wie sie angab, in die Pressefreiheit eingriffen. Artikel 226 des Textes drohte »demjenigen, der öffentlich durch Handlungen, Worte, Schriften oder andere Mittel versucht hat, eine richterliche Handlung oder Entscheidung in Misskredit zu bringen mit der Absicht, die Autorität oder die Unabhängigkeit der Rechtsprechung zu beeinträchtigen«[22] eine Haftstrafe von bis zu zehn Monaten und eine Geldstrafe zwischen 50.000 und 2.000.000 Francs an. Dasselbe Straf-

20 Intern wurde allerdings kolportiert, dass es sich bei der Ortswahl von Bordeaux um eine Gefälligkeitsgeste gegenüber Jacques Chaban-Delmas handelte, der dort Bürgermeister war. siehe dazu: Chaplet, *La réforme judiciaire et ses options.*

21 Archives du ministère de la justice, Fontainebleau, carton 950407/24; auch 950407/21.

22 Wortlaut des Artikels: »Quiconque aura publiquement, par acte, paroles, écrits ou par quelque moyen que ce soit cherché à jeter un discrédit sur un acte ou sur une décision juridictionnelle, dans l'intention de porter atteinte à l'autorité de la justice ou à son indépendance, sera puni d'un à dix mois d'emprisonnement et de 50 000 à 2 000 000 francs d'amende, ou de l'une de ces deux peines seulement«; Fontainebleau, Archives du Ministère de la justice, carton 950407/24.

maß stellte Artikel 227 in Aussicht, falls von laufenden Gerichtsverfahren in unzulässiger Weise berichtet würde. Vor einem endgültigen Gerichtsurteil durften somit keinerlei Informationen, Berichte oder Kommentare veröffentlicht werden, die geeignet waren, Druck auf Zeugen auszuüben, die richterliche Meinungsbildung zu beeinflussen oder auch sonst den Gang der Justiz zu beeinträchtigen. Bemerkenswert war, dass der Straftatbestand Äußerungen einbezog, »die geeignet waren, die gute Verwaltung der Justiz zu beschädigen.«[23] Damit konnte jede justizrelevante Kritik erfasst werden. Es habe bisher bereits durch den Diffamierungsparagraphen Artikel 222 des *Code pénal* von 1881 ausreichend Instrumentarium gegeben, um die Justiz vor ungerechtfertigten Angriffen zu schützen, schrieb *Le Monde* am 20.12.1958, nun aber genüge die einfache Vermutung der »Absicht, die richterliche Autorität zu beeinträchtigen«, um eine der bedeutendsten Freiheitsgarantien aufzuheben, nämlich das überkommene Recht der Staatsbürger, ihre Meinung über Fragen der Rechtsprechung zu äußern. »Ein Justizirrtum darf nicht mehr für möglich gehalten, die Strafzumessung nicht mehr diskutiert werden. Themis, von nun an unfehlbar erklärt, wird tabu sein.«[24]

Angesichts der um sich greifenden Aufregung im Pressemilieu sah sich das Justizministerium zum Handeln genötigt. Der Kabinettschef des Justizministers lud den Verbandsvorstand der Gerichtsreporter zum Gespräch.[25] Im anschließenden und am 29. 12. 1958 im *Figaro* veröffentlichten *Communiqué* wurde ausgeführt, der Direktor habe seinen Gesprächspartnern erklärt, dass im Zuge der erweiterten Machtbefugnis der Exekutive auch die Autorität der Rechtsprechung gestärkt werden müsse, damit diese umso besser in den Stand gesetzt sei, den Schutz der bürgerlichen Freiheiten zu sichern.[26] Der Verbandsvorstand nahm die Erklärungen zur Kenntnis, beharrte aber darauf, dass die Auslegung der beiden Artikel 226

23 »[...]susceptible de porter préjudice à la bonne administration de la justice«; ebd.

24 »L'erreur judiciaire devient inconcevable, le dosage de la peine indiscutable. Thémis, désormais réputée infaillible, sera tabou«; ebd. Themis war im klassischen Griechenland die Göttin der Ordnung und des Rechts.

25 Eingeladen wurde das *Bureau de l'Association de la presse judiciaire*. Alle großen französischen Zeitungen hatten ihre eigenen Gerichtsreporter, die sich bei der Leserschaft großer Beliebtheit erfreuten; dazu Kap. 2. 3

26 »Celui-ci a exposé à ses interlocuteurs que, en raison des pouvoirs accrus de l'exécutif, l'autorité judiciaire doit être renforcée afin d'être en mesure d'assurer pleinement la sauvegarde des libertés des citoyens«; *Figaro* vom 29.12.58; dazu auch *Le Combat* vom 2.1.1959.

und 227 in äußerst restriktiver Weise zu geschehen habe und nur die offenkundig unsachliche und destruktive Kritik an Gerichtsfällen und der Justiz allgemein als strafwürdig gelten könne. Nach ministeriellen Zusicherungen schien die Kontroverse fürs erste beigelegt, die Pressevertreter gaben sich mit den Beschwichtigungen des Kabinettschefs zufrieden und in beiderseitigem Einverständnis wurde das Thema zumindest oberflächlich ad acta gelegt. Tatsächlich aber fühlten sich die Pressevertreter auch auf längere Sicht durch den »Maulkorb-Erlass« geknebelt.

Sowohl für die Presse wie auch für die Richterschaft schien die Kontroverse einen Beleg dafür zu bieten, dass die Rechtsprechung von jeder Einwirkung von außen abgeschottet werden sollte. Doch stand dahinter das Ziel, wie der Kabinettschef des Justizministers ausgeführt hatte, der verbesserten Funktionsfähigkeit der Justiz, oder handelte es sich um das Bestreben, die Rechtsprechung, unbehelligt von äußerer Kritik, nur umso wirksamer der Kontrolle der Exekutive zu unterwerfen?

4.3 Reibungsflächen

Was die Richterschaft anbetraf, so verstärkte sich ihre Skepsis in Bezug auf die Rolle, die das neue Regime der Rechtsprechung zudachte, in den folgenden Jahren. Den Text der Verfassung hatte der Richterverband *Union fédérale des magistrats* (UFM) in seinem Organ *Le Pouvoir judiciaire* kommentiert und dabei eine vor kurzem gemachte Äußerung de Gaulles zitiert: »Die Amtsgewalt der Justiz möge ihrer Unabhängigkeit versichert sein, sie bleibt die Wächterin der Freiheit jedes Einzelnen. Auf diese Weise wird sie die Leistungsfähigkeit, die Würde, die Unparteilichkeit des Staates besser gewährleisten.« Der Autor des Textes fährt fort:

»Dieses Versprechen, das General de Gaulle dem französischen Volk in seiner Rede vom 4. September 1958 gegeben hat, hatte in allen, den Richtern und der interessierten Öffentlichkeit, die Hoffnung keimen lassen, die Unabhängigkeit der Justiz gesetzlich verankert zu sehen. Man muss sich fragen, ob die veröffentlichten Texte ein derartiges Ziel erreichen. Gleichwohl stellt die Unabhängigkeit das alleinige Unterpfand einer unvoreingenommenen und angemessenen Rechtsprechung dar. Bis 1958 hatten sich, im Rahmen der geltenden Bestimmungen, der Kassationsgerichtshof und später der CSM als engagierte Hüter richterlicher Unabhängigkeit gezeigt [...]. Hängt aber die Zusammensetzung des neuen Obersten Richterrates und der Beförderungskommission nicht zum größten Teil von der

Exekutive ab, die zudem einzige Gebieterin über Ernennung und Vorwärtskommen der Richter in den verschiedenen Stufen der Hierarchie ist? Es wäre misslich, wenn, während der Rechtsuchende aus der charakterlichen Unabhängigkeit des Richters seinen Nutzen zieht, diesem selbst aber im Gegenzug eine völlige Unabhängigkeit versagt wird. Es ist gefährlich für alle, wenn die Dritte Gewalt zur *autorité judiciaire* gewandelt, zu einer banalen Verwaltung der Rechtsprechung verkommt. Dies würde dem Bürger der Fünften Republik Grund geben, an der Unparteilichkeit des Staates zu zweifeln.«[27]

Der Tenor dieses Kommentars kündigte das kühle und kritische Verhältnis zwischen Staatsführung und Richterschaft an, das in den folgenden Jahren herrschen sollte. Gleichwohl wurden einzelne Elemente der Reform gut geheißen. Sowohl die Neuverteilung der Gerichtsorte bedeutete eine längst überfällige Korrektur wie auch nach allgemeiner Ansicht die Abschaffung der Friedensrichter, die nun bei ausreichender Eignung in den regulären Richterstand übernommen wurden. Begrüßt wurde auch die »Union retrouvée«[28], die wieder gefundene Einheit von Richterschaft und Staatsanwaltschaft unter dem Dach des Obersten Richterrates. Doch konnte diese positive Begleiterscheinung die neue, nun völlig unverschleierte Abhängigkeit der Richter von den politischen Gewalten wettmachen? Ein früheres Mitglied des Obersten Richterrates war skeptisch:

---

27 »Que l'autorité judiciaire soit assurée de son indépendance; elle demeure la gardienne de la liberté de chacun. La compétence, la dignité, l'impartialité de l'Etat en seront mieux garantis«. »Cette promesse, faite au peuple français par le Général de Gaulle dans son discours du 4 septembre 1958, avait suscité dans l'esprit de tous, magistrats et justiciables, l'espoir de voir consacrée l'indépendance de la justice. On peut se demander si les textes promulgués atteignent un tel objectif. L'indépendance constitue cependant le seul gage d'une justice sereine et équitable. Jusqu'en 1958, la Cour de Cassation, puis le CSM, s'étaient montrés dans le cadre des textes en vigueur, les farouches gardiens de l'indépendance des juges […] La composition du nouveau *Conseil supérieur de la magistrature* et de la *Commission de l'avancement* ne dépendent-t-elles pas pour la plus grande part de l'exécutif, par ailleurs seul maître de la nomination et de la promotion des magistrats aux divers grades de la hiérarchie? Il serait fâcheux que le justiciable bénéficiant de l'indépendance de caractère du juge, celui-ci ne se vit pas, en contre-partie, octroyer une indépendance totale. Il serait dangéreux pour tous que le *Troisième Pouvoir*, devenue *l'autorité judiciaire*, s'amenuisât en une banale administration de la justice permettant au citoyen de la Ve. République de mettre en doute l'impartialité de l'Etat«, PJ vom Januar 1959,1.

28 »L'Union retrouvée«, Titel eines Artikels des Generalstaatsanwalts Maurice Aydalot im PJ vom Febr. 1959, 1. Während der Vierten Republik war der CSM nur für die Belange der Richterschaft zuständig.

»Ist es nicht ärgerlich, dass er [der Vertreter der Staatsanwaltschaft] seinen Sitz jetzt dort einnimmt, zu einem Zeitpunkt, wo der Oberste Richterrat jede wirkliche Macht verloren hat, wo er zu einem bescheidenen Meinungsäußerungsgremium wird? [...]. Ich bin überzeugt, dass bis jetzt die Einheit der Richter und Staatsanwälte voll gewahrt blieb. Ich bin sicher, dass die neue Institution sie nicht verstärkt. Falls ich mich irren sollte, so werde ich jedenfalls weiterhin denken, dass diese vorgebliche Errungenschaft mit einem hohen, einem zu hohen Preis erkauft worden ist, dem der richterlichen Unabhängigkeit.«[29]

Seit den Tagen von Vichy und verstärkt durch die immer wieder aufflammende Debatte um die *Epuration* hatten sich in Richterkreisen besondere Sensibilitäten ausgebildet, die einerseits die Anzeichen für den gesellschaftlichen Niedergang des Standes vermerkten, zum anderen den Zugriff der Staatsführung auf die Rechtsprechung mit Argwohn registrierten. Nachdem der Oberste Richterrat erneut der politischen Autorität unterstellt worden war, fand die Richterschaft ihre Befürchtungen bestätigt: Spannungen und Friktionen beeinträchtigten in den folgenden Jahren das Verhältnis zwischen Regierung und Justiz.

Neben der Abhängigkeit der Justiz von der Exekutive in Bezug auf berufliches Fortkommen und die Auslese nach den Kriterien der Willfährigkeit, schien auch die Selektion der Strafsachen nach Gutdünken der Staatsmacht möglich. Dies suggerierte die Zuordnung der verfassungsmäßigen Kompetenzen. Während die Gerichtspolizei, also die *Police judiciaire*, dem Innenministerium unterstand, hing die Gendarmerie vom Verteidigungsministerium ab. Zur Ergreifung von potentiellen Straftätern und zur Zuweisung von Justizfällen bedurfte es der Kooperationswilligkeit der Polizei sowie der Gendarmerie. Diesen beiden Ordnungskräften und folglich den ihr vorgesetzten Ministerien war es, wie die Richterschaft mit Bitterkeit anmerkte, ein Leichtes, »der Justiz einen Gesetzesverstoß nicht anzuzeigen, den die Staatsgewalt geheim halten und nicht geahndet sehen möchte. Der Staat übt eine übermäßige und verborgene Macht über die

29 »Mais n'est-il fâcheux qu'il y trouve sa place au moment où le CSM perd tout pouvoir réel, où il ne devient qu'un modeste donneur d'avis [...] Je suis convaincu que l'unité de la Magistrature fut jusqu'ici pleinement sauvegardée. Je suis certain que l'institution nouvelle ne la renforce pas. Si d'aventure je me trompais, je continuerai en tout cas à penser que ce prétendu avantage a été payé d'un lourd, d'un trop lourd abandon, celui de l'indépendance de la magistrature«; Henri Rossignol im PJ vom März 1959, 1.

Niederschlagung von Justizfällen aus. Es liegt auf der Hand, dass die Gerichtspolizei unter der Autorität der Magistraten stehen muss.«[30]

Tatsächlich sollten Eingriffe der neu erstarkten Exekutivgewalt nicht auf sich warten lassen. Wenige Monate nach Inkrafttreten der Verfassung wurden einige Richter versetzt, was eine eklatante Zuwiderhandlung gegen das verfassungsmäßig verbriefte Recht der »Inamovibilité«, der Unabsetzbarkeit darstellte. »Unser Appell ist nicht gehört worden«, schrieb das Organ der Richterschaft *Le Pouvoir judiciaire* auf der Titelseite.

»Gerichtsbeamte sind aus ihrem Amt entfernt worden. So wurden kürzlich einige Richter, die seit dem 2. März 1959 täglich Recht sprachen, ohne irgendeine Kontrolle und nur nach Belieben der Exekutive, versetzt. Einige waren mit Angelegenheiten befasst, die geeignet waren, die Staatsmacht zu interessieren. Andere hatten, um neueingerichtete Dienste zu organisieren, die alte Routine aufgestört und Groll und Unzufriedenheit ausgelöst. All jene können sich mit Fug und Recht fragen, ob ihr Exil seinen Grund nicht in einem Mangel an Gefügigkeit und Diplomatie ihrerseits hat […]. Ist das die Unabhängigkeit der Justiz, die man nicht nur der Richterschaft, sondern dem französischen Volk versprochen hat? Über den Umweg einer zweifelhaften Textauslegung ist unter unserem neuen Regime diese Garantie aufgehoben worden; ist das die direkte Auswirkung der verstärkten Exekutive? Wenn das so ist, dann müssen alle Franzosen davon in Kenntnis gesetzt werden, damit sie die notwendigen Schlussfolgerungen ziehen können.«[31]

Die Kette der Ereignisse, die den Richtern den geringen Stellenwert vor Augen führten, den das neue Regime einer ordnungsgemäßen Rechtsprechung beimaß, setzte sich fort. Im Dezember 1959 wurde in einer südlichen Provinzstadt die Vollstreckung eines richterlichen Urteils durch die

30 »[…] de ne pas dénoncer à la justice une infraction que le pouvoir préfère tenir secrète et ne pas avoir sanctionnée; l'Etat exerce un pouvoir exorbitant et occulte de classement. Il faudrait à l'évidence que la police judiciaire soit sous l'autorité des magistrats«; Barthélemy, *Une justice dépendante*, 515–646.

31 »Notre appel n'a pas été entendu. Des magistrats viennent d'être mutés d'office. Ainsi des juges qui, depuis le 2 mars 1959, rendaient chaque jour la justice, viennent sans aucun contrôle, et par le seul bon plaisir de l'Exécutif, d'être déplacés. Certains étaient occupés dans des affaires susceptibles d'interésser le Pouvoir. D'autres avaient, pour organiser des services nouvellement prévus, bousculé l'ancienne routine, suscité des rancoeurs et des mécontentements. Tous ceux-là sont en droit de se demander si leur exil n'a pas pour origine un manque de docilité ou de diplomatie de leur part. […]. Est-ce là l'indépendance de la Justice promise non aux seuls magistrats mais au peuple français? La suppression sous notre nouveau Régime, par le biais d'une interprétation contestable des textes, de cette garantie, est-elle la conséquence direct du renforcement de l'Exécutif? Dans l'affirmative, il convient d'en informer tous les Français pour leur permettre d'en tirer les conséquences qui s'imposent«; PJ, Nov. 1959, 1.

Polizei verhindert.[32] Ähnliche Anlässe folgten. Der Protest der UFM blieb ergebnislos und der Oberste Richterrat CSM stand seit dem Beginn der Fünften Republik zu stark unter dem Einfluss des Staatspräsidenten, als dass von ihm eine Reaktion hätte erwartet werden können.

Offene Empörung machte sich in Richterkreisen breit, als der ranghöchste Richter am Kassationsgericht, der sich gegen das Eindringen der Polizei in den Gerichtshof verwahrt und damit einen Wortwechsel mit dem Polizeipräfekten heraufbeschworen hatte, durch eine Gesetzesnovelle, die offenkundig auf seinen Fall zugeschnitten war, in den Ruhestand verabschiedet wurde.[33]

Diese Vorfälle schufen in den Kreisen von Richtern und Universitätsjuristen »ein Gefühl der Frustration, ja der Demütigung, die die mehr oder minder gezielten Ungeschicklichkeiten der Staatsmacht beitrugen zu unterhalten«.[34]

Die Herabstufung der Justiz schien sich auch darin zu äußern, dass die Belange der Rechtsprechung denen anderer Berufsgruppen nachgeordnet wurden, was im stetig sinkenden Budget der Justiz deutlich wurde.[35] Die daraus resultierenden schlechten Arbeitsbedingungen, das geringe Prestige und die mangelhafte materielle Ausgestaltung des Richteramtes ließen die nachwachsende Jugend sich anderen Berufsfeldern zuwenden und zogen eine massive Rekrutierungskrise nach sich[36]. In Ausschüssen und Arbeitsgruppen, die mit der Erarbeitung von Lösungsvorschlägen zur »Krise der Justiz« beauftragt waren, kam es wiederholt zu Spannungen zwischen Vertretern der Staatsmacht und hochrangigen Richtern, die breiten Niederschlag in der Presse fanden und immer wieder eine gedeihliche Zusammenarbeit behinderten.[37]

---

32 PJ, Dezember 1959, 1.

33 Der Fall Rousselet; dazu Zavaro, *Traditions judiciaires et exigences du monde moderne*, 108.

34 »Il s'est créé, chez les magistrats, un sentiment de frustration, voire d'humiliation que les maladresses, plus ou moins volontaires, du pouvoir ont contribué à entretenir«; ebd. 108.

35 Der seit 1934, wo er 1,38 Prozent des Staatshaushalts ausgemacht hatte, 1960 auf 1 Prozent und schließlich 1970 auf 0,67 Prozent gesunken war; Laroche-Flavin, *Le magistrat, la justice et l'Etat*, 10.

36 Der Rückgang der Attraktivität des Richterberufs für die junge Generation war schon während der Vierten Republik zu beobachten; dazu Boigeol, *La formation des magistrats*, 49f.; auch: Mounier, *Du corps judiciaire à la crise de la magistrature*, 25.

37 So etwa die Auseinandersetzung in der «Commission Goubier», wo kritische Äußerungen des Informationsministers gegenüber der französischen Richterschaft in einem Zeitungsartikel die Fortsetzung der Kommissionstätigkeit in Frage stellten; dazu Archives nationales du Ministère de la Justice, Fontainebleau, Carton CSP 850662 Art. 1.

Der in Richterkreisen vorherrschende Eindruck, dass die Staatsgewalt mehr oder minder geplant Anlässe herbei führe, um die Justiz zu demütigen, wird etwas relativiert, wenn man die Dokumente der Justizarchive zu Wort kommen lässt. Hier wird deutlich, dass das gaullistische Regime sich der Schwachstellen im System der Rechtsprechung wohl bewusst war und wiederholt Experten-Kommissionen einberief, die mit der Erarbeitung von Lösungen betraut wurden. Vor allem was das gravierende Problem der Rekrutierungskrise anbetraf[38], oder die Funktionsfähigkeit der neuen Richterschule[39], belegen umfangreiche Quellenbestände die Bemühungen des Regimes um Verbesserungen. Gleichwohl steht fest, dass diese regierungsamtlichen Bemühungen wenig bekannt waren, die Kenntnis davon vielleicht auch von Seiten der Richter planvoll zu wenig verbreitet wurde.[40] Zudem sorgte die Missachtung standespolitischer Forderungen nach höherer Besoldung und besseren Arbeitsbedingungen, die zur Lösung der Nachwuchs-Krise hätten beitragen können, für erheblichen Unmut unter den Richtern.

Andererseits besteht kein Zweifel daran, dass, was das politische Alltagsgeschäft anbetraf, das Regime die Fragen der Rechtsstaatlichkeit anderen Gesichtspunkten deutlich nachordnete. Die Richterschaft sah sich einerseits in einer Position der Schwäche gegenüber anderen Berufsgruppen; sie erkannte in den Ungeschicklichkeiten der politischen Führung im Verhältnis zu ihr gezielte Nadelstiche. Vor allem auch litt sie unter dem Bewusstsein des nachlassenden Ansehens, ja der internationalen Geringschätzung der französischen Rechtsstaatlichkeit, die einige Skandalfälle mit internationaler Verwicklung, wie etwa der Fall Argoud, mit sich brachten.

In der Nacht vom 25. auf den 26. Februar 1963 wurde einer der wesentlichen Akteure der OAS, Oberst Antoine Argoud, in München entführt und einen Tag später in Paris aufgefunden. Argoud hatte an führender Stelle am Militärputsch vom April 1961 gegen de Gaulle teilgenommen, seitdem bestand gegen ihn ein Haftbefehl in Frankreich; doch war die Auslieferung aus Deutschland, wo er unter falschem Namen in einem

38 Dazu ebda, Akten im Carton CSP 950407 Art. 1; Carton 850211 Art. 52; Carton 850211 Art. 55,56; Carton 950407 Art. 1.

39 Dazu auch Carton CSP 850211 Art. 85.

40 Diese Frage stellt sich bei der Erkenntnis, dass die lautstärksten Kritiker des Regimes mitunter den Experten-Kommissionen vorsaßen; zum Beispiel der Generalstaatsanwalt an der Cour de Cassation, Raymond Lindon; dazu Carton CSP 850662 Art. 1 (Groupe Goubier). Von Lindon stammen die Publikationen: *Quand la justice s'en mêle*, Paris 1965 und *Justice: un magistrat dépose…*, Paris 1975.

Münchner Hotel abgestiegen war, nicht beantragt worden. An dem auf die Entführung folgenden Tag erreichte ein anonymer Anruf die Polizeipräfektur in Paris mit der Nachricht, wo Argoud, gefesselt und geknebelt, in einem abgestellten Auto liegend, festgenommen werden könne. Aus dem Vorfall ergab sich die Frage, ob Argoud, in Anbetracht von dessen auf einer illegalen Entführung beruhenden Anwesenheit, in Frankreich vor Gericht gestellt werden könnte. Während die Verteidigung die Illegalität als Gegenargument ins Feld führte, verwarf der Staatssicherheitshof diese Überlegung nach dem in den USA geltenden Rechtsgrundsatz »male captus bene detentus«. Am 31. Dezember 1963 wurde Argoud zu lebenslanger Haft verurteilt. Mit der Amnestie für die im Zuge der Dekolonisierungsproblematik erfolgten Straftaten erlangte Argoud 1968 seine Freiheit wieder.

Die Entführung erregte international großes Aufsehen und bestärkte die französischen Juristen in der Auffassung, dass der Umgang des Generals mit dem Recht dem Ansehen Frankreichs keinen guten Dienst erweise. Der angesehene Strafverteidiger Maurice Garçon[41], Sohn eines berühmten Juristen und Mitglied der *Académie française*, beklagte in *Le Monde* den Verlust an rechtstechnischer Kultur, an Glaubwürdigkeit, an rechtsstaatlichem Niveau.

Auch andere bekannte Juristen, mehr Anwälte als Richter freilich, sahen im Fall Argoud ein neuerliches Beispiel für den Niedergang der Rechtsstaatlichkeit. Sie legten andere Defizite der Rechtskultur offen und scheuten sich auch nicht, persönliche Nachteile für ihre öffentlich bekundete Kritik in Kauf zu nehmen. Unter dem Pseudonym Casamayor[42] veröffentlichte der Richter am traditionsreichen *Tribunal de première instance de la Seine*, Serge Fuster, mehrere Bücher, die vor allem dem Kampf gegen die Todesstrafe gewidmet waren und deren realistische Darstellungsweise ein großes publizistisches Echo hervorriefen. Sein erstes Buch *Où sont les coupables* war 1953 publiziert worden und hatte eine Untersuchung des Justizministeriums über den Autor, seinen Freundeskreis und seinen Verlag zur Folge. Fuster wurde seitdem polizeilich überwacht.

---

41 *Le Monde*, 27.7.1964 und 28.11.1965. Garçon hatte an den Prozessen gegen Marschall Pétain und gegen Charles Maurras teilgenommen. Zum Fall Argoud auch: Cocatre-Zilgien, *L'affaire Argoud. Considérations sur les arrestations internationalement irrégulières*. Der Autor war Professor an der Rechtsfakultät in Lille.

42 Casamayor war ein berühmter Anwalt in der Frühen Neuzeit gewesen. Fuster hatte als Beobachter an den Nürnberger Prozessen teilgenommen.

Im Unterschied zu diesen individuellen Stellungnahmen hüllte sich das vordem so lautstarke Richterorgan *Le Pouvoir judiciaire* in Schweigen; die Entführung und die Prozessführung gegen Argoud wurden dort nicht kommentiert.

4.4 Die Direktwahl und das Entstehen einer kritischen Öffentlichkeit

Nach dem »Putsch der Generäle« vom April 1961 hatte General de Gaulle zur gerichtlichen Untersuchung des Umsturzversuchs zwei Sondergerichte eingerichtet. Er tat dies in Anwendung der Notstandsgesetze von 1955, die das Staatsoberhaupt befugten, »die zur Aufrechterhaltung der Ordnung notwendigen Maßnahmen« zu ergreifen.[43] Um einer neuerlichen Welle der Kritik von juristischer Seite vorzubeugen, führte der General in der vom Fernsehen übertragenen Rede vom 8. Mai 1961 aus, welche Rolle den Ordnungskräften, nämlich Armee, Polizei und Justiz, in seinem politischen Konzept zugedacht war. Danach habe die Erfüllung der im Rahmen der Unterstützung der Regierungsmaßnahmen der Richterschaft zufallenden Aufgaben und Pflichten, wie er betonte, einen »kategorischen Imperativ« zu bedeuten.[44].

Der Anspruch de Gaulles auf die »kategorische« Gefolgschaft der Justiz versetzte die Richterschaft in erhebliche Bedrängnis. Dass gegenüber dem Putsch und dem Versuch der Machtübernahme durch das Militär die legale Staatsführung ihre Gegenkräfte aktivierte, konnte nicht überraschen, wenn auch – wie von verschiedenen Seiten angemerkt wurde[45] – der Putsch weit vom Mutterland entfernt, bei nicht eindeutig nachweisbarer Stoßrichtung gegen das gaullistische Regime und ohne große Dynamik stattgefunden hatte.

Doch wie immer die Bedeutung der Offiziers-Revolte einzuschätzen war, Frankreich befand sich in den Monaten, die auf den Putsch folgten, im Zustand einer innenpolitischen Krise. Zwar hatte sich die Bevölkerung im zurückliegendem Referendum wiederum mit großer Mehrheit für die Politik de Gaulles ausgesprochen, doch war die Öffentlichkeit nun in

43 Dazu Kap. 3.4.

44 Dazu im Wortlaut Kap. 3.4.

45 Besson, Le mythe de la justice, 259.

höchstem Maß beunruhigt durch Anschläge der OAS und der FLN; der Zerfall des innenpolitischen Konsenses schien sich abzuzeichnen als Folge der Strafprozesse vor den militärischen Sondergerichten, als Folge der Verurteilungen und von deren Vollstreckung. Etliche der vor Gericht stehenden Männer galten als Helden der *Résistance* oder waren hoch dekorierte Indochina-Kämpfer; die Form ihrer schnellen Aburteilung polarisierte die öffentliche Meinung.

Konnte angesichts dieser Rahmenbedingungen die organisierte Richterschaft durch Protest und Widerstand gegen die Maßnahmen der inneren Sicherheit die Schwierigkeiten der Staatsführung vergrößern? Offenbar entschloss sich die *Union fédérale* zum Verzicht auf allzu lautstarke Meinungsäußerungen, denn in ihrem Organ, dem *Pouvoir judiciaire*, lässt sich in den Jahren 1961 bis 1964 wenig Polemik feststellen, wenn auch wiederholt von Besprechungen im Justizministerium und von Kontakten mit einflussreichen Politikern berichtet wird. Selbst rechtspolitisch bedenkliche Maßnahmen, wie die Einführung der Direktwahl des Staatsoberhaupts oder massive Eingriffe in die Rechtsprechung, wie die von de Gaulle verfügte Auflösung eines Militärgerichts nach einem missliebigen, weil zu milden Urteil, gefolgt von der Einrichtung eines neuen Militärtribunals, blieben ohne die vorher übliche kritische Kommentierung.

Der Rückhalt, auf den General de Gaulle in der Bevölkerung zählen konnte, beruhte einerseits auf den unbestreitbaren Verdiensten, die er sich in der Vergangenheit erworben hatte, zum zweiten schien er die einzige Figur, die geeignet war, den Tiefstand zu überwinden, in den das Land durch die Problematik der Dekolonisierung verbunden mit der andauernden wirtschaftlichen Stagnation geraten war. An dieser Aufgabe war nach allgemeiner Ansicht die Vierte Republik gescheitert. Nun, nachdem die Vorgänge in Algerien eine neue Zuspitzung gebracht hatten, war die Bündelung aller Kräfte erforderlich, um eine Lösung herbeizuführen. Unter diesen Vorzeichen war die Öffentlichkeit mit der Verstärkung der präsidialen Machtposition durchaus einverstanden und geneigt, für die Bewältigung der politischen Probleme Zugeständnisse an innenpolitischer Liberalität und Rechtsstaatlichkeit hinzunehmen. Die verbal scharfen, aber in der Wirkung folgenlosen Proteste der Richterschaft trugen nur dazu bei, in der Bevölkerung das Bild von den Richtern als ›nörgelnden Besserwissern‹ zu festigen und die Distanz zwischen Justiz und Öffentlichkeit zu verbreitern.[46]

Eine neue Phase des gaullistischen Regimes begann, als bei Petit-Clamart am 22. August 1962 General de Gaulle nur knapp einem Attentat entkam. Die Gefahr, die der Anschlag auf das Leben des Staatsoberhaupts und damit auf die politische Kontinuität der Staatsführung deutlich machte, ermöglichte es dem General, die Weichen neu zu stellen. Mit dem Argument, dass nur ein direkt vom Volk gewähltes Staatsoberhaupt über ausreichende Legitimation verfüge, um die Vollmachten auszuüben, die die Verfassung der Fünften Republik dem Staatsoberhaupt einräumte, und dass nur die Direktwahl des Staatsoberhaupts hinlängliche Sicherheit für die staatliche Zukunft biete, ließ er einen Rechtstext zur Verfassungsreform ausarbeiten und legte diesen der Bevölkerung als Referendum vor.

Die Schärfe der anschließenden öffentlichen Kontroverse machte deutlich, dass die sich zu Wort meldenden Akteure, politische Parteien, Intellektuelle, Journalisten und Rechtsexperten, sich sehr wohl der Tragweite der geplanten Verfassungsänderung bewusst waren. Es ging darum, dass der alte Grundsatz der repräsentativen Demokratie durch eine neue autoritär-plebiszitäre Machtausübung »sémi-directe«[47] ersetzt wurde, die an den gewählten Volksvertretern vorbei einen Dialog zwischen Staatsspitze und Volk etablierte. Das Parlament sah seine Kontrollfunktionen auf ein Mindestmaß reduziert, die Parteien ihre Rolle im demokratischen Kräftespiel ausgehebelt.

Als eindeutigen Verfassungsbruch deuteten einige prominente Rechtswissenschaftler die Verfassungsänderung[48]; doch mit dem Argument des nationalen Interesses rechtfertigte der General gegenüber seinen Ministern und seiner Umgebung den Schritt zum Präsidialsystem:

»Da ist nun Frankreich; da ist der Staat. Und dann, den höheren Zwängen nachgeordnet, erst an dritter Stelle und nur soweit man es beachten kann, gibt es das Recht. […] Im Verfassungsbereich zählen drei Dinge. Erstens, das übergeordnete Wohl des Landes, das, was die Römer *salus patriae* nannten. Das übertrifft alles und ich allein bin dafür verantwortlich. Zweitens, weit nachgeordnet, sind da die politischen Verhältnisse, das Wahren der Form. Dem muss man Rechnung tragen; sonst

46 Eine derartige, sehr scharfe Polemik gegen die Richterschaft wurde im Frühjahr 1962 im Provinzblatt ›*Le Courrier de l'Orne*‹ geäußert; siehe Le *Courrier de l'Orne*, Jan. 1962, 1.

47 Gerth, Der Staatsnotstand im französischen Recht, 170.

48 Burin, Machtausübung und Rechtstaatlichkeit in der V. Französischen Republik, 390–409, hier 393. Dazu auch Berlia, Le problème de la constitutionnalité du référendum du 28 octobre 1962, 936–946.

kommt man zu nichts. Drittens, viel später noch, gibt es das Rechtsdenken. Also, sehen Sie, das Rechtsdenken, ja gewiss, man muss es beachten. Aber es ist zweit- und sogar drittrangig.[49]«

Trotz der Mobilisierung aller oppositionellen Kräfte bestätigte das Ergebnis des Referendums am 28. Oktober 1962 den Schritt des Generals. 62,2 Prozent der Franzosen sprachen sich für die Einführung der Direktwahl aus. Der direkte Dialog zwischen Staatsoberhaupt und Volk trug seine erste Frucht.

Die neue Machtverteilung aber belastete zunehmend das Verhältnis zwischen der politischen Ebene und den Kreisen von Intellektuellen und aufgeklärten Bürgern, die den Mangel einer wirksamen politischen Opposition empfanden. Während der Richterverband UFM, der vor vier Jahren noch die Justizreform lautstark kommentiert hatte, im Angesicht der hohen Popularitätswerte des gaullistischen Regimes (und möglicherweise auch infolge mancher personeller Pressionen) verstummte, und die entmachtete parlamentarische Opposition zu keiner angemessenen Reaktion fand, übernahm es ein Reihe von Vereinigungen, sogenannte Clubs, politischen Handlungsbedarf anzumelden, Ideen und Konzepte alternativer politischer Vorstellungen auszuarbeiten und in den öffentlichen Diskurs einzubringen.

Zu dem »Clubisme«, dem Aufkommen und der wachsenden Bedeutung der Clubs im politischen Leben im Frankreich der frühen Fünften Republik, scheint auch die Tatsache beigetragen zu haben, dass die Diskreditierung der linken Parteien durch die Misserfolge der Vierten Republik und ihre Involvierung in den Algerienkrieg die progressiven Kräfte nach einem anderen, nicht parteigebundenen Forum Ausschau halten ließ.[50] Der *Club*

49 »Il y a la France; il y a l'Etat. Et puis, derrière les impératifs supérieurs, en troisième lieu seulement, et autant qu'on peut le respecter, il y a le Droit [...] Trois choses comptent en matière constitutionnelle. Premièrement, l'intérêt supérieur du pays, ce que les Romains appelaient: salus patriae. Cela prime tout, et cela j'en suis le seul juge. Deuxièmement, loin derrière, il y a les circonstances politiques, les convenances. Il faut en tenir compte. Sinon on n'aboutit à rien. Troisièmement, beaucoup plus loin derrière, il y a le juridisme. Alors, vous comprenez, le juridisme, oui, certes, il faut y faire attention. Mais c'est secondaire et même tertiaire«; Äußerung de Gaulles vom Okt. 1962, zit. nach Besson, *Le mythe*, 38.

50 Dazu Andrieu, Claire: Club Jean Moulin, in: Dictionnaire historique de la vie politique française au XXe. siècle, 185f.

Jean Moulin[51], der zu seinen Mitgliedern eine Reihe bekannter Juristen, Wissenschaftler und Journalisten zählte, erreichte durch seine Veröffentlichungen über die Grenzen Frankreichs hinaus Breitenwirkung. Zu den Club-Mitgliedern gehörten die prominenten Rechtsprofessoren Georges Lavau, Maurice Duverger und Georges Vedel[52], von denen sich besonders letzterer kritisch mit dem Präsidialregime de Gaulles auseinander setzte.

1965 veröffentlichte der *Club Jean Moulin* unter dem Titel »L'Etat et le Citoyen« eine Schrift, die erstmals eine umfassende Bestandsaufnahme der Staats- und Gesellschaftsordnung Frankreichs darstellte. Sie mahnte in den Bereichen der Staatsverwaltung, auch in der Justiz, dringende Reformen an, um den in den vergangenen Jahrzehnten entstandenen Modernisierungsbedarf aufzuholen. Die Untersuchung wurde in zahlreiche europäische Sprachen übersetzt und bildete auch für andere Gesellschaftsmodelle einen Grundstock kreativer Reformkonzepte.

4.5 Das Beförderungswesen

Unmerklich zunächst, dann zunehmend deutlich veränderte die Richterschaft ihre politische Einstellung. Sie, die bislang als Stütze der staatlichen Ordnung und Kontinuität und damit als Anhängerin eines eher bürgerlich-konservativen Weltbildes und Ordnungsmodells gegolten hatte, stellte zunehmend diese politische Orientierung in Frage und begann an ihrer staatstragenden Rolle zu zweifeln. Auch andere politische Optionen und Standorte schienen nun vertretbar. Einen Schub verlieh diesem Richtungswandel ein thematischer Zusammenhang, der 1964 bekannt wurde. Es stellte sich heraus, dass die Laufbahn der Richter, die an Sondergerichten mitwirkten – diese bearbeiteten die Dekolonisierungsprozesse – offenbar einem anderen Rhythmus folgte, als der Werdegang derjenigen, die an

51 Benannt nach dem Résistance-Kämpfer Jean Moulin (1899–1943), Präfekt von Chartres, der den *Conseil National de la Résistance* leitete, einen Zusammenschluss von Widerstandsgruppen gegen die deutsche Besetzung. Er starb unter der Folter der Gestapo.
Die bekanntesten Veröffentlichungen des Clubs waren: *L'Etat et le Citoyen*, Paris 1961 (in dt. Übersetzung: *Staat und Bürger*, Stuttgart 1964); ders.: *Un parti pour la Gauche*, Paris 1965; ders.: *Que faire de la révolution de mai*, Paris 1968.

52 Dazu »Les Clubs politiques en France«, Paris 1965. Von Georges Vedel stammt die kritische Schrift »Vers le régime présidentiel«, in: *Revue française de science politique*, no. 14, 1964, 20–34.

herkömmlichen Gerichten tätig waren. Insbesondere galt dies für die Magistraten an der *Cour de sûreté de l'Etat*, die 1963 als vierter Sondergerichtshof die *Cour de Justice militaire* abgelöst hatte. Ebenso schienen diejenigen Juristen zu schneller Karriere prädestiniert, die nach ihrer Richterausbildung regierungsnahe Verwaltungsposten hatten besetzen können.

In einem Schreiben an den Justizminister protestierte der Richterbund UFM gegen die Begünstigung:

»Ohne Zweifel hat die Beförderungspolitik, wie sie in den letzten Jahren von der zuständigen Seite vorgenommen wurde, objektive Kriterien nicht berücksichtigt und bei vielen unserer Kollegen zu Verbitterung geführt; Laufbahnchancen, die nicht auf Grund von beruflicher Leistung vergeben werden, enttäuschen und erzürnen. Besonders wenn Dienstleistungen, die auf Grund einer wie auch immer gearteten renommierten Stellenbesetzung erfolgten, durch beschleunigten Karriere-Rythmus belohnt werden, so beinhaltet dies eine Provokation gegenüber denjenigen, die sich allein den Amtspflichten der Rechtsprechung widmen und Jahr für Jahr in denselben Funktionen stagnieren.«[53]

Dieser Vorstoß war nur der erste in einer langen Reihe von kritischen Stellungnahmen. In den folgenden Jahren rissen Vorhaltungen und Beschwerden wegen der Begünstigung derjenigen nicht ab, die sich und ihre Dienste der staatlichen Obrigkeit zur Verfügung stellten, vor allem als eine Untersuchung der Richterlaufbahnen zu Tage förderte, dass es sich im Fall politischer Posten um eine regelrechte Systematik handelte. Dreiviertel der Mitglieder der Sondergerichte, die als Richter erster Klasse tätig waren, wurden innerhalb einer Frist von sechs Monaten zur Beförderung vorgeschlagen; bei ihren Kollegen zweiter Klasse verstrich nur ein Zeitraum zwischen drei Monaten und einem Jahr bis zum nächsten Karriereschritt. Protest entzündete sich auch an der Tatsache, dass in Verwaltungsbehörden angestellte Juristen, ohne je eine Recht sprechende Tätigkeit ausgeübt zu haben, auf den Positionen von Kammervorsitzenden landeten oder sich

---

53 »Il est indéniable que la politique de l'avancement suivie depuis quelques années par l'autorité de nomination, en ne tenant pas toujours compte de critères objectives, a créé de l'amertume chez beaucoup de nos collègues; les bénéfices de carrière qui ne sont pas, en effet, attribués en vertu de seuls mérites professionnels deçoivent et irritent. Mais lorsqu'un avancement au rythme accéléré récompense notamment des états de service acquis à la faveur d'un détachement aussi prestigieux soit-il, il revêt, à l'égard de ceux qui se consacrent à des travaux exclusivement judiciaires et qui collectionnent les millésimes et stagnent dans les mêmes fonctions, un aspect provoquant«, PJ, Februar 1964; ähnlich Oktober 1964, November 1964, Juli 1965, Januar 1966, Dezember 1969; dazu auch Masson, *Les juges et le pouvoir*, 426–439.

gar als Berater am Revisionsgericht in Paris oder als Vizepräsident des Berufungsgerichts in Paris wieder fanden, Stellen, die als die begehrtesten Posten der Justizlaufbahn galten.

Zuständig für die als skandalös empfundene Beförderungspraxis war der Oberste Richterrat und da dieser in seiner personellen Zusammensetzung vom Staatspräsidenten abhing, welcher darüber hinaus auch den Vorsitz bei den Sitzungen führte, richtete sich der Protest gegen die allgewaltige Figur de Gaulles als Inhaber der Staatsmacht. Überdeutlich zeigte sich das Beziehungsgeflecht zwischen Exekutive und Jurisdiktion und die Tatsache, dass die Staatsführung alle Hebel und Druckmittel in der Hand hatte, um sich in der Justiz ein gefügiges Instrument zur Absegnung und Sanktionierung ihrer politischen Aktivitäten zu schaffen. Dabei konnte die Frage, inwieweit tatsächlich Absprachen über Vergünstigungen stattgefunden hatten und welcher Art, womöglich auch im Hinblick auf die Urteilsentscheidung, die Gegenleistung gewesen sei, vernachlässigt werden; es genügte, dass der politischen Seite alle Möglichkeiten zur Verfügung standen und dass ehrgeizige Kollegen sich dieser Einsicht entsprechend verhielten und so ihre Chance nutzten.

Doch welche Mittel standen zur Verfügung, um die Exekutive von der politischen Instrumentalisierung der Richter abzubringen? Die vorgetragenen Bedenken und Vorhaltungen der Richterverbände[54] wurden regierungsamtlich ignoriert. Was war zu tun? Mit dem thematischen Zusammenhang »Beförderungen – Oberster Richterrat – Staatsführung«« geriet das ganze Gefüge der rechtsstaatlichen Verortung der Fünften Republik ins Visier; eine gezielte Informierung der Öffentlichkeit musste zu einer Kraftprobe zwischen Justiz und Politik führen, bei der beide Fronten Schaden nehmen konnten. So schreckte denn auch der Richterbund UFM vor dieser Handlungsalternative zurück.

Ungeachtet dessen wurde dem Verband durch die Vorgänge, auch durch das Beispiel der neuerdings konkurrierenden Richtervereinigung *Association de la magistrature*, bewusst, dass eine verstärkte Öffnung zur Presse hin nötig war, um das allgemein verbreitete negative Bild der Justiz korrigieren zu können. In den Jahren 1965 bis 1968 bemühten sich beide

54 1961 war im Anschluss an eine Auseinandersetzung der alten UFM mit dem Justizminister Jean Foyer, unter dessen Mitwirkung ein neuer Richterverband, die *Association de la magistrature*, gegründet worden. Nach seinen Statuten hatte der Verband das Ziel, sich stärker für die in der Provinz ansässigen Richter einzusetzen. 1968 verschmolz die *Association de la magistrature* mit der UFM; dazu Kap. 6.2.

Verbände, das Ohr der Öffentlichkeit zu erreichen; sie öffneten ihre Jahreskongresse der Presse und unternahmen eine regelrechte Öffnungskampagne. Dabei sprach man die übermäßige Abhängigkeit der Justiz von der politischen Ebene an, vermied es aber, in der öffentlichen Presse detailliert auf die Zusammenhänge der fragwürdigen Beförderungspraxis zu verweisen. Ohne die eindeutige Nennung von Ross und Reiter aber blieben die Klagen der Richterschaft über die mangelnde Selbstbestimmung vage und missverständlich.

Immerhin nahm die Presse seit Mitte der 60er Jahre ein gesteigertes Interesse an den Belangen der Justiz, was vermutlich auch auf den gereizten Ton zurückzuführen ist, der von nun an das Verhältnis zwischen politischer Ebene und Richterschaft bestimmte. Wiederholt entlud sich aus Anlässen unterschiedlicher Bedeutung der Zorn der Richter. So im Mai 1965 wegen eines Interviews, das der Prozessberichterstatter des *Le Monde*, Jean-Marc Theolleyre, mit dem Justizminister Jean Foyer geführt hatte.[55]

Gravierender die Affäre Casamayor. Unter diesem Pseudonym hatte der frühere Richter und derzeitige Anwalt am Pariser Berufungsgericht Serge Fuster in einem Artikel in *Le Monde* vom 9. Febr. 1966 unter dem Titel »Die Lehre der Toten« das Ergebnis der Untersuchung über die Entführung und das Verschwinden des algerischen Politikers Ben Barka mit den Worten kommentiert: »In einer Affäre dieses Kalibers ist der Justizminister Herr über die Niederschlagung des Falles. Er glaubte, dieses Mittel ergreifen zu müssen. Er wird dafür gute Gründe gehabt haben, er und andere…«[56] Die Reaktion der politischen Akteure erfolgte umgehend: Fuster verlor seine Berufslizenz; zudem wurde er vor den Obersten Richterrat geladen und musste sich dort verantworten.

Das Organ des Verbandes UFM nahm zu den Vorfällen Stellung und ging dabei auf die Meinungsfreiheit ein, die auf dem Prüfstand stehe.[57] Es sei wichtig zu wissen, führte der Artikel aus, »wie weit die Zurückhaltung geht, die den Richtern abverlangt wird und welcher Art die Meinungsfreiheit ist, die ihnen zugestanden wird. Welche Entscheidung auch immer

55 PJ, Mai 1965.

56 PJ, Febr. 1966, März 1966; dazu auch *Le Monde*, 28. Febr. 1965; 9. März 1966; 11.März 1966; auch *L'Action judiciaire* (Organ der *Association de la magistrature*), April–Mai 1966.

57 Diese Frage klärt in aller Kürze das Statut des Richterstandes. Es führt aus: »Jede politische Debatte ist dem Richterstand untersagt. Jede Bekundung von Ablehnung gegenüber dem Prinzip oder der Form der Regierungsausübung ist den Richtern untersagt, ebenso wie jede Bekundung politischer Natur, die mit der Zurückhaltung unvereinbar ist, die ihr Amt ihnen auferlegt«; PJ, Febr. 1966.

getroffen wird, sie wird Epoche machen in der Justizgeschichte und vielleicht in die Geschichte allgemein eingehen. Von nun an kann sich die Richterschaft zu der Aufregung nur gratulieren, die die Maßnahme gegen Casamayor hervorgerufen hat, es gibt praktisch keine Zeitung, die nicht das Problem angesprochen hätte.«[58]

Tatsächlich aber blieb es bei verbalen Bekenntnissen des Protestes. In der Öffentlichkeit Gegenkräfte zu mobilisieren, stand für die Richterschaft nicht als realistische Option zu Gebote. Sie wagte nicht, offen gegen die Staatsgewalt Position zu ergreifen. Die Presse-Kampagne verebbte in den folgenden Monaten, die Aufregung in den Richterverbänden versickerte. Trotz des als Demütigung empfundenen Umgangs des gaullistischen Regimes mit seiner Justiz versagte sich die organisierte Richterschaft den Gebrauch des einzigen Mittels, das ihr zu Gebote gestanden hätte, um das Gleichgewicht der Kräfte herzustellen; sie verzichtete auf den Druck der öffentlichen Meinung. Sie sah ihre Aufgabe im Schutz der allgemeinen Ordnung, deren Ausgestaltung von der Politik zu leisten war und sie war nicht gewillt, der staatlichen Autorität entgegenzutreten und sich selbst als politischer Faktor zu etablieren. Erst das Auftreten einer neuen Richtergeneration in Verbindung mit den Ereignissen des Mai 68 sollte einen Wandel herbeiführen.

58 PJ, Febr. 1966.

5. Formen und Strategien des Wandels

5.1 Eine Gesellschaft im Übergang

Die 60er Jahre des 20. Jahrhunderts stellten in Frankreich eine Phase des dynamischen Wandels dar. Man bezeichnet diese Spanne als Beginn der »Trente Glorieuses«[1], der 30 Jahre währenden Periode, die Frankreich in wirtschaftlicher, technologischer und sozialer Hinsicht den Anschluss an die Moderne finden ließ.

Seit der *Belle Epoque* hatte Frankreich keine nennenswerte Prosperitätsphase mehr erlebt. Seither waren fünf Jahrzehnte vergangen; zwei Kriege hatten sich auf französischem Boden abgespielt, deren Verwüstungsspuren zu Beginn der Fünften Republik nicht getilgt waren.

Nun, nach der Beendigung des Algerienkriegs, führte der aufgestaute Bedarf zum machtvollen Wirtschaftswachstum. Die wesentlichen Produktionsbereiche erholten sich, der Bruttolohn stieg, die Arbeitslosigkeit ging zurück, die moderne Konsumgesellschaft entstand. Das Land verzeichnete Jahre der Hochkonjunktur. Serge Berstein bezeichnet das Jahrzehnt 1959–1970 als die Periode, »in deren Verlauf das französische Brutto-Inlandsprodukt sein spektakulärstes Wachstum erlebte; es wies Frankreich den Platz an der Spitze der europäischen Staaten zu und auch sogar an der Spitze der großen Industriestaaten der Welt.«[2]

Eine Voraussetzung dieses Aufstiegs war die vorausschauende Planung, die die Expertenrunde um den Staatschef entwarf und die nach dem Motto

---

1 »Die 30 Glorreichen«; gängiger Ausdruck für den Zeitraum etwa von 1958 bis 1988. In dieser Zeitspanne führte der schnelle, durch die gaullistische Politik stark geförderte Ausbau von Technik und Industrie einen einschneidenden Wandel der sozialen und kulturellen Verhältnisse herbei. Das, was in der Bundesrepublik in den 50er und 60er Jahren als Wirtschaftswunder bezeichnet wurde, erlebte Frankreich gedrängter, weil durch den Nachholbedarf der Zwischenkriegszeit und die Stagnation während der Vierten Republik verzögert, erst in den 60er und 70er Jahren.

2 Berstein, La France de l'expansion. La Republique gaullienne 1958–1969, 150.

»La France doit épouser son temps«[3] die wirtschaftliche Modernisierung an die Spitze der regierungsamtlichen Planungsvorhaben rücken ließ. Technologischen, industriellen und ökonomischen Gesichtspunkten galt die Aufmerksamkeit der politischen Akteure; sie hatten Vorrang vor allen anderen Faktoren, etwa sozialen Gegebenheiten und rechtlichen Kriterien.

In der Verfassung von 1958 war auch ein Organ eingeführt worden, das als Speerspitze der Staatsmacht gegen oppositionelle Kräfte gedacht war, das aber im Verlauf der folgenden Jahrzehnte seine Zielrichtung um 180 Grad verändern sollte. Der *Conseil Constitutionnel*[4], eine Art Verfassungsrat, agierte an der Schnittstelle von Politik und Recht und war als Normenkontrollorgan konzipiert, das nur durch den Staatspräsidenten, den Ministerpräsidenten und die Vorsitzenden der zwei Kammern angerufen werden konnte. Seine Aufgabe bestand darin, in letzter Instanz Gesetzesvorhaben zu blockieren, die eine Parlamentsmehrheit zustande gebracht hatte und die nicht das Einverständnis der Exekutive besaßen. Wenig vergleichbar mit dem deutschen Verfassungsgericht, setzte sich der Rat aus prominenten Persönlichkeiten zusammen, die auf Grund ihrer beruflichen Leistung und ihrer persönlichen Integrität in das Gremium berufen worden waren, ohne notwendigerweise über juristische Kenntnisse zu verfügen.

Die neue Institution befand sich in Übereinstimmung mit einer veränderten Bewertung des Verhältnisses Gesetz : Verfassung. Galt seit der Revolution in Frankreich der uneingeschränkte Wille der Bevölkerung, *la volonté publique*, als Quelle aller Rechtsregeln, so zeichnete sich nun ein Umdenken ab: es schien vorstellbar – und das Vichy-Regime hatte den Beleg geliefert – dass in bestimmten Situationen der Mehrheitswille sich für Rechtsregeln entscheiden konnte, die nicht in Einklang standen mit der verfassten Ordnung des Staates und mit seinen Grundwerten. Die seit den 50er Jahren zu beobachtende »Abkehr vom Legizentrismus«[5] stand in Einklang mit der Ansicht, es bedürfe einer Einrichtung, die als letzte und oberste Instanz angerufen werden konnte und die das von der parlamentarischen Mehrheit getragene Gesetzesvorhaben am Verfassungsrahmen maß.

---

3 »Frankreich muss sich seiner Zeit anpassen«.

4 Siehe Kap. 4.1; dazu auch Vogel, Der Conseil constitutionnel zwischen Recht und Politik, in: *Frankreich Jahrbuch 2001*, 97–110.

5 Den »déclin du légicentrisme« beschreibt Antoine Garapon in »La Justice«, *Cahiers français*, 74ff.

Bis 1971 kam der *Conseil Constitutionnel* in insgesamt neun Anrufungsverfahren dem von den Verfassungsvätern ihm zugedachten Auftrag nach, als vorwiegend politisches Organ den Spielraum der Exekutive vor parlamentarischem Zugriff zu sichern. Die geringe Zahl der Verfahren macht deutlich, dass von Seiten der zu seiner Anrufung befugten Personen, Staatspräsident, Ministerpräsident und Kammervorsitzenden wenig Interesse bestand, ihre »eigenen« Gesetze einem Normenkontrollverfahren zu unterziehen.

Giscard d'Estaing erweiterte 1974 das Anrufungsrecht. Fortan stand es auch einem Quorum von jeweils 60 Deputierten oder Senatoren zu. Damit mutierte der *Conseil Constitutionnel* zu einem Organ, das der parlamentarischen Opposition neue Chancen eröffnete und maßgeblich zur weiteren politischen Entwicklung beitrug.

Das dynamische Wirtschaftswachstum der frühen Jahre der »Trente Glorieuses« bescherte nicht allen Gruppen der Bevölkerung gleichmäßig die Segnungen des Wohlstands. Hohe Inflation und ungleichmäßige Verteilung der Investitionen ließen Ungleichheiten der regionalen und der sozialen Entwicklung entstehen, die die alten Strukturen in Frage stellten und in den benachteiligten Bevölkerungsgruppen Unmut und Verbitterung hervorriefen. Während sich bei den einen Konsum-Orientierung und Anspruchsdenken breit machte, fühlten sich andere, z.B. Landbevölkerung, kleine Gewerbetreibende, sozial Schwache benachteiligt. Allgemein erlebte die Öffentlichkeit die Jahre der Gaullistischen Republik als »die eines tief greifenden Wandels, der die letzten Spuren des ländlichen Frankreich entschwinden lässt, das aus dem 19. Jahrhundert stammende ›Frankreich der Kleinen.‹ Dieses wird ersetzt durch eine neue Gesellschaft entlohnter Städter, die ihre Antriebe aus dem Konsum schöpfen.«[6] Da, wo sich die soziale Struktur der Gesellschaft wandelte, konnten zwischenmenschliche Kommunikation und individuelles Verhalten nicht unbeteiligt bleiben. »Die Veränderung betrifft den Glauben, die anerkannten und offen vertretenen Normen, die privaten Verhaltensweisen und die kollektiven Umgangsfor-

---

6 »Les années de la République gaullienne sont celles d'un tournant majeur qui fait disparaître les derniers vestiges de la France rurale, de la ›France des petits‹, héritée du XIXe. siècle, pour lui substituer une société nouvelle de citadins salariés, dont le moteur est la consommation«; Berstein, *La France de l'expansion*, 218f.

men, kurz die Sitten und Gebräuche im sehr allgemeinen Sinn: nicht nur die individuelle Moralität, sondern den gesamten sozialen Ethos.«[7]

5.2 Der Rechtsdiskurs im Wandel

Auf die Justiz hatte der Wandel der Gesellschaft wesentliche Auswirkungen. Zum einen ging die Modernisierung mit einer erhöhten Nachfrage nach den Dienstleistungen der Justiz einher. Der Bedeutungsschwund der Religiosität und die Auflösung von im Jenseits Gerechtigkeit verheißenden Utopien verwiesen auf die Formen irdischer »Recht-sprechung«. Ansprüche nach Befriedigung individueller Interessen und Wünsche, das Bedürfnis nach Sicherheit, Planbarkeit und Transparenz motivierten zum Ruf nach dem Kadi. Darüber hinaus hatte die Auflösung traditioneller zwischenmenschlicher Bindungen und die Mobilität des modernen Lebens andere Instanzen von Konfliktvermeidung und Konfliktvermittlung, etwa familiärer, kirchlicher oder kommunaler Art außer Kraft gesetzt und dem professionellen Richter das Feld überlassen. Auch die zunehmende Komplexität der Beziehungen zwischen Individuen, Interessen-Gruppen und sonstigen Akteuren verlangte nun ein enger geknüpftes Regelwerk; Sicherheit und Gewährleistung von Leistungen und Zuwendungen erforderten vertragliche Übereinkünfte.

Den vielgestaltigen Regulierungserfordernissen entsprach die Ausdifferenzierung der Rechtsgebiete und der Rechtsinstanzen: Verkehrs-, Versicherungs- und Vertragsrecht, Arbeitsrecht, Familien- und Scheidungsrecht etc. vervielfachten die Zahl der gerichtsanhängigen Verfahren.

Bis in die Zwischenkriegszeit hinein hatte das Zivilrecht die in der Gesellschaft auftretenden Meinungsverschiedenheiten und Interessengegensätze geregelt. Mit den Sozialgesetzen der Volksfront-Periode 1936 begann sich der rechtliche Rahmen zu wandeln. Unter dem Einfluss von Sozialtheoretikern setzte sich eine neue Sicht der sozialen Beziehungen durch, die sich in arbeitsrechtlichen Vorgaben niederschlug. In den 60er und 70er Jahren differenzierten sich die Fachbereiche weiter aus und stellten damit

---

7 »La société française … amorce un tournant capital. Le changement affecte les croyances, les valeurs reconnues et professées, les conduites privées et les comportements collectifs, bref les mœurs au sens le plus général: pas seulement la moralité individuelle, mais tout l'éthos social«, Rémond, *Notre siècle 1918 à 1991*, 574.

neue Ansprüche an die Eignung und die Professionalität der Richter. »Man braucht«, erklärte Pierre Laroque, ein bekannter Arbeitsrechtler und Mitglied des Staatsrats, in einem Interview, »spezialisierte Richter, die über soziale, psychologische Kenntnisse verfügen und nicht nur Texte kennen, Richter, die den Eindruck vermitteln, in dem Milieu gelebt zu haben, an das sie sich wenden.«[8] Neben den klassischen Richterämtern entstanden neue Sparten der Rechtsprechung, der Jugendrichter[9], der Vormundschaftsrichter[10], der Verkehrsrichter, der Arbeitsrichter etc.

Die Mittel und Möglichkeiten gleichwohl, die von der öffentlichen Hand bereitgestellt wurden, um die erhöhte Nachfrage und die Herausforderungen der Spezialisierung zu bewältigen, waren in keiner Weise ausreichend. Folge war eine Distorsion zwischen dem reellen Bedarf und der Leistungsfähigkeit der Justiz. Eine allgemeine Krise, »manque de tribunaux, manque de personnel, manque de moyens«[11] war charakteristisch für die 50er und 60er Jahre; zu den strukturellen Defiziten trug das Desinteresse der staatlichen Administration, aber vielfach auch das Beharrungsvermögen der tonangebenden juristischen Hierarchie das Ihrige bei. Wie im Bereich der Sozialpolitik bildete sich im Bereich der Rechtsprechung ein Phänomen der Stagnation aus, das trotz des Wandels in ökonomisch-technologischer Hinsicht zu einer »blockierten Gesellschaft« führte, wie sie der Soziologe Michel Crozier[12] beschreibt.

»Die traurige Wahrheit – und das ist das eigentlich Symptom des Übels, an dem unsere Justiz leidet, ist die Geringschätzung, die sie umgibt«, stellten 1969 zwei bekannte Juristen in einem Artikel in *Le Monde* fest.[13] Diese Geringschätzung galt, wie sich in einigen statistischen Untersuchungen erweist, für die Recht*sprechung*; für die Rechts*wissenschaft* insgesamt traf sie, was den Untersuchungszeitraum anbetrifft, nicht zu. Hier verzeichneten einzelne Sparten großes Interesse in der Fachwelt; ihre Erkenntnisse und

8 Zit. nach Cam, Juges rouges et droit du travail, 20.

9 Juge pour enfants.

10 Juge des tutelles.

11 »Mangel an Gerichtshöfen, Mangel an Personal, Mangel an finanziellen Mitteln«.

12 Crozier, *La société bloquée*. Vgl. die Antrittsrede des neuen Regierungschefs Jacques Chaban-Delmas vor der Nationalversammlung am 16. September 1969, in dem dieser die blockierenden Faktoren aufzeigte und entsprechende Reformen ankündigte; dazu Rémond, *Notre siècle*, 655.

13 Brédin/Badinter, La justice en question. Artikelserie in *Le Monde*, 30., 31. Oktober, 1. November 1969. Brédin war Anwalt und Professor für Zivilrecht. Badinter leitete später unter Mitterrand das Justizministerium und schaffte 1981 als erste Amtshandlung die Todesstrafe ab.

Lehrmeinungen waren Thema nicht nur in der aufgeklärten Öffentlichkeit, sondern auch auf internationaler Ebene. Über nationale Grenzen hinweg verständigten sich in den 60er Jahren Juristen und Rechtswissenschaftler über Rechtssysteme, stellten Vergleiche an, begannen, aus übergeordnetem Blickwinkel die unterschiedlichen Sparten des Rechts zu betrachten und Desiderata und Fehlentwicklungen zu benennen. Aus den Vergleichen folgte die Einsicht, in welchem Ausmaß Rechtsregeln von milieu- und zeitgebundenen Bedingungen bestimmt wurden. Das »Recht« erschien zunehmend vielgestaltig und schwankend und verlor die Qualität überzeitlicher Bindungskraft.

»Der Anteil des Rechts an der gegenwärtigen Verunsicherung«[14] hatte Jean Carbonnier, Professor für Zivilrecht an der Sorbonne und prominenter Vertreter der französischen Rechtssoziologie, den Aufsatz überschrieben, den er 1959 in der *Encyclopédie française* veröffentlichte. In dem Text stellte er fest, dass das Recht, das bislang als Hort von Sicherheit und Kontinuität gegolten hatte, nun zum ersten Mal in die allgemeine Unsicherheit und Orientierungslosigkeit der Zeitgenossen einbezogen wurde.

Tatsächlich schien unter dem Eindruck der jüngsten Vergangenheit das Recht als normative Instanz in Frage gestellt. Das Vichy-Regime, das formal als demokratisch legitimiertes Regime betrachtet werden musste, hatte die Verfügbarkeit rechtlicher Regelungen zur Ausgrenzung von Minderheiten und zur Realisierung von »Unrecht« aufgezeigt und auf diese Weise die ethisch-metaphysischen Begründungsmetaphern des Rechts unglaubwürdig gemacht.

Nach der *Libération* beschäftigte sich eine große Zahl von rechtswissenschaftlichen Texten mit der Frage, ob und inwieweit das Legalitätsprinzip weiterhin Geltung haben könne und ob die Bindungsfähigkeit von Recht und Gesetz weiterhin gegeben sei.[15] »Das Recht«, konstatierte Carbonnier, »ist soweit gekommen, an sich selbst zu zweifeln.«

Zu diesem Zweifel trug auch der Sachverhalt bei, dass die Rechtsinhalte zunehmend weniger mit den Fakten des Alltagslebens und den sozio-ökonomischen Bedingungen der Modernität übereinstimmten. Das Auseinandertreten von statischem Recht und lebender fließender Wirklichkeit bes-

14 »La part du Droit dans L'angoisse contemporaine«; Carbonnier, Jean: Le monde en devenir, in: *Encyclopédie française*, Bd. XX, Paris 1959.

15 Z.B. Motulski, L'état actuel de la philosophie et de la science du Droit en France, 199–207; Arnaud, Les juristes face à la société du XIXe siècle à nos jours, 155; Ripert, Le déclin du Droit; ders., Les forces créatrices du Droit.

tätigten rechtssoziologische Untersuchungen, darunter auch einige aus der Feder marxistischer Autoren, die vom Grundsatz her die Rolle von Recht und Gesetz in Frage stellten.[16]

Mit der schwindenden Eindeutigkeit von normativen Werten und richterlichen Beurteilungskriterien rückte eine stärker an sozialen und humanitären Gesichtspunkten orientierte Rechtsauffassung in den Vordergrund. Schon zu Beginn des 20. Jahrhunderts hatte die Eindeutigkeit der Relation Straftat – Strafe eine Einbuße erlitten, als »le bon juge« Magnaud in unkonventioneller Weise die Umstände eines Delikts in die Bemessung der Strafe einbezogen hatte und eine Mutter, die für ihr hungerndes Kind Brot gestohlen hatte, freisprach. Der Fall erregte landesweit Aufsehen und galt als das erste Beispiel einer Rechtsprechung, die weniger die Tat an sich, als vielmehr die Person des Täters und dessen soziales Umfeld in die Bewertung der Tat einbezog.

Diesem Ansatz folgte die französische Schule der Kriminologie, die sich wissenschaftshistorisch aus zwei Ansätzen herleitete. Der eine Ansatz, verbunden mit dem Namen des Juristen, Philosophen und Soziologen Gabriel de Tarde[17], führte Straffälligkeit vorwiegend auf psychische Ursachen zurück; die berühmte Lyoneser Schule sah Kriminalität hingegen im sozialen Umfeld begründet. Der Rechtsmediziner Alexandre Lacassagne hatte im 19. Jahrhundert in Lyon ein Zentrum für kriminologische Studien begründet und mit der These, das soziale Milieu sei »le bouillon de culture de la criminalité«[18] die inhaltliche Position der französischen Verbrechensforschung begründet.

Nun, unter dem Einfluss des Strukturalismus und angestoßen von Michel Foucault, der die Disziplinierungs- und Ausgrenzungstechniken der

16 Poulantzas, Nature des choses et Droit. Essai sur la dialectique du fait et de la valeur, Paris 1965; ders.: Pouvoir politique et classes sociales, Paris 1968; ders.: Sociologie politique, Paris 1973; Edelman, Bernard: Le Droit saisi par la photographie. Eléments pour une théorie marxiste du Droit, Paris 1973.

17 Gabriel de Tarde (1834–1904) war Richter, leitete später die kriminal-statistische Abteilung im Justizministerium und wurde schließlich auf den Lehrstuhl für Philosophie am Collège de France berufen. Werke: *La criminalité comparée* (1886), *Les lois de l'imitation* (1890), *Les transformations du Droit* (1893), *Les lois sociales* (1898), *L'opinion et la foule* (1901), *Psychologie économique* (1901).

18 »Le microbe c'est le criminel qui n'a d'importance que le jour où il trouve le bouillon qui le fait fermenter«; Lacassagne, Alexandre: *Archives d'anthropologie criminelle*, Paris 1886, 182; dazu auch: David (Hg.), *Le Droit français, Bd.2, principes et tendances du Droit français*, Paris 1960, 315.

Gesellschaft offen gelegt hatte[19], gelangten die älteren Ansätze zur Humanisierung des Strafrechts und des Strafvollzugs zu neuer Bedeutung. Die moderne französische Rechtswissenschaft sah im straffälligen Handeln weniger die Folge einer Willensentscheidung, die zur Abkehr von der sittlichen Norm führe, noch einer – wie es die italienische Auffassung postulierte – auf Erbfaktoren zurückgehenden Anlage, sondern als Ergebnis von spezifischen Bedingungen des sozialen Umfelds, was erst das Wirksamwerden von individuellen Dispositionen ermögliche. Straffälligkeit galt als psycho-sozial determiniert.

Folgerichtig ordnete die wissenschaftliche Kriminologie in Frankreich der Gesamtgesellschaft die Verantwortung für ihre straffällig gewordenen Mitglieder zu. »Die Verantwortung der Gemeinschaft für die Kriminalität soll nicht geleugnet werden«, schrieb 1960 René David in einer grundlegenden Abhandlung.[20] »Bestimmte Menschen sind Parias aus Mangel an Erziehung, an beruflicher Ausbildung und allzu häufig auch an liebevoller Zuwendung, was ihre Jugend belastete.« Mit der Kompensation der durch die soziale Konstellation hervorgerufenen Defizite sei es möglich, so die herrschende Meinung, den Straftäter wieder in die Gesellschaft einzugliedern, ihn zu einem Leben in Gemeinschaft zu befähigen und künftige Straftaten zu verhindern.

Die Stichworte *Résocialisation, prophylaxis* und *prévention* beherrschten folglich den kriminologischen Diskurs der 60er Jahre, der vor allem durch den Verein *Ecole de défense sociale nouvelle* angeregt wurde. Dieser Gruppe um Marc Ancel, der als Mitglied des Kassationsgerichtshofs eine herausgehobene Rolle spielte und auch in der Vergleichenden Rechtsforschung entscheidende Impulse gab, gelang es, die kollektive Wahrnehmung des Verhältnisses von gesellschaftlicher Ordnung und dem sie durchbrechenden Regelverstoß zu verändern.[21] Weit über die Grenzen Frankreichs hinweg trug die Tätigkeit der *Défense sociale nouvelle* und ihres Begründers dazu bei, die Anschauung von Recht und Regelverstoß, von gemeinschaftlicher Verantwortung und humanitärem Strafvollzug zu verändern und langfristig

19 Michel Foucault (1926–1984): *Les mots et les choses* (1966), *Surveiller et punir* (1975) etc.

20 David, Le Droit français, 320.

21 Ancel, Marc: *La défense sociale nouvelle*, Paris 1954. Die erweiterte Neu-Auflage »*La défense sociale nouvelle. Un mouvement de politique criminelle humaniste*« kam 1966 heraus. Sie beschreibt den Straftäter als einen Chancenlosen, dem die Gesellschaft die Eingliederung in ein normales Leben schuldet.

nicht nur den Strafvollzug zu humanisieren, sondern auch der richterlichen Tätigkeit neue Spielräume zu eröffnen.

Im Gegensatz zum alten Strafrecht, das das Interesse des »ehrlichen« Menschen in den Vordergrund gestellt hatte, galt nun im Wissenschaftsdiskurs die Aufmerksamkeit zunehmend dem Schuldiggewordenen, dessen Antriebe auszuleuchten waren und dem durch Umerziehung zur Integration in die Gesellschaft verholfen werden müsse. Der Sinn einer Haftstrafe bestehe darin, »die Beunruhigungen zu heilen, die ihn zum Regelverstoß anregten«.[22] Die Unfreiheit in der Haft diene dem Ziel, Umerziehung zu ermöglichen durch Ausbildung und Vorbereitung auf das Leben in der Gemeinschaft. Voraussetzung dafür war die »individualisation des peines«, also die verstärkte Befugnis des Richters, das Urteil den individuellen Lebensumständen des Straftäters anzupassen.

Diese Gewichtung der unterschiedlichen Lebensverhältnisse sowohl des vor Gericht stehenden Kriminellen, wie auch des Rechtssuchenden veränderte die Interpretation dessen, was als »Gerechtigkeit« gelten konnte. Da eindeutige Maßstäbe der Gerechtigkeit ausfaserten, stellte sich die Frage nach den Kriterien der Urteilsfindung, nach der Qualität eines angemessenen, also annähernd gerechten Urteils. »Gerecht sein heißt, urteilen in Entsprechung zu der innerhalb einer bestimmten Epoche, in einer bestimmten Gesellschaft allgemein akzeptierten Werteskala; und zwar auf solche Weise, dass die Entscheidung von der Mehrheit als gut befunden wird«, stellte Jean-Louis Ropers fest[23], der Vorsitzende des Richterverbandes *Union fédérale des magistrats*. Die Justiz stand demnach in ständigem Austausch mit der Gesellschaft; konform mit deren Modernisierung entwickle sich die »justice moderne«, die sich als Dienst verstehe am Wohl des Einzelnen. Sie sei die Verteidigerin der Rechte des Individuums. Im Grunde habe »die Rolle der Justiz schon immer darin bestanden, den Schwachen vor dem Starken zu schützen und die faktischen Ungleichheiten auszugleichen.«[24]

22 David, *Le Droit français*, 319f.

23 »Etre juste, c'est juger conformément à l'échelle des valeurs communément admise dans une société donnée, à une époque donnée, de telle sorte que la décision soit reconnue comme bonne par le plus grand nombre«; Ropers, Le juge et sa conscience, le juge et la société, Bericht auf dem Kongress von Paris 1970, in: *Aus service de la Pensée judiciaire*, 124.

24 »Le rôle de la justice a toujours été de protéger le faible contre le fort, de rétablir les inégalités de fait«; PJ, März 1965, 5.

Die Richterschaft insgesamt vollzog, zumindest in den von ihren Verbänden getragenen Verlautbarungen, die neuen theoretischen Überlegungen mit.

Der Appell zum Ausgleich »faktischer Ungleichheiten«, den der mitgliederstarke Richterbund UFM um die Mitte der 60er Jahre lancierte, entsprach dem zeitgemäßen Stand der Normendebatte. Als Schrittmacher hatte sich dabei der kleine Verband *Association de la magistrature* betätigt, als er in seinem Organ *L'Action judiciaire* den Grundsatz-Artikel des Stellvertretenden Gerichtspräsidenten am Pariser Berufungsgerichts übernahm: »Die Vorstellung von Strafe, führte dort Jean Raynal aus, hat den größten Teil seiner Bedeutung verloren, um dem Gedanken an Wiedereingliederung und dem neuen Konzept des sozialen Schutzes Platz zu machen.«[25]

In den 70er Jahren ging das 1968 gegründete *Syndicat de la magistrature* inhaltlich einen Schritt weiter: nicht nur verstand es sich als Vertretung der einfachen Schichten der Bevölkerung, es nahm für sich auch die Rolle eines Motors der gesellschaftlichen Entwicklung in Anspruch. Aus diesem Rollenverständnis leitete es das Bestreben ab, durch die Erarbeitung progressiver Konzepte der Öffentlichkeit zur Einsicht in die Zusammenhänge von gesellschaftlicher Ordnung, Politik und Justiz zu verhelfen. Das *Syndicat* verfolgte dabei zunächst die theoretischen Vorstellungen, die bereits in der UFM erörtert worden waren, doch gelang es ihm in der Folge, durch systematische Organisation der programmatischen Arbeit und deren medienwirksame Umsetzung in der Presse, im Fernsehen und bei spektakulären Aktionstagen die allgemeine Aufmerksamkeit auf sich zu ziehen und sich für einige Jahre zum unbestrittenen Wortführer der Richterschaft zu machen.

Aus den alljährlich abgehaltenen Kongressen des *Syndicat de la magistrature* gingen Beschlussanträge hervor, die verschiedentlich in Gesetzestexte eingingen, so in Fragen der freien Zugänglichkeit der Rechtsprechung für jeden Rechtssuchenden, des Scheidungsrechts, des Familienrechts, des Verkehrsrechts, die Neufassung der Haftstrafen, des Arbeitsrechtes etc. Schon früher war das Vormundschaftsrecht erneuert worden, hatte das Jugendstrafrecht Form angenommen.

Die Vision der stärker humanitären Gesichtspunkten verpflichteten Rechtsordnung fand in diesen Jahren auch außerhalb der Justiz Verbrei-

---

25 »L'idée de châtiment s'est ainsi vidé de la plus grande partie de son contenu pour faire place à l'idée de reclassement et au concept nouveau de la défense sociale«; Raynal, Jean: Reflexions sur la justice française, in: *L'Action judiciaire*, Okt. 1963, 4.

tung und führte zu Sammlungsbewegungen, die sich zum Ziel setzten, teils bestimmte Forderungen in den Rechtsdiskurs einzubringen, teils die Tätigkeit der Rechtsprechung und des Strafvollzugs zu unterstützen[26]. Besondere Bedeutung kam in diesem Zusammenhang dem Thema der Todesstrafe zu, deren Berechtigung in zunehmendem Maß hinterfragt wurde.

Folgt man gleichwohl den zeitgenössischen Berichten, die den Gerichtsalltag in den 60er Jahren schildern, dann war dies alles, theoretische Erwägungen und wissenschaftliche Beobachtungen, humanitäre Rechtsgrundsätze und politische Lösungsvorschläge, für den durchschnittlichen Rechtskonsumenten schiere Zukunftsmusik. Von dem theoretischen Rechtsdiskurs, der sich im Sinne von Humanität und Menschenwürde entwickelte, war in den Gerichtssälen noch nichts zu spüren. Das Eine schien mit dem Anderen nicht in Beziehung zu stehen; noch immer war die Rechtsprechung unter dem gaullistischen Regime gekennzeichnet durch Unzulänglichkeiten und Mängel.

5.3 Die Defizite der Rechtsprechung

Eine 1962 von den Gewerkschaften vorgenommene Umfrage über das in der Öffentlichkeit vorherrschende Bild der Justiz ergab auf die Frage »Was fällt Ihnen auf Anhieb ein, wenn ich den Begriff ›Justice‹ nenne?«, dass nur 17 Prozent der befragten Personen eine positive Meinung, etwa »nützlich« oder »notwendig«, äußerten. 27 Prozent hatten eine eindeutig negative Einstellung zur Justiz; sie fanden sie »ungerecht«, »langsam« oder »zu teuer«. 40,5 Prozent sprachen von zweideutigen Eindrücken: »kompliziert«, »schwerfällig«, »unangenehm«, »manchmal gerecht, manchmal ungerecht«. 15 Prozent machten keine Angaben. »Die Umfrage bestätigt von der Seite des Publikums Unkenntnis, Unbehagen und Misstrauen gegenüber der Justiz«, fassten die Autoren der Studie zusammen.[27] Die Untersuchung

26 ›Libre justice‹, ›Association fr. contre la peine de mort‹; ›Groupement d'action judiciaire‹; ›Comité d'action des prisonniers‹; ›Secrétariat des objecteurs de conscience‹; ›Mouvement d'action judiciaire‹; ›Justice et paix‹.

27 »Cette enquête confirme de la part du public une ignorance, une inquiétude et une méfiance à l'égard de la justice«; Caldus: *Pour une réforme de la justice* (Coll. »Vivre son temps«), Paris 1969, 8.

mache zudem deutlich, dass die Bürger ihre Rechtsprechungsorgane nur dann in Anspruch nähmen, wenn es sich keinesfalls umgehen ließ.

Der Grund für das negativ besetzte Bild der Justiz in der Öffentlichkeit lag zum einen in der mangelnden Funktionstüchtigkeit des Justizapparats begründet. Im Frankreich der 60er Jahre verlangte die Inanspruchnahme des juristischen Apparates einen langen Atem, viel Geduld und hohe Kosten. Infolge der geringen Zahl an Richtern – seit 1937 war die Zahl der Richter und der Anwälte um die Hälfte zurückgegangen, während die Bevölkerung um fünf Millionen zugenommen hatte – und an juristischem Hilfspersonal waren die Gerichte mit Arbeit überlastet, die Verfahren dauerten lange und waren häufig schlecht vorbereitet. Auch die richterlichen Entscheidungen scheinen mitunter wegen ihrer Oberflächlichkeit und Einseitigkeit Anlass zur Kritik geboten zu haben, oder – dieser Eindruck drängt sich mitunter auf – sie beugten sich dem Interesse des Stärkeren.

Zum anderen aber scheint auch die gerichtliche Praxis und der Habitus des Richters selbst für das schlechte Image des Berufsstandes verantwortlich gewesen zu sein. Untersuchungen und Zeitzeugen-Berichte – besonders sinnfällig die Karikaturen der Zeit – beschreiben ein Szenario, das den vergangenen Jahrhunderten entstiegen zu sein schien. Mit dem für Laien kaum nachvollziehbaren und umständlichen Procedere und der unverständlichen Juristen-Sprache, von dem Dichter Henry de Montherlant als »das ungehörige richterliche Kauderwelsch, dessen eine zivilisierte Nation sich schämen muss« bezeichnet[28], schien der Richter, der, in einen pompösen Talar mit – je nach Rang unterschiedlichem – Hermelinbesatz gewandet, auf der erhöhten Estrade thronte, sich dem direkten Kontakt mit der Bevölkerung entziehen zu wollen.[29]

Undurchschaubar auch der Wust von Gesetzen und Verordnungen, die sich in 40 Jahren versiebenfacht hatten. Schlimmer noch: vielfach herrschte der Eindruck, die Richterschaft sei die willfährige Gehilfin der Staatsmacht, eine Vorstellung, die durch einige Skandalfälle neue Nahrung erhielt und sich in der Presse breit niederschlug. In einigen Boulevard-Blättern wurde das Zerrbild einer mit den Behörden und der politischen und wirtschaftlichen Prominenz unter einer Decke steckenden Rechtsprechung gezeich-

---

28 Aus: Montherlant, Henry: *Les Célibataires* »L'indécent galimatias judiciaire, honte de toute nation civilisée«; zit. nach Kongressbericht der *Association de la Magistrature*; Actes du premier colloque international »*La justice dans le monde moderne*«, 10.–12. Mai 1965, 43.

29 Dazu: Mounier, Du corps judiciaire à la crise de la magistrature, 22f.

net, die nicht anstand, belastende Details zu verschleiern und kriminelle Machenschaften zu decken.

In offenkundigem Gegensatz zu der altertümlichen und zeremoniösen Überhöhung im Gerichtssaal ließen die meisten Gerichtsgebäude erkennen, dass es seit Jahrzehnten an Pflege und Instandsetzung fehlte. Der geringe, für die Aufrechterhaltung der entsprechenden Immobilien vorgesehene Haushaltsposten hatte zwar an einigen Orten moderne Gerichtsgebäude entstehen lassen, doch zumeist handelte es sich um überalterte und vernachlässigte Baulichkeiten, denen es innen an Komfort und technischen Hilfsmitteln, außen an einem Mindestmaß an Dignität fehlte.

Während in den vorausgegangenen Jahrzehnten diese Missstände innerhalb der Richterschaft wenig angesprochen worden waren, sorgte in den 60er Jahren das geringe Ansehen der Justiz für innerkorporative Debatten.

1965 organisierte der kleinere der beiden Richterverbände, *die Association de la Magistrature*, den ersten internationalen Richterkongress in Paris, wo in Anwesenheit ausländischer Richterkollegen ein detailliertes Bild der Situation ausgebreitet und der Nachholbedarf der französischen Justiz gegenüber anderen Sparten des Staatsgefüges beklagt wurde. Aufgezeigt wurde auch die Auswirkung der Missstände, dass nämlich die Rechtsuchenden sich von der Justiz abwandten, auf andere Vermittlungsinstanzen auswichen und vielfach Schiedsgerichte, private oder halböffentliche Gremien oder Laienrichter konsultierten.[30]

Diesen Rückgang der Inanspruchnahme der Justiz beschrieb wenig später der Beschluss der Jahresversammlung des Richterverbandes UFM 1967:

»Die Ziviljustiz scheint nur deshalb dem Bedarf zu genügen, weil ihre Langsamkeit und ihre Kosten die Inanspruchnahme limitieren. Es existiert eine Reserve-Klientele […], die gezwungen ist, sich so zu verhalten, als ob keine Gerichtshöfe existierten. Folglich ist unsere Rechtsprechung nicht wirklich unparteiisch. Um von ihr zu profitieren, muss man über die materiellen Mittel verfügen, um bis zum Richterstuhl vorzudringen, und man muss die Muße und Gelassenheit besitzen, um die Entscheidung eines übermäßig beanspruchten Gerichts abzuwarten. Eine derartige Situation gibt dem machtvollen Kläger einen gewichtigen Vorteil über den Schwa-

30 Zu diesem Thema äußerte sich der damalige Generalstaatsanwalt Maurice Aydalot in einem Vortrag 1965 auf dem Kongress der Association de la Magistrature, 10.–12. Mai 1965; veröffentlicht in Actes du premier colloque international »*La Justice dans le monde moderne*«, 10–72

chen in die Hand, ohne dass die Unparteilichkeit des Richters das Gleichgewicht wiederherstellen könnte.«[31]

Der Verbandsvorsitzende fasste die Ziele und Aufgaben, die sich für die kommenden Jahre stellten, zusammen:

»Unsere Gerichtshöfe waren Tempel des Rechts, sie müssen Heimstätten der Gerechtigkeit werden […]. Der, der uns aufsucht, um Gerechtigkeit zu erlangen, muss aufgenommen und geleitet werden, die Kosten seiner Verteidigung dürfen der Anerkennung seines Rechts nicht entgegenstehen; die Sprache, die er hört, soll, soweit möglich, für ihn verständlich sein, die Entscheidung, die er erhofft, muss innerhalb einer Frist erfolgen, die mit dem Fortschreiten des menschlichen Lebens in Beziehung steht und mit der Bewegung des ökonomischen und sozialen Lebens.«[32]

Mit der Wahrnehmung ihres geringen Ansehens und ihres Bedeutungsverlustes entwickelte sich unter den Richtern der Unmut gegenüber der Staatsmacht, als deren Stütze die Richterschaft sich immer empfunden hatte.

Die 60er Jahre markieren in der Selbstwahrnehmung der französischen Richterschaft ein Ende und einen Anfang. Auch wenn kollektive Aussagen ungenau sind und individuelle Positionen den allgemeinen Trend differenzieren, so lässt sich sagen, dass ab diesem Zeitpunkt der Richter sich nicht mehr als unkritisches, loyales Instrument der herrschenden politischen Ordnung und als Bewahrer gesellschaftlich akzeptierter Normen betrachtete. Er war sensibilisiert gegenüber den Schwankungen von Konsens und Ablehnung; er begab sich quasi auf die Suche nach einem neuen, breiteren Identifikationsschema. Er suchte eine weiter gespannte Rolle für die Rechtsprechung, die sich auf Gesichtspunkte von Humanität und Menschenrechten gründete.

Der erste Schritt zu dieser Umorientierung erfolgte in einer neu geschaffenen Institution, die mit dem Anspruch gegründet wurde, den alten Glanz der Justiz wieder zu beleben.

31 Kongress-Bericht 1967, Rapport.

32 Werbe-Text der UFM an die Auditeurs de justice, 1973, 4.

5.4 Das Modell der Problemlösung

Zu den Überlegungen, die die Mitglieder des *Conseil national de la Résistance* nach der *Libération* in die Debatte um die staatliche Neu-Ordnung einbrachten, gehörte die Reform der Richter-Ausbildung. Man glaubte, durch eine Form der Berufsvorbereitung, die sich von der bisher geübten Praxis unterschied, die Neu-Auflage eines Richtertypus zu verhindern, dessen konservative Prägung und auf Autorität und Hierarchie ausgerichtetes Denken man als Voraussetzung für die Fehleinwicklungen der jüngsten Vergangenheit ansah. Die Prägung der alten Richtergeneration wurde nach Meinung der Reformer weitergegeben einerseits durch familiäre Kontinuität und andererseits durch Kenntnisse und Kompetenzen, die bislang milieu-intern vermittelt wurden.

Es gelte also, so diese Überlegungen, den Einfluss der im Amt befindlichen Richter auf die jungen Juristen zu beschränken und gleichzeitig einen breiteren Zugang zum Richteramt auch für Personen aus mittleren und unteren Bevölkerungsgruppen zu schaffen. Beides schien sich mit der Einrichtung eines Ausbildungszentrums für angehende Richter realisieren zu lassen. Zudem würde diese neue Institution, so hoffte man, in ihrem Lehrplan Raum bieten für moderne, stärker theoriebezogene Lehrinhalte, etwa für die mit großen Hoffnungen verbundene Soziologie, für Psychologie, Kriminologie etc. Auf diese Weise könnte die Professionalisierung des Richterberufs gefördert werden. Bisher war die berufliche Einführung des Richters durch praxisnahe Tätigkeit erfolgt. Nach einem dreijährigen Studium der Rechtswissenschaft an einer der Universitäten hatte der junge Richter-Aspirant ein einjähriges Praktikum bei einem Staatsanwalt nachzuweisen, gefolgt von einem einjährigen Praktikum bei einem Anwalt[33]. Es schloss sich eine Eingangsprüfung an, die schriftliche Arbeiten umfasste, eine Arbeit in *culture générale* und einen Aufsatz über ein aus den Gebieten Zivil- oder Handelsrecht, Internationales Privatrecht oder Arbeitsrecht entnommenes Thema; dann einen weiteren Aufsatz aus dem Strafrecht oder dem Strafverfahrensrecht. Sodann folgte die mündliche Befragung, die einen Vortrag einschloss, der ein Thema aus den genannten juristischen Gebieten umfasste und der nach einer einstündigen Vorbereitung erfolgen

33 Zur Richter-Ausbildung: Balmary, M. (Direktor des CNEJ): Récrutement, formation, perfectionnement des magistrats de l'ordre judiciaire, in: *La justice dans le monde moderne* (Colloque), Melun 1966, 111–152, hier 113f.

musste. Hatte der Aspirant diese Hürden genommen, so stand seiner Ernennung zum Richter nichts mehr im Wege.

Ein Vorteil dieses Ausbildungssystems bestand in der Möglichkeit, an heimatnahen Gerichten die zwei Jahre Vorbereitungszeit zu verbringen. Doch klagten die Praktikanten über die Beschäftigung mit Handlanger-Diensten und mangelhafte Anleitung zur beruflichen Praxis. Dabei hatte für die alte Richtergeneration die Einführung der Praktika seinerzeit bereits als Fortschritt gegolten. Noch zu Beginn des 20. Jahrhunderts, als in den anderen Verwaltungssparten schon längst eine spezielle Vorbereitung auf die berufliche Tätigkeit erforderlich war, wurden die jungen Richter noch immer direkt nach dem Abschluss des Studiums der Rechtswissenschaft, der *licence de droit*, durch den Justizminister ausgewählt und ernannt. 1906 richtete zwar ein Gesetz eine Eingangsprüfung in das Richteramt ein; doch schaffte der nachfolgende Justizminister zwei Jahre später diese Einschränkung seiner Kompetenzen wieder ab. Immerhin musste in der Folgezeit ein beruflicher Qualifikationsnachweis erbracht werden: erst nach dem Praktikum bei Gericht, in der Staatsanwaltschaft oder bei einem Rechtsanwalt, gefolgt von der Prüfung in justizrelevanten Themen konnte ein Kandidat ins Richteramt übernommen werden. Allerdings hatte diese Rekrutierungspraxis zur Folge, dass die jungen Richter sich nur in der abgeschlossenen Welt der Gerichtshöfe bewegt hatten und wenig frische Luft und neue Sichtweisen in den Richterstand Eingang fanden.

Die Reformvorstellungen, die nach der *Libération* Raum griffen, führten 1949 zur Aufforderung der Nationalversammlung an die Regierung, »die Organisation einer praktischen und beruflichen Ausbildung zum Richter, in anderen Worten einer tatsächlichen ›Lehrzeit der Richterschaft‹, vorzubereiten.«[34] An Berufungsgerichtshöfen richtete man nun Zentren ein, die mit der Organisation und Zuweisung entsprechender Praktika beauftragt waren.

Parallel mit dieser Entwicklung hin zur beruflichen Qualifikation zeigte sich, dass die Richterschaft, die im 19. Jahrhundert aus dem Milieu des besitzenden, vor allem auch des Land besitzenden Großbürgertums hervorgegangen war, sich zunehmend aus anderen Sozialgruppen rekrutierte.

---

34 »L'Assemblée nationale invite le Gouvernement à prévoir l'organisation d'un enseignement pratique et professionnel de la magistrature, c'est-à-dire d'un véritable »apprentissage de la magistrature«; Antrag zur Beschlussfassung eingebracht von der sozialistischen Fraktion am 29. Dez. 1949, zit. nach Boigeol, Anne: *La formation des magistrats*, 49–64, 64.

Junge Männer aus einkommensschwächeren Schichten erkannten und nutzten das Richteramt als Mittel zum sozialen Aufstieg. Der alte Grundsatz der Richterschaft, wonach »das Amt des Richters die, die es ausüben, nicht reich machen soll,«[35] bestand zwar noch fort, doch ließ sich absehen, dass, sollte die für Richter übliche geringe Besoldung beibehalten werden, es zu einem »déclassement inéluctable«, zu einer unausweichlichen gesellschaftlichen Deklassierung kommen musste. Schon in der zweiten Hälfte der Dritten Republik war der Großteil der jungen Richter auf das staatlich gezahlte Einkommen angewiesen.

Dass dieses zu gering bemessen war, um attraktiv zu wirken, zeigte sich in der Vierten Republik. Zwar hatten sich in den auf den Krieg folgenden Jahren noch etliche Juristen für dass Richteramt entschieden, doch scheint dies auf den Überhang aus den Jahren vor der *Libération* zurückzuführen sein, denn ab 1953 schmolz die Zahl der Anwärter dahin. Mag die geringe Entlohnung, die vor 1958 nur einen bescheidenen Lebenszuschnitt ermöglichte, zum großen Teil für diese Entwicklung verantwortlich gewesen sein, so spielten auch andere Faktoren eine Rolle. Einer bestand für die Absolventen eines Studiums sicherlich in der Möglichkeit zwischen mehreren aussichtsreichen Alternativen wählen zu können. Den attraktiven *grandes écoles*, die auf Leitungsfunktionen vorbereiteten, war 1945 mit der ENA (*Ecole nationale de l'administration*) eine besonders zugkräftige Variante hinzugefügt worden. Viele aus Richterfamilien stammende junge Männer entsagten dem Beruf ihrer Väter und wandten sich anderen Berufswegen zu. 1954 stammten von 336 Richter-Kandidaten nur 24 von Vätern ab, die Richter und gar nur zwei von Vätern, die Anwälte waren.

Anders die zahlenmäßige Entwicklung der weiblichen Rekrutierung. Die Verfassung der Vierten Republik hatte 1946 auch den weiblichen Absolventen der *licence de droit* den Zugang zum Richteramt eröffnet und sie ergriffen in großem Umfang die Chance, die dieser Berufsweg ihnen bot. In den Jahren 1956, 1957 und 1958 stellten sie zwischen 60 und 66 Prozent der Berufsanfänger. In den Folgejahren ging die Proportion der jungen Frauen allerdings kurzfristig bis auf 21 Prozent (1961) zurück; eine Entwicklung, die im Justizministerium mit Genugtuung vermerkt wurde. Ein internes Papier des Ministeriums kommentierte, dies könne »nicht übermäßig bedauert werden, denn es wäre kaum wünschenswert, dass das

35 »La fonction du magistrat n'a pas pour but d'enrichir ceux qui l'exercent«; zit. nach Royer, Jean-Pierre et alii: *Juges et notables au XIXe. siècle*, Paris, PUF, 1982

Richteramt ein Beruf werde, der sich allein oder in einem zu großem Maß aus Frauen zusammensetzt.«[36]

Gerade dies aber trat in den nächsten Jahren ein. Während junge Männer zunehmend auf andere Berufsfelder auswichen, besetzten wachsende Zahlen junger Frauen die Richterposten. Trotz der dringend nötigen Auffüllung von Nachwuchslücken wurde diese Entwicklung von den zuständigen Stellen mit Sorge gesehen. Zum einen fürchteten die einen, damit halte in den Richterstand ein »élément affectif«, ein gefühlsbasiertes Element Einzug, das mit der bei den Kandidatinnen häufigen Ermangelung »der Qualitäten der Autorität, der Beweisführung, der Geistesgegenwart und der Selbstbeherrschung, die unverzichtbar sind für die Ausübung des Richteramtes«[37] einher gehe. Andere machten geltend, dass mit der wachsenden Feminisierung das Richteramt an Ansehen und Reputation einbüße und als Berufsfeld von Abwertung bedroht sei.

Folglich trat nun neben die Absichten, die mit der »Richterschule« einen Bruch bisheriger Traditionen anstrebten, im Lauf der Zeit ein neues Argument hinzu: man wollte die Attraktivität des Richterberufs steigern und durch die Einrichtung einer Art *grande école* ihm das Prestige und die Ausstrahlung eines »grand corps d'Etat« verleihen, um die Rekrutierungskrise zu beheben. Die Zeit drängte, da sich absehen ließ, dass in Kürze eine große Zahl von Richtern in den Ruhestand verabschiedet werden musste und die Zahl der nachrückenden Magistraten nicht ausreichen würde, um die Lücken zu füllen[38].

---

36 »La réduction très remarquable du nombre des femmes candidates aux fonctions judiciaires…ne peut être regrettée à l'excès, car il serait peu souhaitable que la Magistrature devint une profession exclusivement composée d'éléments féminins ou d'une trop grande proportion de femmes«; zit. aus Papier »Problèmes posés par le recrutement de la Magistrature«, Archives du Ministère de la Justice, Fontainebleau, Carton CSP 850211 Art. 86, nicht datiert (etwa 1962), 3.

37 (L'absence chez les candidates) »des qualités d'autorité, de raisonnement, de présence d'esprit, et de maîtrise de soi indispensables à l'exercise des fonctions judiciaires«; Bericht des Mitglieds des Obersten Richterrats Marc Ancel von 1954, zit. nach Boigeol, *La formation des magistrats*, 50.

38 »Au cours des vingt prochaines années la moyenne des mises à la retraite des Magistrats s'établit annuellement à 164 et pour certaines années les chiffres dépassent 200«; Note des Justizministeriums »au sujet du maintien à Paris d'une année de scolarité des Auditeurs de Justice et d'un échelon administratif permanent du Centre National des Etudes Judiciaires «, undatiert (etwa von 1962), Archives du Ministère de la Justice, Fontainebleau, Carton CSP 850211 Art. 86, 6.

Was dennoch die Einrichtung einer derartigen Schule verzögerte, war das Vorhaben, die Ausbildungsreform im Rahmen eines groß angelegten *Statut de la Magistrature* zu realisieren, ein Konzept, das immer wieder in Aussicht gestellt wurde, aber zu seiner Umsetzung kostenintensive Planungen und Vorarbeiten erfordert hätte. Während der Vierten Republik machte jedoch die notorisch schlechte Wirtschaftsentwicklung jedes Reformprojekt, das mit einer größeren staatlichen Investition verbunden war, von vornherein obsolet.

Zudem war sich die Richterschaft nichts weniger als einig, um welche Art Ausbildungszentrum es sich handeln sollte. Bevor 1956 das Justizministerium daran ging, die Vorplanungen zu konkretisieren, ersuchte es eine Reihe prominenter Juristen um ihre Beurteilung im Hinblick auf die Reform der Richter-Ausbildung. Widerstand gegen eine zentrale Ausbildungsstätte kam vorwiegend von den höheren Posten des Richterstandes: »Die moralische und intellektuelle Ausbildung des Richters kann nicht Aufgabe einer Schule sein: es handelt sich vielmehr um eine Leistung, die langen Atem erfordert und wobei Ratschläge und ein gutes Beispiel wirksamer sind als Unterrichtsstunden«[39]. Auch werde eine vereinheitlichte Ausbildung in einer zentralen Institution möglicherweise zur Entwicklung eines »mandarinat«, einer Kaste von Amtsträgern führen, was sich für das Gemeinwesen ungünstig auswirken werde, denn »eine zu enge Solidarität zwischen Richtern, die zudem eine strikt identische Ausbildung genossen haben, kann für den Staat bedrohlich werden«.[40] Als Alternative gegenüber einer Richterschule wurde auch das deutsche System der Referendars-Ausbildung ins Feld geführt, allerdings mit wenig Resonanz.

Jüngere Richter erhofften sich von dem Konzept eines Ausbildungszentrums vor allem die »soziale Öffnung« des Berufszugangs. Zudem machten sie geltend, dass in einer Richterschule ein höherer Anspruch an die Qualität der Ausbildung gelegt werden könne, an Wissenschaftlichkeit und Professionalität und mehr Raum sei für neue Ausbildungsmethoden und für die Unterweisung in modernen Disziplinen. Nur auf Grund einer soliden Einführung in diese Sparten vermöge ein Richter in Zukunft die an

---

39 »La formation morale et intellectuelle des magistrats n'est pas l'affaire d'une école: c'est une œuvre de longue haleine pour laquelle les conseils et l'exemple sont plus efficaces que les leçons«; Laplatte, C.: L'apprentissage dans la magistrature, in: *Revue politique et parlementaire*, Okt. 1949; zit. nach Boigeol, *La formation des magistrats*, 59.

40 »Une solidarité trop étroite entre des magistrats qui auraient reçu par ailleurs une formation rigoureusement identique, risque d'être dangereuse pour l'Etat«; Justizministerium, Protokoll der Sitzung vom 10.Okt. 1956; zit. nach Boigeol, *La formation des magistrats*, 61.

ihn herangetragenen Probleme einer zunehmend komplexen Wirklichkeit zu erkennen und zu beurteilen.

Weitere Diskussionsbeiträge machten sich fest an der Frage, welcher Institution die neue Schule angeschlossen werden sollte. Sollte sie an die ENA angekoppelt oder auf mehrere Berufungsgerichte verteilt werden, was die Angelegenheit kostengünstiger gestaltet hätte?

Der weiter fortschreitende Rückgang der Zahl an Nachwuchs-Richter drängte zum Handeln. 1956 verfügte Justizminister François Mitterrand die Abkopplung der Ausbildungsreform vom Plan eines Richterstatuts mit dem Argument, dass »eine tief greifende Reform der Ausbildung der künftigen Richter vorrangig und zwingend erforderlich ist«.[41] Erste Vorprojekte wurden erarbeitet, an einigen Berufungsgerichten entstanden *Instituts d'études judiciaires* zur Vorbereitung der erforderlichen Praktika. Es gingen jedoch noch zwei weitere Jahre ins Land, bevor im April 1958, einen Monat vor dem Sturz der Vierten Republik, ein Gesetz beschlossen wurde, das die Regierung ermächtigte, alle notwendigen Schritte zu unternehmen, um das Vorhaben endlich zu realisieren.

5.5 Das Studienzentrum CNEJ

Es war ein glückhafter Umstand, dass nach der Gründung der Fünften Republik der neue Staatschef General de Gaulle als Justizminister jenen Mann berief, der schon 1945 die ENA ins Leben gerufen hatte, Michel Debré. Dieser, ein Absolvent der politischen Wissenschaften und promovierter Jurist, seit 1942 Mitglied des *Conseil d'Etat*, war ein überzeugter Verfechter einer stärkeren Orientierung an Wissenschaftlichkeit und Professionalisierung in der Berufsausbildung. Mit Verve ging Debré das Vorhaben an. Feste Vorstellungen hatte er zur Namensgebung: »Der Richter«, so führte er aus, »geht nicht zur ›Schule‹, der Richter geht in ein Zentrum, das die Aufgabe hat, sein Richteramt angemessen aufzuwerten und ebenso seine theoretischen und praktischen Kenntnisse zu entwickeln.«[42] Die neue Institution sollte *Centre national des études judiciaires CNEJ* heißen.

---

41 »Une réforme complète de la formation des futurs magistrats s'impose prioritairement«; zit. nach Boigeol, *La formation*, 64.

42 »Le magistrat ne va pas à l'école, le magistrat va dans un centre qui est destiné à placer assez haut sa fonction de magistrat et en même temps à développer ses connaissances

Die *Ordonnance* Nr. 58-1270 vom 22. Dezember 1958 legte die Rechtsgrundlagen für das neue Zentrum CNEJ, das die Aufgabe hatte, »»die berufliche Ausbildung der Anwärter (*auditeurs de justice*) durch geeignete Praktika und durch einen zweckdienlichen Unterricht zu gewährleisten.«[43]

Die Bedingungen für die Zulassung zur Eingangsprüfung waren: die abgeschlossene *Licence en droit*, die nach vier Jahren Studium abgelegt wurde; der abgeleistete Wehrdienst; der Besitz der bürgerlichen Ehrenrechte, gute gesundheitliche Verfassung. Bewerber beiderlei Geschlechts durften das 27. Lebensjahr nicht überschritten haben, wobei aber die Zeit des Wehrdienstes oder der Kriegsverpflichtung in Algerien ebenso in Anrechnung gebracht wurde wie die Rolle als Eltern, die pro Kind mit je einem Jahr honoriert, bzw. vom Alter abgezogen wurde.

Die Teilnahme an der Aufnahmeprüfung war nicht öfters als dreimal möglich. Die Prüfung selbst, für die sich die Anwärter in speziellen Instituten an einigen Universitäten vorbereiten konnten, bestand in mehreren schriftlichen Arbeiten, wovon eine (sechs Stunden) den Themen allgemeiner Ideengeschichte oder der politischen, wirtschaftlichen und sozialen Entwicklung seit der Mitte des 18. Jahrhunderts gewidmet war. Je einer von zwei Aufsätzen (je fünf Stunden) betraf ein zivilrechtliches Thema aus entweder dem Strafrecht oder dem öffentlichen Recht. Sodann war die französische Übersetzung (drei Stunden) eines allgemein gehaltenen ausländischen Textes erforderlich, wobei als Fremdsprache englisch, deutsch, arabisch, spanisch, italienisch oder russisch gewählt werden konnte.

Nach bestandenem schriftlichem Examen erfolgte die mündliche Prüfung. Dazu gehörten vier jeweils 15 Minuten dauernde Befragungen zu unterschiedlichen Rechtsgebieten; des weiteren ein zwanzigminütiger Vortrag des Prüflings zu einem Text, zu dessen Vorbereitung ihm eine halbe Stunde eingeräumt war. Die Jury bestand aus einem amtierenden Richter, einem Mitglied des Staatsrats oder des Rechnungshofes und zwei Professoren der Rechtsfakultät. Den Vorsitz hatte ein Beisitzer am Kassationsgerichtshof inne.

Hatten die Prüflinge die Prüfung bestanden, was nur etwa einem Fünftel bis einem Drittel der Kandidaten gelang, so ernannte der Justizminister die Anwärter zu »auditeurs de justice«; deren Namen im *Journal officiel* ver-

---

théoriques et pratiques«; Michel Debré im Gespräch mit Anne Boigeol, zit. nach Boigeol, *La formation*, 63.

43 Ordonnance portant loi organique relatif au statut de la magistrature, Kap. II., Art. 14–25.

öffentlicht wurden. Hatten die jungen Juristen bis zu diesem Termin ihren Wehrdienst noch nicht abgeleistet, so mussten sie diese Pflicht noch vor Eintritt in die Richterschule ableisten, um eine Unterbrechung der Ausbildung zu vermeiden. Die *auditeurs de justice* erhielten für die Dauer ihrer Zugehörigkeit zum CNEJ eine Besoldung. Dies war seit langem für die Hörer der ENA der Fall; man erhoffte sich von dieser Maßnahme eine gesteigerte Attraktivität der Richterschule für junge Juristen.

Nach Beendigung der Ausbildungszeit am CNEJ wurde für die *auditeurs* eine Klassifizierungsliste erstellt, die sich aus den Benotungen ergab, die die Hörer in ihren schriftlichen und mündlichen Leistungen und in den außerhalb der Richterschule absolvierten Praktika erzielt hatten, zusätzlich zum Ergebnis eines Abschlussexamens. Der Rang, den ein *auditeur* auf der »liste de classification« erreicht hatte, entschied über seine weitere Verwendung. Während sich die Bestplazierten über die Versetzung an die attraktivsten Positionen, etwa im Justizministerium oder am Staatsrat freuen konnten, mussten sich leistungsschwächere junge Richter mit einer Stelle als Amtsrichter in der Provinz zufrieden geben.

Neben den regulären *auditeurs* konnten auch Personen, die nicht den Eingangs-Concours durchlaufen hatten, im Rahmen des »Récrutement latéral« zu *auditeurs* ernannt und zum Studium am CNEJ zugelassen werden. Dabei handelte es sich im Allgemeinen um promovierte Juristen, die als wissenschaftliche Assistenten an einer juristischen Fakultät tätig gewesen oder für mindestens drei Jahre in der Anwaltsliste eines französischen Gerichts eingetragen waren. Des Weiteren war die Bewerbung möglich für Beamte, die die *licence de droit* besaßen und deren Sachkenntnis und bisherige Tätigkeit im juristischen Bereich sie für das Richteramt geeignet erscheinen ließen. Doch durfte die Quote dieser Seiten-Einsteiger ein Sechstel der aus dem Eingangs-Concours hervorgegangenen Ernennungen nicht überschreiten. Im Fall, dass der Nachwuchs-Bedarf trotz dieser Regelung nicht gedeckt wurde, konnte die Quote nach Beschluss des *Conseil d'Etat* heraufgesetzt werden. Für die im Rahmen des *récrutement latéral* zugezogenen Personen verkürzte sich die Ausbildung um ein Drittel, doch mussten sie ebenso wie die regulären *auditeurs* am Abschlussexamen teilnehmen.

Grundsätzlich bestand die Möglichkeit eines anderen Zugangs zum Richteramt als derjenige über die Richterschule. Eine direkte Ernennung auf den Richterstuhl war möglich: für Persönlichkeiten, die eine mehr als achtjährige leitende Tätigkeit im juristischen, wirtschaftlichen oder sozialen

Bereich nachweisen konnten; für Lehrbeauftragte und Dozenten, die mindestens 2 Jahre an einer juristischen Fakultät gelehrt hatten; für Rechtsanwälte (*avocats* und *avoués*) nach mindestens 10 jähriger Berufserfahrung; für *attachés de justice*, die einer mit dem deutschen Rechtspflegeramt vergleichbaren Berufstätigkeit nachgingen und seit mindestens 15 Jahren an einem höheren Gericht oder im Ministerium tätig waren. Zudem konnte zum Richter »außerhalb der Hierarchie«[44] berufen werden, wer Mitglied am *Conseil d'Etat* oder Professor an einer juristischen Fakultät war; auch für Rechtsanwälte am Kassationsgerichtshof oder am *Conseil d'Etat* stand dieser Weg offen. Die Ernennung erfolgte in diesen Fällen durch ein Dekret des Staatspräsidenten.

Ein heikles Problem stellte die Frage der örtlichen Ansiedlung des neuen Ausbildungs-Zentrums dar. Die extreme Bevölkerungsdichte in und um Paris ebenso wie die daraus erwachsenden Belastungen des Verkehrs und der Versorgung sprachen seit langem dafür, eine Politik der Dezentralisierung einzuleiten. Eine Untersuchung von Jean François Gravier, die 1947 unter dem Titel *Paris et le désert français* veröffentlicht worden war, beschrieb das Dilemma: der wirtschaftliche Aufschwung konnte nur Raum greifen, wenn es gelang, die allzu starken regionalen Unterschiede auszugleichen. Im Rahmen des Planungsvorhabens »Aménagement du Territoire« leitete die Regierung der Fünften Republik ab 1959 Entflechtungsmaßnahmen ein, die auch für die Politik der folgenden Jahrzehnte Gültigkeit behalten sollte.

Als erstes Objekt der Dezentralisierungspolitik boten sich die Ausbildungsinstitutionen an. Nachdem die Bergakademie (*Ecole des mines*) nach Nantes, das Gesundheitszentrum (*Ecole de la santé*) nach Rennes, das Luftfahrtzentrum mit der *Ecole nationale de l'aviation civile* und der *Ecole supérieur de l'Aéronautique* nach Toulouse verlagert worden waren, entschied im April 1960 das Kabinett, auch das neue Richter-Ausbildungszentrum CNEJ aus Paris zu entfernen und in Bordeaux anzusiedeln.[45]

Die Entscheidung wurde mit Protest aufgenommen; man wies darauf hin, dass nur in Paris die Großzahl jener Gerichtshöfe zu finden waren, die für die angehenden Richter die Einführung in die Berufspraxis leisten konnten. Die Umsiedlung erforderte zudem die Aufspaltung der Ausbil-

44 Der Laufbahn »hors hiérarchie« gehörten die Richter an der Cour de Cassation an, sowie die Ersten Präsidenten und Generalstaatsanwälte an den Cours d'appel.

45 Ob dies, wie kolportiert wurde, auf den Wunsch des Bürgermeisters von Bordeaux, Jacques Chaban-Delmas, zurückgeht, ist nicht eindeutig geklärt.

dungszeit in mehrere Segmente. Ein Segment musste in Paris belassen werden, damit die jungen Juristen die Alltagspraxis an den großen Gerichten, dem Kassationsgerichtshof, dem *Tribunal de la Seine*, dem Rechnungshof, dem Staatsrat etc. kennen lernen und auch das Justizministerium besuchen konnten. Daran sollte sich ein einjähriger Aufenthalt in Bordeaux anschließen, der stärker den theoretischen Lehrinhalten gewidmet war. Ein drittes Jahr sollte wiederum in Paris verbracht werden, um die jungen Richter auf ihre Berufstätigkeit unter bestmöglichen Bedingungen vorzubereiten.

Dem in Paris verbleibenden Verwaltungszweig wurde provisorisch ein Gebäude in der *Rue de la Faisanderie*, Nr. 1, zur Verfügung gestellt, so lange das in Bau befindliche Haus auf dem Gelände des früheren Gefängnisses *La Cherche-Midi* nicht fertig gestellt war. In Bordeaux hingegen sollte das alte Fort Hâ, das ebenfalls als Gefängnis gedient hatte, abgerissen werden und einem neuen Gebäude Platz machen. In der Zwischenzeit war das Richter-Ausbildungszentrum in der Avenue Foch, Nr. 15, untergebracht.

Als öffentliche Institution unterstand das Zentrum direkt dem Justizminister. Die Leitungsfunktion hatte ein Direktor inne, assistiert von drei Vize-Direktoren und einem Generalsekretär. Als Verwaltungsrat fungierte ein Gremium bestehend aus 14 Personen, Richtern, Rechtswissenschaftlern und hohen Staatsbeamten, das unter dem Vorsitz des Ersten Präsidenten des Kassationsgerichtshofs tagte. Dessen Vertretung übernahm der Generalstaatsanwalt. Dieser Verwaltungsrat beschloss das alljährliche Lehrprogramm, das auf Vorschlag eines *Comité d'études* erstellt worden war. Es gab kein fest angestelltes Lehrpersonal, vielmehr wurde je nach dem Lehrplan und den behandelten Gebieten auf Spezialisten oder auf Mitglieder der Bordeleser Richterschaft zurückgegriffen, die nebenher ihrer beruflichen Tätigkeit nachgingen.

Rechtlich gesehen gehörten die jungen *auditeurs* (Hörer) von ihrem Eintritt in das CNEJ der Richterschaft an und erhielten eine monatliches Gehalt von (1965) 1.149 Francs, dem verschiedene Aufwands-Entschädigungen zugerechnet werden konnten.[46]

46 Die Höhe des Gehalts stammt aus einem Vortrag des CNEJ-Direktors Balmary (»Recrutement, formation, perfectionnement des magistrats de l'ordre judiciaire«, 121) auf dem Kolloquium der *Association de la Magistrature »La justice dans le monde moderne«*, in Paris, 10. bis 12. Mai 1965. Tagungsband veröffentlicht bei der Imprimerie administrative, Melun, 1966.

Um die Öffentlichkeit über die neue Institution zu informieren, veröffentlichte das Ministerium für Bildung und Ausbildung[47] von 1959 an einige Broschüren. Das Büchlein »Le nouveau visage de la magistrature« beschrieb das Ausbildungsprogramm des CNEJ. In einer ersten Phase von 8 Monaten machten, nach diesem Text, die zukünftigen Richter sich in kleinen Gruppen mit ihrer künftigen Aufgabe vertraut, indem sie gemeinsam die großen Fragen der modernen Welt behandelten. »Diese Einführungen, die von hervorragenden Spezialisten vorgetragen werden, haben die Aufgabe, mit den Hörern auf anregende Weise das gegenwärtige Jahrhundert zu entdecken«. In der zweiten Schulperiode von einem Jahr wurde der zukünftige Richter »in eine Region Frankreichs geschickt, die sich von dem Umfeld seines Studentendaseins unterscheidet [...]. Hier finden erste Kontakte mit Menschen statt, die häufig Mitleid erregen, mit deren Leiden und Hoffnungen, ihren Interessenskonflikten und ihrer Großzügigkeit, ihrer Furcht und ihrer Hoffnung in die Rechtsprechung.« Zu diesem Eintauchen in die Alltagswirklichkeit gehörten zwei Praktika, eines in einer großen Firma und eins in einer Präfektur. Schließlich nach einer weiteren Phase im CNEJ, dem sich ein Praktikum an einem Gerichtshof anschloss, stellte sich der Richter-Aspirant dem Schlussexamen und verließ die Schule.

Die Bemühungen, die die staatlichen Instanzen unternahmen, um den Richterberuf aufzuwerten und das neue Ausbildungszentrum attraktiv zu gestalten, erwiesen sich in den Folgejahren als wenig ertragreich. Im Jahr 1961 bewarben sich nur 152 Juristen um Aufnahme in das CNEJ, von denen 131 zur Aufnahmeprüfung zugelassen wurden. 1959 waren es noch 255, 1960 noch 205 Anwärter gewesen. Aus den Abschlussexamen ging nur ein Fünftel der Kandidaten erfolgreich hervor und konnte als Richter übernommen werden. Somit ließ sich absehen, dass das Ziel, den Nachwuchs-Mangel in der Richterschaft zu beenden, mit der Einrichtung der Schule zunächst nicht erreicht worden war. Umfangreiche Untersuchungen und Überlegungen wurden angestellt, um festzustellen, was der Grund für die Zurückhaltung der jungen Juristen gegenüber der Richter-Laufbahn

47 Ministère de l'éducation nationale. Die Texte sind zit. nach Cam, *Juges rouges et droit de travail*, 2–27, hier 21.

sein konnte. Zu diesem Zweck wurden auch die Rechtswissenschaftlichen Fakultäten und verschiedene Gerichtshöfe befragt.[48]

In einem Bericht schrieben die Kammervorsitzenden des Appellationsgerichts von Lyon:

»Man kann in unserer Region von einer offenkundigen Zurückhaltung der männlichen Studenten gegenüber dem Auswahlverfahren sprechen, das die Rekrutierung der Richterschaft sicherstellen soll [...]. Viele Gründe haben dazu geführt, aber wir möchten vor allem auf einen eingehen, weil er vor allem den Juristen auffiel, die in der Fakultät mit Studenten in Kontakt stehen. Es handelt sich um die Ansiedlung des CNEJ in der Provinz. Dabei spielt die Wahl von Bordeaux als Stadt keine Rolle. Nach unserem Verständnis wäre das Problem dasselbe, würde es Lyon, Rennes, Toulouse oder irgendeine andere Universitätsstadt außerhalb von Paris betreffen, denn es spielt sich auf der psychologischen Ebene ab und hat einen doppelten Aspekt. Einerseits sind die anderen ›großen Schulen‹ in Paris geblieben, ob es sich um die *Ecole Normale Supérieure,* die *Polytechnique* oder die ENA handelt. Mit einigen anderen hat das *Centre national d'Etudes Judiciaires* die Hauptstadt verlassen müssen. Im universitären Milieu ist man geneigt anzunehmen, dass diese Entfernung die weniger bedeutenden Schulen betraf. Stellt man ein genaueres Vergleichsschema zwischen ENA und CNEJ auf, so ist unbezweifelbar, dass durch die Ansiedlung in der Provinz das Prestige der letzteren abgenommen hat. Wie viel Irrtum auch immer in dieser Betrachtungsweise stecken mag, so ist sie doch wirksam und man kann sie nicht außer Acht lassen.«[49]

Im Weiteren führte der Text aus, dass auf viele junge Leute ein durch die Ausbildung veranlasster Aufenthalt in Paris besondere Anziehungskraft ausübe, was nun im Fall der Verlagerung nach Bordeaux nicht zum Tragen käme.

Ein anderer Quellentext spricht davon, dass die *auditeurs* und die Rechtsfakultäten »sehr heftig auf die Verlagerung des CNEJ außerhalb von Paris reagiert haben, kurz nachdem eine Rekrutierungsreform die Hoffnung zu erlauben schien, dass die Richter-Ausbildung von nun an von Unterrichtsmethoden profitieren könnte, die von vergleichbarem Wert und derselben Breite sind, wie sie die Ausbildung der anderen staatlichen Eliten auszeichnen«.[50]

---

48 Carton CSP 850211 Art. 85 und 86; Archives nationales du Ministère de la justice, Fontainebleau.

49 Carton CSP 850211 Art. 85, Archives nationales du Ministère de la justice, Fontainebleau: Schriftsatz »Problèmes posés par le recrutement de la Magistrature, 1962«, 4.

50 »Les Auditeurs et les étudiants des Facultés de Droit n'ont pas manqué de réagir vivement devant le transfert hors de Paris au lendemain d'une réforme du recrutement qui leur permettait de penser que la formation des Magistrats bénéficiérait dorénavant de

Die »sehr heftige Reaktion« wurde vor allem von einer Gruppe von Richter-Aspiranten am CNEJ getragen, die sich 1961 zu einem Freundeskreis zusammengefunden und sich den Namen »Association des Auditeurs et Anciens Auditeurs de Justice[51]« (AAAAJ) gegeben hatten. Neben dem Ziel, den Kontakt zwischen den Abgängern der Richterschule und den dortigen Hörern aufrecht zu halten, waren sie bestrebt, ihre Überlegungen und Erfahrungen in die Debatte um die Ausgestaltung der Ausbildungsinstitution einzubringen.

Zweifellos resultierte ein Gutteil der kritischen Beurteilungen, die das CNEJ in den Folgejahren begleiteten, aus der Entscheidung, das Studienzentrum nach Bordeaux zu verlagern. Sowohl die mangelnde Lehrkompetenz des in Bordeaux ansässigen Lehrpersonals wie auch die Tatsache, dass der Verwaltungsrat und das Direktorium der Schule in Paris verblieben, gab Anlass zu fortdauernden Protesten der jungen Hörer und zu kontinuierlich sich wiederholenden Verbesserungsbemühungen und neuen Regelungen. Zudem geriet allgemein die Form des juristischen Studiums an den Universitäten in die Debatte, wie auch das in Paris abzuleistende Ausbildungssegment der Richter-Ausbildung, das wiederholt gekürzt, gänzlich in Frage gestellt und wieder verlängert wurde. Die Option, über ein von vier auf drei Jahre verkürztes Jura-Studium an den Universitäten und eine stärkere Berücksichtigung des Privatrechts in der Lehre mehr Interessenten für die Richter-Laufbahn zu gewinnen, erwies sich ebenfalls als unwirksam.

Ein Schreiben vom 28. Juni 1962, das dem Justizministerium aus Bordeaux zuging, führte denn auch beredte Klage über die ständig wechselnden Veränderungen.

»M. Balmary [der Direktor des CNEJ] hielte es für außerordentlich wünschenswert, dass zunächst der Lehrplan der Studien, die zur *licence en droit* führen, ein für alle Mal festgelegt würde und dass endlich die Ungewissheit aufhöre, die seit 10 Jahren durch Reformen und Reformprojekte herbeigeführt wird. Die schnelle Abfolge

---

moyens d'enseignement d'une valeur et d'une ampleur comparables à celles qui caractérisent la formation des autres élites de la Nation«; Carton CSP 850211 Art. 85 »Note au sujet du maintien à Paris d'une année de scolarité des Auditeurs de Justice et d'un échelon administratif permanent du Centre National d'Etudes Judiciaires«, 5.

51 Der Begriff »Auditeur« erscheint mitunter groß geschrieben, so in Zusammenhang mit der AAAAJ.

dieser Veränderungen lässt nur schwerlich die Hoffnung zu, dass die juristische Ausbildung auf Dauer bestmöglich geregelt werde.«[52]

Die Beschwerde des CNEJ-Direktors war nicht von ungefähr: immer neue Verordnungen, so vom 6. August 1960, vom 4. August 1961, vom 10 Juli 1962, vom 10. August 1962, 24. August 1963 etc. gingen dem Studienzentrum zu.

1963 wurde dem Leitungsgremium der Schule ein Schreiben der jungen Mitglieder des AAAAJ zugestellt, das sich kritisch mit den Lehrmethoden auseinandersetzte und auch die Auswahl des Lehrkörpers kritisierte. Das Schreiben, das nicht nur wegen seines Inhalts, sondern auch wegen des Fehlens von Höflichkeitsformulierungen als unehrerbietig und frech eingestuft wurde, sorgte in Bordeaux und Paris für beträchtlichen Wirbel.

Mit Datum vom 20. September 1963 beauftragte der Justizminister den Präsidenten des Kassationsgerichtshofs, Maurice Aydalot, in seiner Eigenschaft als Vorsitzender des Verwaltungsrates des CNEJ damit, »eine genaue und vollständige Bestandsaufnahme der Möglichkeiten und Handlungshemmnisse zu erstellen, die mit den Problemen hinsichtlich der Richter-Rekrutierung und der Umsetzung der die Richterschaft betreffenden Reform von 1958 in Beziehung stehen«.[53]

Aydalot unternahm, begleitet vom *Directeur des Affaires civiles et du sceau*, Grevisse, im Dezember 1963 eine viertägige Inspektionsreise nach Bordeaux, in deren Verlauf er Gespräche mit der Institutsleitung, mit den 19 Dozenten und den 44 Auditeurs (davon 27 aus dem französischen Mutterland, 17 aus afrikanischen Ländern) führte. Im März 1964 stellte er seinen Untersuchungsbericht dem Justizminister zu. Detailliert analysiert Aydalot in diesem Text die Gründe für die anhaltende Nachwuchs-Misere des Richterstandes und zeigt Problemlösungen auf.

---

52 »M. Balmary souhaiterait vivement tout d'abord que le régime des études de licence en droit fût déterminé une fois pour toutes et que cessât enfin l'incertitude créée depuis dix ans par des réformes ou des projets de réformes dont la succession rapide ne permet que difficilement de s'assurer que la formation du juriste sera en définitive réalisée dans les conditions les meilleures«; Carton CSP 850211 Art. 85.

53 Tätigkeitsbericht des Gerichtspräsidenten Maurice Aydalot vom 9. März 1964 an den Justizminister: »Vous avez bien voulu, à la date du 20 septembre 1963, me demander de dresser un inventaire exact et complet des possibilités et des difficultés d'action en ce qui concerne les problèmes relatifs au recrutement dans le corps judiciaire et à l'application des dispositions de la réforme de 1958 qui concernent la magistrature«, Carton CSP 850211 Art. 85, 1, Archives nationales du Ministère de la Justice, Fontainebleau. Dazu auch Archives nationales Paris, BB 30/1843.

Statt der als Kompensation für die in den Ruhestand verabschiedeten Richter benötigten Zahl von, je nach Jahrgang, zwischen 80 und 120 Absolventen des CNEJ wurden nur durchschnittlich 35 Neuzugänge übernommen (1959: 38; 1960: 43; 1961: 38; 1962: 36; 1963: 32). Allerdings fülle, so Aydalot, derzeit die Zahl der aus Algerien und anderen früheren Kolonialgebieten wieder eingegliederten Richter die entstehende Lücke aus. Doch sei diese Notlösung nur von kurzer Dauer. Strukturell müsse die Frage angegangen werden, aus welchen Gründen sich die junge Generation vom Richterberuf abwende. Es sei dies zwar ein Phänomen, das auch andere öffentliche Dienste betreffe. Auch sei für die Zukunft mit einem Anstieg der Studentenzahlen zu rechnen, der sich wohl auch in einer größeren Zahl von Bewerbern um das Richteramt ausdrücken könne, da in den kommenden Jahren die geburtenstarken Jahrgänge auf den Arbeitsmarkt drängten.

Was aber den Jungen sicherlich als Hypothek für das Richteramt erscheine, sei in den »Gewissenskonflikten«, den »troubles de conscience« zu sehen, die der Strafrichter aus seiner Berufspraxis kenne, die aber infolge der politischen Ereignisse in den vergangenen Jahren besonderes Gewicht erlangt hätten. Aydalot sprach damit die traumatische Aufarbeitung der Algerien-Problematik an, die den mit den OAS-Strafverfahren befassten Anwälten und Richtern eine persönliche Stellungnahme abgefordert und den inneren Frieden des Landes vor eine Zerreißprobe gestellt hatte. Diese Hypothek aber werde sich sicherlich in der Zukunft abschwächen.

Bei einer vergleichenden Betrachtung des Berufsweges mit anderen zeige sich, dass in einem Alter, in dem etwa der Absolvent der ENA schon Gestaltungs- und Leitungsfunktionen übernommen habe, »der aus dem CNEJ hervorgegangene Richter, selbst der mit den besten Prüfungsergebnissen, selbst der begabteste, sich noch immer auf der bescheidenen Ebene der 1. Gruppe des 2. Grades herumschlägt«.[54] Aydalot empfahl, die Perioden des Aufstiegs zu verkürzen und die notorische Laufbahnblockierung in den oberen Rängen aufzulockern.

Ein Grund für die Abkehr vom Richterberuf sei auch darin zu sehen, dass »die Laufbahn des Richters und häufig auch seine Amtstätigkeit, unter den Studenten völlig unbekannt, oder im besten Fall kaum bekannt sind [...]. Einige Berichte aus dem Gerichtssaal, einige konventionelle Filme

54 Ebda, Carton CSP 850211, Art. 85, 1–25. In Carton 850211 Art.55 desselben Archivs findet sich ein Zahlenvergleich mit den Anmeldungen zur Zulassungsprüfung an der ENA (1960: 528; 1961: 547; 1962: 498) und der CNEJ (1960: 205; 1961: 131; 1962: 164).

haben ihm ein häufig falsches, im besten Fall deformiertes Bild des Richters oder des Staatsanwalts vermittelt«: Direkte Folge dieses Sachverhalts sei, »dass der Richterstand sich aus einem zu eingeschränkten Milieu rekrutiert, weil er, vor der Außenwelt verschlossen, sich in einer Weise auf sich selbst konzentriert, die unweigerlich zur Erstickung führt«.[55] Hier könne nur die von allen Seiten und auf allen Ebenen geleistete Aufklärung und Werbung für Abhilfe sorgen.

Was die Ausbildung selbst anbetraf, so übte Aydalot wenig Kritik an den vorgeschriebenen Praktika an Gerichten und der Perfektionierungsperiode in Paris, die insgesamt von den *auditeurs* günstig beurteilt worden seien. Hingegen habe die Ansiedlung des CNEJ in Bordeaux ohne Zweifel einen Prestigeverlust zur Folge gehabt und etliche Interessenten dazu veranlasst, sich von der Berufs-Option »Richter« abzuwenden. Zwar bemühe sich der Instituts-Direktor Balmary nach besten Kräften, doch könne das Jahr in Bordeaux dem Anspruch auf Berufs-Vorbereitung nicht gerecht werden. Weder seien die Gebäude zweckdienlich, noch lasse die Unterweisung des in Qualifikation und pädagogischem Einsatz höchst unterschiedlichen, aus der Bordeleser Richterschaft rekrutierten Lehrpersonals ein stringentes, abgestimmtes Lehrprogramm erkennen. Die *auditeurs* hätten unisono ihrer Enttäuschung Ausdruck verliehen. In Anbetracht der geringen personellen Möglichkeiten, die der Richterschaft aus Bordeaux zur Verfügung stünden, ließe sich absehen, dass, sollte es zu der angestrebten Steigerung der Hörerzahlen kommen, eine sachdienliche Berufsvorbereitung in keiner Weise zu erreichen sei. Daraus sei zu folgern, dass der Aufenthalt im CNEJ auf 6 Monate gekürzt werden müsse. Er könne dann der Praktikums- Periode vorgeschaltet werden und der gedanklichen Einführung in das Wesen und die Rolle des Richteramtes dienen, die in Seminaren unter kompetenter Anleitung erbracht werden solle. Die erste Praktikums-Phase solle dann in Paris stattfinden, weil der ständige Ortswechsel geeigneter Dozenten, die sich allein in Paris finden ließen, zwischen Paris und Bordeaux zu hohe Kosten und Belastungen für alle Beteiligten verursachen würde. Eine weitere Ausbildungsphase, in der die *auditeurs* in die praktische Arbeit der verschiedenen Gerichtstypen eingeführt würden, müsse auf 18 Monate ausgedehnt werden. Dazu könnten die Hörer über das ganze Land verstreut eingesetzt werden.

---

55 »Le corps judiciaire, replié sur lui-même, vivant en autarcie qui débouche immanquablement sur l'asphyxie, se récrute dans un milieu trop restreint«; ebd., 5, 6f.

Die dritte Ausbildungsphase versammle dann die Hörer wieder in Paris; sie sei der Vertiefung der erworbenen Kenntnisse und der Einführung in spezielle Rechtsgebiete gewidmet.

Was aber zu dem Geist der Reform von 1958 zu sagen sei, so handle es sich bei der derzeitigen Handhabung um einen Missstand, der nicht auf Texten beruhe. »Die Reform ist vielmehr durch das schlimmste Hemmnis blockiert worden, auf das Verstandesleistungen treffen können, auf den mentalen Widerstand.»[56] Ziel der Reform sei die Aufwertung der Justiz und des Berufsbildes des Richters gewesen. Dazu habe sie, indem sie die alten 14, dann fünf, dann vier Laufbahn-Stufen auf zwei Ebenen (*grades*) zusammengestrichen habe, gewissermaßen zwei Laufbahnen geschaffen. Um von der untersten Stufe, der ersten Gruppe der zweiten Klasse aufzurücken in die zweite Gruppe derselben Ebene, müsse der Name des Richters auf der Befähigungsliste (*liste d'aptitude*) aufgeführt worden sein. Um von der zweiten Klasse in die erste aufzusteigen, sei ein namentlicher Eintrag auf der Beförderungstafel (*tableau d'avancement*) erforderlich. Die untere Laufbahn sei gedacht für Richter »de valeur moyenne«, während die andere, die der ersten Klasse (*premier grade*), für die Elite der Richterschaft konzipiert worden sei und für die Posten mit hoher Verantwortung vorgesehen sei. Das sei gründlich missverstanden worden, wie sich an dem eklatanten Mangel an qualifiziertem Personal in den hohen Positionen zeige. Die Karriere-Leiter begabter junger Juristen sei hoffnungslos verstopft und das aus dem Grund, dass die Kammervorsitzenden ihr Recht zur Nennung der zur Beförderung anstehenden Personen missverstanden hätten. Statt die hoffnungsvollsten und fähigsten Mitarbeiter zur Beförderung vorzuschlagen, wie es dem Sinn der Reform von 1958 entsprochen hätte, habe es sich eingebürgert, die Beförderung als Ehrentafel zu missdeuten und unter den Kollegen die ältesten, die am längsten auf einer Stelle ausgeharrt hätten oder auch diejenigen zu benennen, die besonderes Wohlverhalten an den Tag gelegt hätten. Es sei vorgekommen, dass auf diese Weise Richter vorgeschlagen worden seien, weil sie als Väter zahlreicher Kinder oder auch eines behinderten Kindes die höheren Einkünfte gut hätten gebrauchen können oder auch »der psychisch instabile Richter, der etwas Auftrieb nötig hatte, um eine psychiatrische Behandlung zu umgehen«.[57] Doch sei es im Sinn einer günstigen Entwicklung der Justiz unverzichtbar, diesen

56 »Elle s'est heurtée au plus terrible obstacle que puissent rencontrer les ouvrages de l'esprit: la résistance mentale«; ebd., 23.

57 ebd., 24.

Trend umzukehren, den Kammervorsitzenden die Folgen ihrer falschen Auswahlkriterien vor Augen zu stellen, sie zur Förderung der leistungsfähigsten jungen Richter anzuregen und deren Fähigkeiten für das große Ganze zu nutzen.

Die wesentlichen Kritikpunkte, die Aydalot angeführt hatte, bestätigte wenig später, im Juni 1964, ein Schreiben der AAAAJ an den Justizminister, das im Anschluss an die Hauptversammlung des Vereins im Juni 1964 abgefasst worden war. Auch was die Lösungs-Alternativen anbetrifft, kamen die jungen *auditeurs* etwa zu denselben Schlüssen. Wie bei Aydalot wird das zweite Jahr in Bordeaux beanstandet, »dessen Aufhebung unverzichtbar ist«.[58] Zudem forderten die *auditeurs* ein größeres Mitspracherecht an der Gestaltung des Lehrprogramms und der Arbeitsbedingungen im CNEJ. Sie konstatierten, »dass festgestellt werden muss, dass die Zahlen der Richter-Kandidaten weiterhin abnehmen wird, wie auch dass die Polemik, die gegenüber dem Ausbildungszentrum geäußert wird, gleich bleibend heftig ist«.[59] Offenbar machten unter den Jura-Studenten Argumente die Runde, die sich gezielt gegen die zentrale Richterschule wendeten.

Tatsächlich setzte die Regierung in einigen neuen Regelungen die Vorstellungen des Gerichtspräsidenten Aydalot um. Der Standort Bordeaux blieb erhalten, wobei hier nur noch ein auf acht Monate verkürzter Aufenthalt das erste Ausbildungssegment bildete. Dann folgten zwölf Monate Praktikum an einem von zwölf Berufungsgerichten, wo *centres de stage* eingerichtet wurden, die die *auditeurs* während ihres Praktikums betreuten. Eine dritte Phase »de perfectionnement« von acht Monaten sollte zur Horizont-Erweiterung der *auditeurs* durch Informationsbesuche in Behörden, öffentlichen Einrichtungen, großen Firmen, Strafvollzugs-Anstalten, den Sitzen der europäischen Institutionen etc. beitragen und so auf ihre Amtstätigkeit vorbereiten.

Trotz aller Bemühungen gelang es in den 60er Jahren nicht, eine ausreichende Zahl von Nachwuchs-Kräften zum Eintritt in das CNEJ zu bewegen. Um die Zahl von etwa 4.000 Richtern, die zur Aufrechterhaltung eines

58 »Sa suppression est indispensable«; *Association des Auditeurs et Anciens Auditeurs de Justice*, 3, Archives nat. du Ministère de la Justice, Fontainebleau, Carton 850211 Art. 79. Auch die Akten im Carton 950407 Art.1 legen Zeugnis ab für die zutreffende Analyse von Aydalot.

59 »Il faut pourtant constater que les candidats aux fonctions judiciaires continuent d'être de moins en moins nombreux et les hostilités déclarées au Centre aussi vives«; Schreiben der AAAAJ an den Justizminister, undatiert, (etwa Sommer 1964), ebd., Carton CSP 850211 Art. 85.

funktionierenden Rechtssystems in Frankreich benötigt wurden, und die im Durchschnitt etwa 40 Dienstjahre absolvierten, aufrecht zu erhalten, mussten jährlich etwa 100 Personen rekrutiert werden. Wie der Leiter des CNEJ, Balmary, 1965 auf einer Tagung ausführte, seien es in den vorausgegangenen sechs Jahren durchschnittlich aber nur 40 gewesen, weniger als die Hälfte. In einem relativ gleichmäßigen Trend war die Zahl der am Richteramt interessierten jungen Juristen bzw. der Anmeldungen zur Aufnahmeprüfung von (1953) 381 auf (1964) 98 gefallen.[60]

Als Erklärung wurde angeführt, dass auch allgemein der Anteil der Juristen unter den Studenten stark zurückgegangen sei; er habe 1900 noch 35 Prozent betragen habe, mache nun aber nur noch 16 (1960) bzw. 17 (1962) Prozent aus. Die Entwicklung müsse vor dem Hintergrund der in den vergangenen Jahren zu beobachtenden starken wirtschaftlichen Expansion und des Schubs an naturwissenschaftlichen Erkenntnissen und technologischen Neuerungen gesehen werden, die die Attraktivität anderer Berufswege gesteigert hätten und die Rolle der auf Regulierung, Vermittlung und Erhalt der bestehenden Ordnung ausgerichteten Justiz in den Hintergrund treten ließen.

Wenngleich diese Überlegungen die Situation zutreffend beschrieben, so interpretierten sie doch nur unzureichend das Ausmaß der Nachwuchs-Krise. Immerhin hätte es nage gelegen, im Nachwuchs von Juristen-Familien Anwärter auf die Richter-Laufbahn zu sehen. Gerade dies aber war nicht der Fall. Nach einer Untersuchung des sozialen Ursprungs der *auditeurs* am CNEJ entstammten nur 25,2 Prozent aus Familien, deren Väter Tätigkeiten im juristischen Bereich nachgingen, von Anwälten, Notaren über Richter bis zu juristischem Hilfspersonal. Der Großteil der *auditeurs*, nämlich 50,9 Prozent, hatte seinen familiären Ursprung im Milieu des Handels und der Landwirtschaft, also des unteren bis mittleren Mittelstandes (*cadres moyens*); wogegen der gehobene Mittelstand, also freie Berufe und höhere Beamte, inklusive der Richterschaft, mit 40 Prozent vertreten waren. Arbeiter und kleine Angestellte stellten nur 7,6 Prozent des Richter-Nachwuchses.[61]

Tatsächlich mag für die mangelnde Attraktivität des Richterberufs auf junge Schulabgänger, die als regelrechte »Flucht vor der Justiz«[62] bezeich-

60 Die Zahlen und Angaben stammen aus Balmary, Recrutement, formation, perfectionnement, 111–152, hier 140.

61 Ebd., 137f.

62 Leistner, Georg: Justizreform in Frankreich, in: *Deutsche Richterzeitung* DRiZ, 1971; 332.

net wurde, eine Vielzahl von Gründen verantwortlich sein: Dazu gehört sicherlich das Image des Berufsstandes, das durch die belastete Vergangenheit Schaden genommen hatte. Als »enthauptet und entwurzelt, erscheint die Richterschaft am Ende des Krieges wie ein leerer Rahmen, wo jeder sich, so gut er kann, auf die Zeichen vergangener Ehrenhaftigkeit zurückzieht, die nun ein Amt ohne Ideal kennzeichnen,«[63] so beschrieb ein Richter die Geistesverfassung seiner Kollegen nach der *Epuration.* Zudem hatte die Abwertung der Richterschule im Verhältnis zur ENA maßgeblichen Einfluss auf die Zurückhaltung der jungen Leute. Das *Centre national d'études judiciaires* vermochte nicht das Prestige der ENA zu erreichen, nicht nur wegen der geringeren Attraktivität von Bordeaux gegenüber Paris, sondern auch weil deren Abgängern sowohl im Staatsdienst wie auch in der Privatwirtschaft bessere Karrierechancen geboten wurden. Sprichwörtlich war zudem die arbeitsmäßige Überlastung der Richter, die für überlange Wartezeiten der Rechtssuchenden verantwortlich war[64] und die dazu führte, dass diese in zunehmendem Maß es vorzogen, Streitigkeiten über Schiedsstellen regeln zu lassen, statt die schwerfällige und teure Gerichtsmaschinerie in Gang zu setzen.

Wollte man das negative Erscheinungsbild der Justiz nachhaltig verbessern, so galt es zunächst, einen neuen Versuch zu unternehmen, um die Richterschule aufzuwerten. War dadurch eine größere Zahl junger Juristen für den Richterberuf zu gewinnen, so musste sich aus der erweiterten Personaldecke auch die Verbesserung der Arbeitsbedingungen ergeben und damit die anhaltende Misere der »Dritten Gewalt« aufgelöst werden können.

5.6 Die *Ecole nationale de la magistrature* (ENM)

Die Umgestaltung des CNEJ wurde beschleunigt durch eine Begebenheit, die mit den Studenten-Unruhen im Mai 68 in direktem Zusammenhang stand. Am 3. Mai 1968 verurteilte die Pariser Strafkammer vier Studenten wegen Ausschreitungen im Zuge einer Demonstration zu zwei Monaten Haft. Der Fall ging in die Berufung. Noch bevor das in die Berufung verlagerte Verfahren abgeschlossen war, verfügte der aus dem Iran vorzeitig

63 Tissot, Olivier de: *Sans âme ni conscience*, Paris 1975, 22.

64 Zahlen hierzu, Leistner, Justizreform in Frankreich, 333.

zurückgekehrte Ministerpräsident Pompidou die Freilassung der Studenten und setzte sich mit den Worten »J'ai fait libérer les manifestants«[65] über die Rechtsprechung hinweg. Der Vorgang markierte eine neue Stufe; die Rigorosität, mit der sich die Regierung zum Richter in einem Justizverfahren machte, rechtsgültige Urteile verwarf und nach Gutdünken in das Rad der Rechtsprechung eingriff, war neu. Die Presse berichtete breit über den Vorfall. Die Richterschaft fühlte sich düpiert, nahm zunächst aber nicht Stellung.

Nur die angehenden Richter des Abschlussjahrgangs »Benjamin Constant«, deren Examen in Bordeaux bevorstand, nahmen den Vorfall zum Anlass, nicht mehr nur die Unabhängigkeit, sondern nach dem ministeriellen Beispiel nun auch die Existenzberechtigung des Richteramtes zu hinterfragen. Sie weigerten sich, zu den Prüfungen zu erscheinen, die ihnen den Zugang zu einem Beruf eröffnen sollten, der von der Politik am Gängelband geführt werde.[66]

Der Prüfungsboykott der Richter-Kandidaten wurde am 23. Mai 1968 publik, als *Le Monde* das Manifest des Abschlussjahrgangs *Benjamin Constant* über »les moyens d'instaurer en France une véritable indépendance de la justice«[67] veröffentlichte. »Die Exekutive ist Herr über die Richterlaufbahn«, hieß es dort. Und unter dem Oberbegriff »Auf dem Weg zur Gründung einer Gewerkschaft« wurde ausgeführt, dass es nun an der Zeit sei, dass die jungen Richter den Kampf für die Unabhängigkeit von den politischen Gewalten in ihre eigenen Hände nähmen. »Es wäre utopisch zu erwarten, dass die Regierungsmacht, in welcher Hand sie auch sei, von sich aus die Initiative zu einer derartigen Reform ergreifen würde.«

Auf die Veröffentlichung hin verabredeten die Richterverbände in Paris ein Treffen mit dem Justizminister, um die Wogen zu glätten. Die Mitglieder des AAAAJ wurden ebenfalls eingeladen, an der Besprechung teilzunehmen, weigerten sich jedoch, solange nicht von politischer Seite auf ihre Forderungen eingegangen werde. Diese waren: sofortige Reform des CNEJ in Bordeaux, Auswechslung des dortigen Leitungsgremiums, Einführung der Regelung, dass im CNEJ Noten und Beurteilungen von den

65 »Ich habe die Demonstranten befreien lassen«, dazu Kap. 7. 2.

66 Wortlaut in *Justice* (dem Organ des *Syndicat de la magistrature*), Sonderheft, »20 ans de syndicalisme judiciaire«, 1988, 47.

67 *Le Monde*, 23.5.1968, Abend-Ausgabe, 4.

Hörern eingesehen werden konnten, Zusicherung eines paritätisch aus Zivilbeamten und Hörern gebildeten Verwaltungsgremiums im CNEJ.[68]

Der amtierende Justizminister hatte in dem im Mai 1968 herrschenden vom Generalstreik geprägten Klima innenpolitischer Unruhe wenig Handlungsfreiheit und sah sich gezwungen nachzugeben. Unter Mitwirkung der rebellischen jungen *auditeurs* rief er eine Kommission ins Leben, die die Aufgabe hatte, »die Beteiligung an der Untersuchung und Ausarbeitung von Maßnahmen hinsichtlich der Justiz zu gewährleisten«.[69] Damit war der Konfrontation die Spitze genommen; umfangreiche Vorarbeiten für ein neues Konzept der Richterschule schlossen sich an.

Auch der Bericht einer Arbeitsgruppe bestehend aus den Gerichtspräsidenten, den Generalstaatsanwälten und einigen hochrangigen Beamten des Justizministeriums kam 1970 zu dem Schluss, dass eine Umkehr der bisher geübten Ausbildungspraxis überfällig war, wollte man dem Richtermangel wirksam zu Leibe rücken.[70] Die Zahl von 4.105 Richtern, in die auch die aus den überseeischen Gebieten zurückgekehrten Magistrate einbezogen waren, musste dringlich um 1.000 Planstellen aufgestockt werden. Im Rahmen der Zusammenarbeit auf rechtlichem Gebiet verblieben im Ausland weitere 164 Richter, davon 102 in Madagaskar und in Schwarzafrika, 49 in Marokko, zehn in Algerien und drei in Fern-Ost; doch schien deren Tätigkeit dort unverzichtbar, so dass mit ihrer Rückkehr in absehbarer Zeit nicht gerechnet werden konnte. Was Hilfspersonal, Justizangestellte, Gerichtsschreiber, Stenographen, Sekretärinnen anbelange, so »ist es nicht übertrieben, auf diesem Gebiet davon zu sprechen, dass das Justizministerium ebenso wie die Leitungen der Gerichtshöfe unaufhörlich eine wahrhafte Bettelei bei anderen Verwaltungen, so bei der Polizei, der Gendarmerie oder den lokalen Behörden betreiben müssen.«[71]

Ohne dass die Presse davon viel Aufhebens gemacht hätte, erfolgte schließlich 1970 die Umgestaltung des Studienzentrums in die »Richter-

68 *Justice*. 20 ans de syndicalisme judiciaire, 48.

69 »[...]d'assurer la participation à l'étude et à l'élaboration des mesures intéressant la justice«.

70 Carton CSP 850211 Art. 79 »Amélioration et modernisation du Service public de la Justice 1966–1970«; Fontainebleau Archives du Min. de.la Justice.

71 »Il n'est pas excessif de dire qu'en ce domaine, la Chancellerie comme les Chefs de juridictions doivent avoir sans cesse recours à une véritable mendicité auprès d'autres administrations, telles que la police, la Gendarmerie et les Collectivités locales«; Carton CSP 850211 Art. 79, Amélioration et modernisation du Service public de la Justice 1966–1970; Fontainebleau, Archives du Ministère de la Justice, 8.

schule«, die von nun an als *Ecole nationale de la magistrature* (ENM) firmierte. Dabei wurden den Reform-Vorstellungen der AAAAJ und der 1968 gegründeten Richtergewerkschaft (SM) weitgehend Rechnung getragen. Die größere Mitwirkung der *auditeurs* am Lehrprogramm und an der Verwaltung der Schule machten ebenso wie das ausgewechselte Leitungspersonal deutlich, dass die jungen Richter gegen die politischen Beharrungskräfte einen klaren Erfolg verbuchen konnten. Auch die Planung von Studienseminaren, die für Diskussionen Raum boten und die in Kooperation mit dem Lehrkörper der juristischen Fakultät abgehalten werden sollten, ging auf die Vorstellungen der Hörer zurück.

Die Initiatoren des Reformgesetzes hatten sich zur Aufgabe gesetzt, alle Möglichkeiten auszuschöpfen, um die Nachwuchskrise zu beheben, die sich in den vergangenen Jahrzehnten verfestigt hatte. Während 32 Jahre zuvor, 1938, das Verhältnis rund 38 Millionen Einwohner zu 6.000 Richtern betragen hatte, standen nun der Bevölkerungszahl von etwa 50 Millionen rund 4.000 Richter und Staatsanwälte gegenüber. Hinzu kam, dass der Arbeitsanfall bei den Zivilgerichten in den vergangenen 15 Jahren um durchschnittlich 35 Prozent angewachsen war, bei den Strafsachen gar um 50 Prozent. Die Zahl der unerledigten Überhänge nahm von Jahr zu Jahr zu[72]. Wie der Vorsitzende der UFM, Jean-Louis Ropers, angab[73], schieden in den vorausgegangenen zehn Jahren jährlich 150 Richter aus dem Dienst aus, von deren freigewordenen Stellen nur 30 von Abgängern der Richterschule aufgefüllt werden konnten. Die restliche Lücke sei immerhin von Rückkehrern aus den früheren Kolonien und überseeischen Gebiete besetzt worden, einer Quelle, die nun versiegt sei.

Die ursprüngliche Absicht der Regierung, den Ausbildungszyklus in der Richterschule von 28 Monaten auf 18 Monate zu kürzen, scheiterte am massiven Einspruch der beiden Richterverbände. Auch gegen den erleichterten Zugang anderer Berufsgruppen machten die Richterverbände Bedenken geltend, so dass das Gesetz bezüglich der Seiteneinsteiger sich auf zeitlich befristete Maßnahmen beschränkte, die betreffenden Personen nur einen auf 3, 5 oder höchstens 7 Jahre befristeten Vertrag erhielten und nur in den unteren Positionen der Richter-Hierarchie eingesetzt werden konn-

72 Dazu Leistner, Justizreform, 333.

73 Ebd., 334: Georg Leistner untersuchte im Auftrag des Instituts für Europäisches Recht an der Universität Saarbrücken die Justizreform vom 17.Juli 1970 und bezog Angaben verschiedener Informationsquellen in die Veröffentlichung ein, vom Justizministerium in Paris, von den Französischen Richterverbänden etc.

ten.[74] Bis 1975 wurden auf diese Weise Beamte, Offiziere, Professoren, Anwälte, Notare, Huissiers[75] und Greffiers[76], sofern sie nicht älter als 52 Jahre waren, unter bestimmten Voraussetzungen direkt rekrutiert[77]. Allerdings durfte der Prozentsatz dieses *récrutement latéral* zehn Prozent der gesamten Ernennungen nicht überschreiten, eine Begrenzung, die in Zeiten besonderer Engpässe durch Dekret angehoben wurde. Zur Vorbereitung der Berufseinsteiger auf die Ausübung des Richteramtes mussten innerhalb der ersten vier Jahre Berufspraxis vier Monate einer »formation spécialisée« abgeleistet werden. Auf Grund der neuen Regelungen verzeichnete die Richterschaft 1972 – bei 400 frei gewordenen Planstellen – 76 direkte Zugänge, also junge Richter, die die Richterschule ordnungsgemäß abgeschlossen hatten, neben 51 Personen, die durch die laterale Rekrutierung mit befristeten Verträgen übernommen wurden[78].

Die Reform erleichterte nun auch den Zugang zur Schule. Künftig galt als Voraussetzung nicht mehr die Qualifikation der *Licence de droit*, auch das Diplom eines *Institut regional d'administration*[79] genügte zur Zulassung zur Eingangsprüfung[80]. Darüber hinaus stand die Teilnahme an der Zulassungsprüfung auch Bewerbern offen, die 5 Jahre im öffentlichen Dienst tätig gewesen waren und bestimmten Beamtenkategorien angehörten. Nach bestandener Zulassungsprüfung hatten die zu *auditeurs* ernannten Richter-Aspiranten eine Ausbildungszeit von 28 Monaten vor sich, eine Periode, die nach der Reform erheblich verändert wurde. Mehr als bisher wurde Wert darauf gelegt, die jungen Richter früh mit ihrer zukünftigen Amtspraxis vertraut zu machen und ihnen eigenverantwortliche Funktionen zu übertragen[81]. Der erste Abschnitt der Richter-Ausbildung fand in Bordeaux an der ENM statt, während die verbleibenden 16 Monate auf

74 Brief der UFM an die auditeurs de justice zum Zweck der Anwerbung, 1973; 2, Carton CSP 850211 Art. 86, Archives nat. du Ministère de la justice, Fontainebleau.

75 Gerichtsvollzieher.

76 Gerichtsbeamter, der Beurkundungen vornimmt und die Aufgaben eines Rechtspflegers wahrnimmt.

77 Dekret vom 4. Mai 1974.

78 Ebd.

79 Die »Instituts régionaux d'Administration« (IRA) waren durch das Gesetz vom 3.12. 1966 gegründet worden und für den Nachwuchs der unteren Beamten-Laufbahnen vorgesehen.

80 Zur Zulassungsprüfung: CNEJ (Hrsg.): *Accès à la magistrature*, Paris 1967.

81 Kritisch zur Reform äußerten sich Jean-Denis Brédin und Robert Badinter in *Le Monde* vom 22.7.1970.

Praktika an den Gerichten in der Provinz und an sonstigen weiterführenden Einrichtungen entfielen.[82]

Das Abschlussexamen, *Examen de classement*, umfasste einen schriftlichen und einen mündlichen Teil und ergab, zusammen mit den Noten und Beurteilungen, die in den Praktika erzielt worden waren, nach wie vor die Gesamtnote. Diese war Grundlage für die Platzziffer auf einer Liste, die für die weitere Verwendung ausschlaggebend wurde. Entsprechend diesem *Classement* erreichten die Bestplatzierten die erstrebenswertesten Posten, nämlich in der Zentralverwaltung des Justizministeriums, die längerfristig den Zugang zu den hohen Positionen in der Justizhierarchie eröffneten.

Zu der Reform der Richterschule ENM gehörte auch, dass die seit 1966 vom *Centre d'information et de perfectionnement judiciaires* wahrgenommene Fortbildung der im Berufsleben stehenden Richter in die Richterschule eingegliedert wurde und zwar gleichrangig mit der Ausbildung der *auditeurs*. Damit sollte zum Ausdruck gebracht werden, welch hoher Stellenwert der permanenten Weiterbildung der Richter eingeräumt wurde.[83] Allerdings konnte dieser hohe Anspruch infolge der geringen, dieser Bestimmung gewidmeten Finanzmittel nur unzureichend verwirklicht werden. Zudem erwies es sich als äußerst schwierig, die ohnehin schon mit Arbeit überlasteten Richter auch nur zeitweise von ihren Aufgaben freizustellen.

Die Fortbildung war nicht in turnusmäßig abzuhaltenden Kursen vorgesehen, sondern in Tagungen, bei denen für die Dauer einer Woche etwa 30 Richter oder Staatsanwälte mit besonderen Materien der modernen Rechtsprechung vertraut gemacht wurden. Ein Spezialist, meist ein ranghoher Richter oder Staatsanwalt, der das Studienprogramm zusammen mit der Leitung der Richterschule ausgearbeitet hatte, leitete die jeweilige Tagung, die für gewöhnlich nicht in Bordeaux, am Sitz der Richterschule, sondern am *Centre de Formation et de Recherche* in Vaucresson bei Paris, stattfand. Als Themen der Tagungen wurden unterschiedlichste Materien herangezogen; regelmäßig kehrten bestimmte Kategorien von Lehrgängen und Themenstellungen wieder, so jährliche Informationstagungen für Untersuchungsrichter und Staatsanwälte, Studien zur neueren Gesetzgebung (etwa im Vormundschaftsrecht), Studien zur Entwicklung auf einem bestimmten Rechtsgebiet (z.B. Handelsrecht), Einführung in besondere

82 Näheres dazu: Leistner, Justizreform, 336f

83 Zur Fortbildung der Richter: Syndicat de la magistrature: *La formation du magistrat*, Paris 1969.

Rechtsprechungs-Bereiche (Enteignungsrecht, Wirtschaftsstrafrecht, Familienrecht).

Als schließlich 1972 in Bordeaux die Fertigstellung des modernen großen Gebäudes neben dem Justizpalast abgeschlossen war, verdeutlichte ein feierlicher Eröffnungsakt am 12. Dezember die symbolhafte Bedeutung des Neubeginns. Der amtierende Justizminister René Pleven sprach hoffnungsfroh von »dem Moment, an dem die Eiche des Heiligen Ludwig erneut beginnt zu ergrünen«[84] und ging auch auf den neuralgischen Punkt der Justiz ein:

> »Wenn es wirklich in unserer Geschichte Perioden gab, wo die Exekutive von der Justiz-Gewalt Gefälligkeiten einfordern konnte, so scheint mir diese Zeit wahrhaft vergangen, und ich bin froh darüber, denn die Gewaltenteilung, ihr Gleichgewicht, die Unabhängigkeit der Richter, Grundsätze, die die Richterschule bewahren soll, sind für das Wohl des Staates ebenso wichtig wie für den Schutz der öffentlichen Freiheiten und die Rechte des Bürgers.«[85]

Der Neubeginn erfolgte zu einem günstigen Zeitpunkt. Seit 1970 zeichnete sich endlich ein wachsendes Interesse von jungen Juristen für die Richterlaufbahn ab, wenn auch die Zahlen der nach der Ausbildung übernommenen Richter noch nicht annähernd zum Auffüllen der Lücken genügten, die durch die Pensionierung von Amtsinhabern entstand. 1973 belief sich die Zahl der vakanten Stellen auf 161, 1974 auf 284; für den Zeitraum zwischen 1970 und 1980 stand die Auswechslung der Hälfte der gesamten französischen Richterschaft, also von etwa 2.000 Personen an[86]. Um dem dringendsten Notstand zu begegnen, verfügte der zuständige Direktor im Justizministerium die Verkürzung der Ausbildungsphase in Bordeaux unter der Voraussetzung, dass die versäumte Zeit im Verlauf der folgenden fünf Jahre als »Fortbildung«, als *formation permanente* abzuleisten war.[87]

Bei alledem schien ein Ende der Nachwuchs-Krise erreichbar. Erstmals seit einem halben Jahrhundert entschied sich eine zunehmend größere Zahl junger Juristen für den Richterberuf. Die Zahlen, die lange um 40

84 Zit. nach Soulez-Larivière, Daniel: *Les juges dans la balance*, 96.

85 »S'il a vraiment existé des périodes de notre histoire où l'exécutif pouvait solliciter du pouvoir judiciaire des complaisances, le temps m'en paraît bien révolu, et je m'en félicite, car la séparation des pouvoirs, leur équilibre, l'indépendance des juges, les principes dont l'école nationale de la magistrature doit être le conservatoire, sont aussi nécessaires au bien de l'Etat qu'à la protection des libertés publiques et des droits des citoyens«; zit. nach Soulez-Larivière, *Les juges dans la balance*, 96.

86 Ebd., 134.

87 Dekret vom 4. Mai 1974.

Kandidaten pro Jahrgang geschwankt hatten, stiegen innerhalb von 3 Jahren auf 50, schließlich 1972 auf über 180 Personen[88]. Es schien sich für die Zukunft anzuzeichnen, dass die junge Generation begann, das Richteramt als Berufsperspektive wahrzunehmen und dass auch die Richterschule in die Rolle einer *Grande Ecole* hineinwachsen konnte.

Diese viel versprechende Entwicklung ging, so war den Zeitgenossen ersichtlich, nicht nur auf das Konto der Anstrengungen der politischen Akteure, sondern beruhte in erster Linie auf Prozessen, die aus dem unruhigen Frühsommer 1968 herrührten, aus der Gründung eines dynamischen jungen Richterverbandes, der der Richterschaft neue Strategien aufzeigte, ein neues Selbstbild entwarf und das Gesetz des Handelns in seine Hände nahm.

88 Nach dem Bericht von Jean-François Blet: Le syndicat de la magistrature et la crise de l'Ecole nationale de la Magistrature, In: *Justice et politique*, Actes du colloque tenu à Strasbourg le 6,7,8 avril 1973, Anm. 6; 148.

6. Die berufsständische Organisation der Richterschaft

6.1 Die *Union fédérale des Magistrats*

Eine erste lockere Vereinigung von Richtern war 1911 als *Association amicale de la Magistrature* gegründet worden. Sie sorgte für ein Mindestmaß an berufsständischer Information, trat darüber hinaus aber wenig in Erscheinung. Immerhin brachte sie mehrere Ausgaben eines Jahrbuchs *Annuaire de la Magistrature* heraus, dessen letzte Exemplare am 31. März 1940 und am 1. Januar 1943 erschienen waren.

Nach der *Libération* zeigte sich, in welchem Maß die Richterschaft durch ihre Amtstätigkeit während des Vichy-Regimes kompromittiert war. Es kam zu einer Glaubwürdigkeitskrise, die innerhalb der Richterschaft als »crise morale«[1] wahrgenommen wurde. Im Allgemeinen hatten sich die Richter ohne wahrnehmbaren Protest in die repressiven Maßnahmen der Regierung einbinden lassen, ob dies den geforderten Treue-Eid auf Marschall Pétain anbetraf[2] oder auch die Ausschluss-Verfahren gegen Kollegen, die als Juden, Freimaurer oder Liberale dem Verdikt anheim fielen. Schwerer noch wog die Beteiligung der Richter an den Sondergerichten, die über unterschiedliche Delikte zu befinden hatten, von Wirtschaftsvergehen bis zur Aktivität von Widerstandsgruppen. Nur wenige Richter hatten dem offiziellen Druck widerstanden und persönliche Nachteile in Kauf genommen. Nach Ende des Krieges konnte die Richterschaft folglich nur auf wenige Beispiele verweisen, die geeignet waren, die republikanische Gesinnung des Berufsstandes unter Beweis zu stellen.[3]

---

1 PJ, Febr. 1946, 3; PJ, Mai 1946, 1.

2 Nach dem Verfassungsakt Nr. VIII vom 27.Jan. 1941. Bei Ablehnung der Eidleistung wurde die Amtsenthebung in Aussicht gestellt; siehe Masson, *Les juges et le Pouvoir*, 156ff.

3 Ein einziger Richter, Paul Didier, verweigerte die Eidesleistung auf die Person Marschall Pétains. Er wurde festgenommen und seines Amtes enthoben. Bis zur *Libération* lebte er

Die Kompromittierung der Justiz erforderte in den Augen der Öffentlichkeit, wie in denen der Richterschaft selbst, einen grundlegenden Neubeginn. Dies war auch das Motiv, das Gruppen junger Richter zur Gründung neuer Vereinigungen anregte. In Paris entstand die *Union professionnelle des Magistrats de France et d'Outre-mer* als Nachfolger der *Association amicale*; in Südfrankreich übte die am Berufungsgericht von Aix-en-Provence agierende *Fédération des Cours et Tribunaux* einigen Einfluss aus[4].

Im November 1945 tagte in Paris der erste Richterkongress, dessen Debatten um eine zentrale Frage kreisten: wie war es möglich, politische Verstrickungen ähnlich der gerade erlebten künftig auszuschließen oder, anders ausgedrückt, auf welche Weise konnte die Justiz ein größeres Maß an Unabhängigkeit von der Exekutive erreichen. Zwei Maßnahmen boten sich an: einerseits eine Justizreform, die die Einrichtung eines mit den Selbstverwaltungsaufgaben der Justiz beauftragten Obersten Richterrats, des *Conseil supérieur de la magistrature* (CSM), vorsah, und andererseits die Gründung »d'un organisme professionnel unique, dynamique et puissant«[5], der die berufsständischen Kräfte bündeln konnte.

Der letztere Tagesordnungspunkt führte zum allgemein begrüßten Zusammenschluss der bisher agierenden Vereinigungen in einer *Union fédérale des magistrats* (UFM). Der neue Verband umfasste, wie der gewählte Vorsitzende hoffnungsfroh ausführte, heute schon »la quasi-totalité des magistrats français« und vielleicht morgen schon die »unanimité.«[6]

Die erste Ausgabe des Organs, das der neue Verband mit dem programmatischen Namen »Le Pouvoir judiciaire« (PJ) im Januar 1946 herausbrachte, nannte die Ziele: »in einem engen Gefühl der Solidarität die Mitglieder zu vereinen, um die Unabhängigkeit der Justiz als der Dritten Gewalt in der französischen Republik zu sichern und den Schutz der moralischen und materiellen Interessen der Richterschaft zu gewährleisten.«[7] Mit dem Schutz der moralischen Interessen war die Abwehr von verbalen Angriffen und polemischen Unterstellungen gemeint, mit denen die Justiz

auf dem Lande, hatte aber keine Verbindung zur *Résistance*; Bancaud, *Une exception ordinaire. La magistrature en France 1939–1950*, 240, 420.

4 Siehe Braunschweig, André: Il était une fois *L'Union fédérale des Magistrats*, in: *Le Nouveau Pouvoir judiciaire* (NPJ), Nr. 303, Dezember 1985–Januar 1986, 13.

5 PJ, Nr.1, 15.Jan. 1946, 1.

6 Ebd., 1.

7 »[...] réunir dans un étroit sentiment de solidarité les adhérents pour assurer l'indépendance de la justice, troisième pouvoir de la République française et les intérêts matériels et moraux de la magistrature«; ebd., 1.

im Zuge der Aufarbeitung der Vichy-Vergangenheit konfrontiert war. Dieser Schutz schien umso dringlicher, als die belastenden Vorkommnisse, in die die Justiz verstrickt war, nach dem Verständnis der Öffentlichkeit nicht in ausreichendem Maß aufgerollt und gerichtlich bereinigt worden waren. Da die zahlreichen Säuberungsprozesse die Mitwirkung der Richter als Legitimierungsfaktor und als Rechtssachverständige in großem Umfang erforderlich gemacht hatten, hatte sich notgedrungen die Phase der Verfolgung richterlicher Vergangenheit auf eine kurze Periode beschränkt.[8]

Politisch verstand sich die UFM als betont überparteiliche Organisation. Meinungsverschiedenheiten ergaben sich über der Frage der berufsständischen Organisationsform. Zahlreiche Mitglieder hätten die syndikale Struktur als wirkungsvolleres Instrument[9] zur Durchsetzung der Verbandsziele vorgezogen, aber in mehreren Umfragen sprach sich jeweils eine knappe Mehrheit zugunsten der föderalen Form aus.

In den Folgejahren konzentrierte die UFM ihre Aktivitäten vor allem auf zwei Gebiete, zum einen auf die alljährlich abgehaltenen Richter-Kongresse, auf denen alle den Berufsstand berührenden Fragen angesprochen wurden und zum anderen auf das monatlich erscheinende Organ *Le Pouvoir judiciaire*, das ein Forum für ein breites Spektrum unterschiedlicher Themen und Beiträge bildete. Darunter befanden sich auch Stellungnahmen, die sich scharf und missbilligend über die regierungsamtliche Politik gegenüber den Richtern äußerten. Doch schwankte je nach den Anlässen der Tenor der Kritik im Verlauf der Jahre. Vor allem, als es um die juristische Aufarbeitung der OAS- und FLN-Aktivitäten und Attentate ging, ließ die UFM diese Gelegenheit zur selbstbewussten Meinungsäußerung verstreichen. Ob dafür die Einsicht in die Zwänge der Regierung verantwortlich war, oder die Erkenntnis der bedrohten öffentlichen Sicherheit, die man nicht zusätzlich gefährden wollte; oder auch ob Pressionen der staatlichen Stellen dieses Schweigen herbei führten, lässt sich nicht klären. Jedenfalls vermied das Organ zu allzu sensiblen Themen Stellung zu nehmen.

8 Die Richter und Staatsanwälte mussten sich vor Säuberungskommissionen rechtfertigen. 363 von ihnen verloren ihre Posten, doch annullierte, nach der Feststellung von Formfehlern, der Conseil d'Etat etliche Absetzungsverfügungen, so dass die betroffenen Beamten wieder in ihre Stellung zurückkehren konnten.

9 Ein Gesetz vom 12. März 1920 hatte den als «syndicats» konstituierten Verbänden das Recht eingeräumt, die Rechtsvertretung ihrer Mitglieder wahrzunehmen. Diese Möglichkeit bestand nicht für die lockere Form der als «Associations» oder – in deren Zusammenschluss – als »Fédérations« gebildeten Vereinigungen; dazu Brun: *La jurisprudence en droit de travail*, Paris 1967, 527.

Presse und Öffentlichkeit hatten lange Jahre keinen Anteil an der Arbeit der UFM; zu den Jahreskongressen waren Pressevertreter nicht zugelassen. Die UFM beschränkte ihren Einflussbereich auf die Richterschaft selbst und unternahm bis 1965 keinerlei Versuch, die Öffentlichkeit für ihre Belange zu interessieren. Dies entsprach einerseits dem allgemeinen Modus berufsständischer Arbeit: gewöhnlich tagte man hinter verschlossenen Türen. Für die Richterschaft kam die *obligation de réserve*[10] hinzu, das Gebot der (politischen) Zurückhaltung, auf das sich mit Amtsantritt jeder Richter verpflichtete. Darüber hinaus galt für viele Juristen das überlieferte Richterbild als das einer über den Alltagsgeschäften thronenden Autoritätsperson, deren Integrität und unanfechtbarer Lebenswandel ebenso Bestandteil seiner Identität waren wie die Zurückhaltung in politischen und gesellschaftlichen Fragen.[11]

Anlässlich der feierlichen Eröffnung der Gerichtsperiode in Nîmes fasste 1947 der Generalstaatsanwalt diese Vision in die Worte eines – seiner Ansicht nach unverändert gültigen – Zitats aus dem Jahr 1825: »Die Ehre und die Würde des Berufsstandes, dem (der Richter) angehört, werden auch davon berührt, ob er sein Privatleben ebenso wenig beschmutzt wie sein öffentliches Leben, da die Flecken des einen sich unweigerlich auf das andere erstrecken.«[12] Die Vision dieser entrückten Figur war noch verhaftet den gesellschaftlichen Vorstellungen der Vorkriegszeit und noch nicht vereinbar mit der Konfiguration eines Berufsbildes – wie es sich in den folgenden Jahrzehnten herauskristallisieren sollte – das genötigt ist, sich zur Durchsetzung seiner Interessen auf dem öffentlichen Markt Mehrheiten zu sichern.

Immerhin bemühten sich die Vorstandsmitglieder der UFM, in direktem Kontakt zu den maßgeblichen politischen Akteuren die Forderungen der Korporation zur Geltung zu bringen und auch gelegentlich Kritik am Verhalten der amtlichen Stellen anzumelden. Freilich manifestierte sich in dieser Strategie die unausgesprochene Anerkennung der Abhängigkeit von

10 Die »obligation de réserve«, das Gebot der Zurückhaltung, war den Richtern durch ihre Berufsstatuten auferlegt. Sie entspricht etwa dem Neutralitätsgebot der bundesdeutschen Beamten.

11 Dazu Mounier, Du corps judiciaire à la crise de la magistrature, in: *Actes de la recherche en sciences sociales*, Nr. 64, Sept. 1986, 21–23.

12 »L'honneur et la dignité du corps auquel (le juge) appartient sont aussi interessés à ce qu'il ne souille pas sa vie privée non plus que sa vie publique puisque les tâches de l'une s'étendent indispensablement sur l'autre«, zit. nach Rousselet, *Histoire de la Magistrature française de l'origine à nos jours*, Bd. 1, 156.

der politischen Ebene, was unter den Mitgliedern der UFM immer wieder zur Beanstandung dieser Form des »Anti-Chambrierens« führte. Stattdessen sollte – wie einige Kritiker empfahlen – der Öffentlichkeit mit mehr Deutlichkeit die »Krise der Justiz« vor Augen geführt werden, eine Krise, die zu diesem Zeitpunkt vor allem in der ungenügenden materiellen Ausstattung des Richteramtes und in den als unwürdig empfundenen Arbeitsbedingungen bestand.

Andere innerverbandliche Stellungnahmen rügten, dass sich das Leitungsorgan des Verbandes, das *Comité national*, einseitig aus den Honorationen des Berufsstandes zusammensetze und die Verbandsbasis zu wenig an der Willensbildung beteilige.

6.2 Spaltungserscheinungen

Es war sowohl die Infragestellung im Innern des Verbandes, als auch die Einflussnahme des Justizministers Jean Foyer, die 1961 zur Abspaltung einer Splittergruppe führten. Unter der Ägide Foyers sammelten sich in der neuen Organisation, die sich den Namen *Association de la magistrature* gab, vorwiegend aus der Provinz stammende Richter, die im Januar 1962 mit dem Organ *L'Action judiciaire* an die Öffentlichkeit traten. Man wolle »vor allem dem Verband einen unbestreitbar demokratischen Charakter verleihen, der es den Mitgliedern erlaubt, die Verbandsleitung wirksam zu kontrollieren.«[13] Zudem sollten alle Laufbahnstufen und Sparten des Berufsstandes, die in der Provinz tätigen ebenso wie die Pariser Richter, gleichmäßig proportional an den Leitungsgremien beteiligt werden.

Gegenüber der UFM wurde keine strikte Abgrenzung demonstriert. Zum Wohl der französischen Richterschaft sei man bei entsprechenden Sachfragen zur Zusammenarbeit bereit; ja, man könne durchaus in beiden Organisationen Mitglied sein. Die UFM reagierte mit Bedauern, enthielt sich aber weitergehender Kommentare, um die Gräben nicht zu vertiefen.

Im Verlauf der Unruhe, die die Beendigung des Algerienkonflikts, die Anerkennung der algerischen Unabhängigkeit und die Umtriebe von OAS und FLN mit sich brachten, wuchs die *Association de la magistrature* mit ih-

13 »Nous voulons par-dessus tout assurer à l'association un caractère véritablement démocratique, permettant le contrôle efficace de sa direction par les sociétaires eux-mêmes«; *L'Action judiciaire*, Januar 1962, Nr. 1.

rem Organ *L'Action judiciaire* in die Rolle des Sprachführers der Richterschaft hinein. In Justizkreisen wurde das Vorgehen de Gaulles, der die Sondergerichte nach eigenen Vorstellungen einsetzte, zusammenstellte und ihres Amtes enthob, als Provokation gewertet. »Letztes Mal, in der ersten Nummer der *Action judiciaire*, schrieb das Blatt, beschworen wir die Krise der Richterschaft. Heute, unter dem Druck einer verbreiteten Stimmungslage, die durch verschiedene Justizurteile hervorgerufen wurde, muss man von einer sehr viel ernsteren Krise sprechen, der der Gerechtigkeit selbst. Die Gerechtigkeit entschwindet. Das ist die Klage, die wir der breiten Presse der letzten Wochen entnehmen, manchmal begleitet von Sarkasmen und Kritik.[14]«

Die hier angesprochene Kritik ging an die Adresse der Richterschaft, der die Öffentlichkeit die Verantwortung dafür zuschrieb, dass dem Recht auf Verteidigung in den Dekolonisierungsprozessen zu wenig Spielraum eingeräumt wurde und die Prozessführung dem Anspruch auf eine geordnete Rechtsprechung nicht genügte. Die Richter sahen sich von zwei Seiten in die Pflicht genommen: von der Exekutive wurden sie zur Gefolgschaft angehalten, die Öffentlichkeit legte ihr den Mangel an rechtsstaatlicher Handlungsweise als Versagen zur Last. Die rechtspolitischen Übergriffe des Regimes fanden in Presse und Öffentlichkeit ein breites Echo, ohne dass es der Richterschaft gelungen wäre, sich als Vorkämpfer von Rechtsstaatlichkeit und Gerechtigkeit zu empfehlen.

Weniger in der Öffentlichkeit wahrgenommen wurden die Spannungen, die sich zwischen der Exekutive und dem höchsten Verwaltungsgericht abspielten und die in der Folge zeitweise die Existenz des *Conseil d'Etat* bedrohten[15]. Die *Association de la Magistrature*, der auch hier die Rolle zufiel, den Protest der Richterschaft zu artikulieren, widmete der Affäre große

14 »Nous évoquions à cette place, dans le numéro 1 de l'Action judiciaire, la crise de la Magistrature. Aujourd'hui sous la pression d'un vaste mouvement d'opinion provoqué par différentes décisions judiciaires, il faut parler d'une crise bien plus grave, celle de la Justice elle-même. La Justice s'en va. C'est la plainte que nous avons lu dans la grande presse des dernières semaines, parfois accompagnée de sarcasmes et de critiques. Quels sont les raisons de cette situation, quelle solution envisager? Il faut observer avant tout que les décisions qui ont provoqué ce mouvement émanent de juridictions d'exception, militaires ou civiles et que ceux qui les critiquent n'en ont pas connu les dossiers ni suivis toujours les débats. Tous les practiciens du droit, et la plupart des journalistes, savent que les magistrats professionnels y sont en minorité…«; *L'Action judiciaire*, Febr. 1962, Nr. 2.

15 Dieses hatte die Existenz eines militärischen Sondergerichts als ungesetzlich beurteilt und dessen Urteile kassiert; dazu Masson, *Les juges et le pouvoir*, 377 ff.

Aufmerksamkeit. In Zusammenhang damit stand der im September 1962 aus Protest erfolgte Rücktritt des ehemaligen Generalstaatsanwalts Besson vom Amt des Regierungsberaters; die Gründe hatte Besson in *L'Action judiciaire* offen gelegt. »Dieser Rücktritt«, schrieb das Blatt, »bildet eine Episode der Justizkrise, auf die wir in diesen Spalten bereits hingewiesen haben und die zu einem schweren Konflikt zwischen der Staatsgewalt und der höchsten Verwaltungsjustiz geführt hat. Wir werden auf die sich verschärfende Situation zurückkommen, die mehr und mehr die Unabhängigkeit der Justiz in Frage stellt.«[16]

Das Ungleichgewicht der Kräfte im Spannungsverhältnis zwischen Staatsgewalt und Rechtsvertretung wurde offenbar, als de Gaulle, der nach dem Attentat von Petit-Clamart die Direktwahl des Staatsoberhaupts durchgesetzt hatte, im Herbst 1962 mit 62 Prozent der Stimmen eine deutliche Unterstützung für seine Politik erfuhr. Die Öffentlichkeit brachte nach den Verwerfungen der vorausgegangenen Jahrzehnte ihren Wunsch nach Ruhe und eindeutigen politischen Verhältnissen zum Ausdruck; Kritik und Widerstand gegen die Staatsgewalt wurden, nachdem die Phase der Strafprozesse gegen die OAS-Mitglieder 1963 abgeschlossen war und eine Amnestie das Bedürfnis nach Beruhigung der innenpolitischen Gegensätze befriedigt hatte, als kleinliche Ranküne betrachtet. Die wirtschaftliche Entwicklung und der wachsende Wohlstand sprachen für das gaullistische Regime.

Andere Mittel als in ihren Fachblättern über die Vorgänge zu informieren, schienen den Richterverbänden nicht zur Verfügung zu stehen. Sie sahen sich in einer Position der Inferiorität gegenüber der Staatsmacht, von der sie nicht nur in materieller Hinsicht abhängig waren, sondern deren Versuchen, die richterliche Amtsausübung in einer der Staatsführung genehmen Weise zu manipulieren, sie nichts entgegenzusetzen hatten… oder zu haben schienen. Denn dass ihnen sehr wohl ein argumentatives Gegenmittel gegen die übermächtige Zentralgewalt zu Gebote stand, darauf hinzuweisen, war einer weiteren kleinen Splittergruppe junger Richter vorbehalten.

16 »Ce départ constitue une épisode de la crise de la justice, que nous avons déjà évoquée dans ces colonnes et qui vient de se traduire en un grave conflit entre le Pouvoir et la plus haute juridiction administrative. Nous aurons à revenir sur une situation qui s'aggrave et qui compromet de plus en plus l'indépendance de la justice«; *L'Action judiciaire*, Okt. 1962, 3.

Weitgehend unbemerkt von der UFM war 1961 eine weitere Konkurrenz entstanden. Unter der Bezeichnung *Association des Auditeurs et Anciens Auditeurs de Justice* (AAAAJ) ließ sich im Juli ein Zusammenschluss von 14 Nachwuchsrichtern als Verein registrieren. Es handelte sich um derzeitige oder ehemalige Studenten des *Centre national des études judiciaires* (CNEJ), eines Ausbildungszentrums für Richter, das 1958 nach dem Modell der ENA[17] in Bordeaux geschaffen worden war, um die Ausbildung zu vereinheitlichen und zu modernisieren. Die Einrichtung dieser Schule hatte einen Bruch mit dem alten Modell der an den Universitäten und in der Praxis der Gerichtssäle erfolgten Berufsvorbereitung bedeutet. Die Hörer selbst sahen sich als eine neue Richtergeneration, deren Ansichten und Verhaltensmuster sich von denen der Älteren unterschieden und die im gemeinsamen Handeln ein Grundelement ihres künftigen Berufslebens sahen. Auslösend für den spontanen Zusammenschluss der *auditeurs* in der neuen Vereinigung war der Wunsch, mit den frisch-examinierten und nach Algerien versetzten jungen Richtern eine solide Verbindungsebene herzustellen.

Die Nachricht von der Gründung des neuen Verbandes erreichte die UFM mit Verspätung. Erst in der Mai-Ausgabe 1962 findet sich unter dem Titel »Wer ist das, die AAAAJ?« ein Artikel, der auf die neue Entwicklung reagierte. Etwas gereizt wurde festgestellt, dass die Besonderheit des neuen Verbandes im Fehlen jeglicher Daseinsberechtigung bestehe, denn auch bisher hätten im Rahmen der UFM die Jungen ihre Freundschaft und Solidarität pflegen können, ohne eine Richterschaft in der Richterschaft zu bilden.

6.3 Versuch der Öffnung und »service public«

Die jungen Mitglieder der AAAAJ hatten schon in ihrem Ausbildungszentrum das Konzept eines institutionalisierten Gedankenaustauschs entwickelt, das es ihnen zur Gewohnheit machte, systematisch die Fragen der öffentlichen Ordnung zu analysieren und neue Einsichten und Schlussfolgerungen zu erarbeiten.

Im Januar 1963 erschien im Bulletin der AAAAJ unter dem Titel »Juge ou Fonctionnaire« der Aufsatz einer jungen Richterin, in dem sich die

---

[17] Ecole nationale de l'Administration, entstanden 1945.

Autorin mit dem Verhältnis Staatsmacht – Richterschaft auseinandersetzte. Sie verwies auf den Auftrag des Richters, der nur seinem Gewissen verpflichtet sei und damit ein Argument gegen die Staatsmacht in Händen halte:

»Die politische Macht benötigt den Richter, der ihr die Weihe der Legitimität verleiht (das Symbol des Szepters der Justiz im Königtum). Aber sie ist immer bestrebt, die richterliche Funktion auf eine technische (also eingeschränkte) Ebene festzulegen, diese Funktion zurückzudrängen, sobald sie das Verlangen des Richters erkennt, sie zu überflügeln oder ihr den Vorrang – selbst in Bezug auf eine Serie von Sonderfällen – zu bestreiten. Daher rührt eine andauernde Rivalität zwischen der politischen Gewalt, welche versucht aus dem Richter ihren Komplizen oder ein ihr unterworfenes Ausführungsorgan zu machen, und der Justizgewalt, die sicherlich nicht anstrebt, mit der politischen Macht auf dem Gebiet der Wirkungsmächtigkeit gleichzuziehen, die sie aber begrenzen kann, die sie ihr absprechen kann mit dem Hinweis auf höhere Werte, als sie die Politik zugrunde legt.«[18]

Der Artikel wurde nach seinem Erscheinen im Bulletin der AAAAJ vom Organ der *Association de la magistrature*, *L'Action judiciaire*, übernommen und schließlich auch in *Le Pouvoir judiciaire* veröffentlicht. Er erreichte damit die Gesamtheit der Richterschaft. Im Unterschied zur bisherigen Ansicht in Richterkreisen, dass es gegenüber der Selbstherrlichkeit der politischen Akteure für die Justiz nur die Unterordnung gäbe, beschrieb der Artikel erstmals ein anderes Kräfteverhältnis. Der Justiz stand in dieser Sicht durchaus ein Instrumentarium zu Gebote, das sie in den Stand setzte, der staatlichen Gewalt pari zu bieten, der »Hinweis auf die höheren Werte, als sie die Politik zugrunde legt«. Dieses Instrumentarium, so musste gefolgert

18 »Le pouvoir politique a besoin du juge qui lui donne le sacre de la légitimité (symbole du sceptre de la justice dans la royauté). Mais il a toujours le souci de cantonner la fonction judiciaire à un plan technique (donc limité), de la refouler dès qu'il aperçoit chez le juge la tentation de le supplanter ou de lui contester – même à propos d'une série de cas particulières – sa prééminence. D'où une rivalité constante entre le pouvoir politique qui tend à faire du juge un complice ou un agent totalement subordonné et le pouvoir judiciaire qui ne cherche pas, certes, à s'égaler au pouvoir politique sur le plan de l'efficacité, mais peut le limiter voire le nier, en rappelant des valeurs supérieures à celles qu'exprime la politique«; ›Juge ou fonctionnaire‹, *L'Action judiciaire*, Jan. 1963, 5. Dass die Autorin des Artikels, Mireille Dusseaux, beim Abschlussexamen keinen Erfolg hatte und ihr die Wiederholung versagt wurde, mag seinen Grund in den Worten haben, die den Artikel beendeten: »Cette expérience ils [die Hörer] devront l'aquérir dans une école où l'accent est mis systématiquement sur la docilité dans le comportement plutôt que sur l'indépendance ou les cultures de l'esprit«; dazu Soulez-Larivière, *Les juges dans la balance*, 176.

werden, konnte aber nur zur Wirkung kommen, wenn der Konflikt Politik-Justiz auf der breiten Bühne der öffentlichen Meinungsbildung ausgetragen wurde, wenn also die Richterschaft ihren Elfenbeinturm verließ und ihre Situation offen präsentierte. Die bislang geübte Politik der UFM, die Suche nach Übereinkünften mit den politischen Akteuren hinter geschlossenen Türen, hatte sich längst als unwirksam erwiesen und nur den weiteren Verfall der richterlichen Autorität zur Folge gehabt. Nun war die Justiz aufgerufen, den Gang nach außen anzutreten und eine Öffnung zur Presse und damit zur öffentlichen Meinung zu betreiben.

Die Einsicht in diese Zusammenhänge setzte sich innerhalb der folgenden Monate durch. Für 1965 plante die *Association de la Magistrature* einen groß angelegten internationalen Kongress, der zum Thema »La justice dans le monde moderne« die Experten zusammenführen sollte. Gleichzeitig fand in Lyon der Kongress der UFM statt, auf dem der stellvertretende Vorsitzende Ropers eine Grundsatzrede hielt. Er forderte die Umkehr der bisherigen Strategie. Entgegen der Namensgebung des Verbandsorgans gelte es Abschied zu nehmen vom Anspruch auf eine unabhängige ›Dritte Gewalt‹ und auf die richterliche Selbstverwaltung. Diese Ziele seien »heute veraltet«[19] und nicht mehr durchsetzbar; vielmehr stelle die Aufgabe der Rechtsprechung tatsächlich einen Dienst an der Öffentlichkeit, einen »service public« dar. In der Akzeptanz der Rolle als »service public« manifestiere sich die Abkehr der Richterschaft von altem Prestigedenken, die Bereitschaft zur Selbstbescheidung und die Hinwendung zum einzelnen Menschen. Der Auftrag der Justiz, der die innere Unabhängigkeit des Richters begründe, bestehe im Eintreten für die Freiheit und Gleichheit der Bürger vor dem Gesetz. Die Richterschaft müsse endlich ihre Ängstlichkeit überwinden, die Unabhängigkeit werde nicht zugestanden, man müsse sie erobern oder darauf verzichten. Erobern aber heiße, durch den Druck der informierten öffentlichen Meinung die eigenen Vorstellungen zur Geltung zu bringen. »Lange Zeit war«, fügte Ropers selbstkritisch an, »unser Verhalten gegenüber der Presse von Zurückhaltung und Mißtrauen geprägt«[20], nun aber gelte es, sich dieses Bundesgenossen zu versichern.

---

19 »Aujourd'hui dépassée«; Ropers: La défense des intérêts professionnels et moraux de la magistrature, Vortrag auf dem Kongreß von Lyon, Sonderabdruck: *Au service de la Pensée judiciaire*, 11–20.

20 »Pendant longtemps notre comportement à l'égard de la presse a été celui de la réserve et de la méfiance…«; ebd., 19.

Die Leitung der UFM ging die Öffnung planvoll an, wie Ropers ein Jahr später in seinem Rechenschaftsbericht ausführte. Der Bruch mit der »tradition d'isolement«[21] erforderte einen massiven Schritt auf die Presse zu; Ziel war, im Publikum Verständnis für die Probleme der Justiz zu wecken.

»Sie [die UFM] ist in Kontakt mit der Gesamtheit der Tagespresse getreten, hat an etwa 100 Journalisten das PJ versandt und zum ersten Mal ihren Kongress der Presse geöffnet; sie hat sich bemüht, ohne deshalb die notwendige Vertretung der Berufsinteressen zu vernachlässigen, allgemein interessierende Themen anzusprechen, über die bisher eine Art Verdikt bestand; dann hat sie ein Abonnement für den ›*Argus de la Presse*‹ abgeschlossen und auf die Ergebnisse gewartet.«[22]

Die Reaktion der Presse war ermutigend. *Le Monde* brachte den Mai 1965 über auf der Titelseite unter der Überschrift »Une justice dans sa Nation« eine groß angelegte Berichtsfolge seines Gerichtsreporters Jean-Marc Theolleyre, in der die Situation der Justiz umfassend und objektiv dargestellt wurde. Auch die aufgeklärte Öffentlichkeit begann das Thema wahrzunehmen; an der Zahl der Zeitungsartikel, Sonderausgaben, Vorträge und Publikationen ließ sich die Rezeption ablesen. Mit Überraschung nahm Frankreich zur Kenntnis, dass die Justiz dabei war, ihren »Elfenbeinturm« zu verlassen und sich dem Kontakt mit ihrem Umfeld zu stellen. Die der Richterschaft zugeschriebene Einschätzung als standesbewusste und konservative Kaste, die ihrem verloren gegangenen Prestige als Dritte Gewalt nachtrauerte, stand offenbar nicht mehr im Einklang mit der Realität.

Hoffnungsvoll beschwor der UFM-Vorsitzende Ropers »die Umkehrung des Trends, herbeigeführt einerseits durch die Informationsanstrengung, die unternommen wurde, um die Öffentlichkeit über unsere Schwierigkeiten in Kenntnis zu setzen und unseren Willen zu bekunden, uns an ihre Bedürfnisse anzupassen; zum anderen durch den psychologischen Schock, den die drei Richterverbände verursachten, indem sie ihre Divergenzen überwanden, um gemeinsam zu handeln«.[23] Die Leitung der UFM bekräftigte die neue Linie: »Schließen wir uns also ohne Widerstreben dem Begriff des öffentlichen Dienstes an. Er entspricht der Realität. Er enthält

21 PJ, April 1966, 4.

22 Ebd., 4.

23 »[…] que le renversement de la tendance est dû, d'une part, à l'effort qui a été entrepris pour mettre le public au courant de nos difficultés et de notre volonté de nous adapter à ses besoins, et, d'autre part, au choc psychologique qu'ont su créer les trois associations de magistrats en surmontant leurs divergences pour agir ensemble«; PJ, Dez. 1966, 1.

eine ständige Anpassung an die Bedürfnisse der Bevölkerung. Er beweist unseren Willen, ihr zu dienen, und, weit davon entfernt unsere Rolle herabzuwürdigen, lässt er deren Nützlichkeit greifbar deutlich werden.«[24]

Die umfangreiche Pressekampagne nötigte den amtierenden Justizminister Jean Foyer zu einer Reaktion. Den politischen Kräften und der Regierung war die nachlassende Funktionsfähigkeit der Justiz sehr wohl bekannt, vor allem infolge der Nachwuchs-Krise drohte die Rechtsprechung in einiger Zeit ihre Funktionsfähigkeit einzubüßen.[25] Eine in Regierungs-Auftrag 1966 erarbeitete breiträumige Untersuchung zu der Situation der Strafjustiz kam zu dem Schluss, dass es sich auf Grund der zu geringen Anzahl von Richtern um einen bedrohlichen Engpass, einen »goulot d'étranglement«, handle, der die Aufarbeitung der wachsenden Kriminalität nicht mehr zuließ.[26] Die festgestellten Mängel erforderten eine massive Intervention der Exekutive.

Der Minister sagte der Richterschaft umfassende Reformen zu, die sowohl die Modernisierung der Gebäude, die Ausstattung der Büros mit modernen Einrichtungen und Hilfsmitteln, Bibliotheken und technische Arbeitshilfen an den Gerichtshöfen betrafen. Was den Nachwuchs der Richter anginge, so solle dafür Sorge getragen werden, dass ihm eine Wohnsituation geboten werde, die dem gesellschaftlichen Rang seines Amtes entspreche.[27]

Tatsächlich schien sich die Staatsgewalt selbst an die Spitze derer zu stellen, die die längst überfällige Anpassung des Justizwesens an die Modernität vertraten. Auch das Kabinett stimmte den Vorschlägen des Ministers zu, der ebenfalls eine Reform der Zentralverwaltung im Justizministerium mit der Erhöhung der dort tätigen Angestellten in Aussicht stellte. Vorgesehen war ebenfalls die Reduzierung der Ausbildungszeit in der Richterschule von 36 auf 28 Monate und die Besserung der Wohn- und

---

24 »Rallions-nous donc sans réticence à la notion de service public. Elle correspond à la réalité. Elle implique une adaptation permanente aux besoins du public. Elle révèle notre volonté de le servir et, loin d'abaisser notre rôle, elle rend plus tangible son utilité«; PJ, Jan. 1966, 1.

25 Dies geht hervor aus den Dokumenten im Carton 950407 Art. 1, Fontainebleau, Archives du Ministère de la Justice.

26 »Cette conclusion est nettement corroborée si l'on considère la stagnation de l'indice des affaires mises à l'instruction [...]: elle indique la présence d'un goulot d'étranglement dans le fonctionnement de la justice pénale«; Carton 850211 Art. 79, »Politique pénale«, Fontainebleau, Archives du Min. de la Justice.

27 *Le Monde*, 8.Januar 1965.

Arbeitsverhältnisse der jungen Richter-Aspiranten. Diese Reformen wurden zur Zielvorgabe im Fünften Fünfjahres-Plan deklariert. Die Zeitung *Le Monde* brachte die Nachricht und kommentierte sarkastisch: »Der Eindruck der etwas verstaubten und altertümlichen Eigenschaften, der den richterlichen Aktivitäten anhaftet, ist – unterschwellig oder offenkundig – weit verbreitet und in gewisser Weise berechtigt. [...] Kurz, für die richterliche Gewalt handelt es sich darum, den Grund für ein Ärgernis zu beseitigen, die zu allgemein ist, um nicht berechtigt zu sein.«[28]

Ebenso wie der Vorsitzende der UFM beschrieb auch der Justizminister die Justiz als »öffentlichen Dienst«, wenn dieses Schlagwort auch in seiner Interpretation andere Züge trug als bei Ropers. Seine Bemühungen dienten, so führte Foyer aus, dem Ziel, die Justiz zu einem einsatzfähigen, funktionierenden Instrument zu machen, zu einem *service public.* »Das ist ein öffentlicher Dienst, führte der Justizminister aus, der Kunde muss schnell und gut bedient werden.«[29]

Die Reaktion der Richterschaft war zwiespältig. War dies das angestrebte »image de la justice«?

Es blieb dies nicht die einzige Ernüchterung. Die Bekundungen guten Willens von Seiten der Politiker zeitigten keine Wirkungen, alle Bemühungen um Entgegenkommen der politischen Ebene verliefen im Sande. Nichts geschah. Die zugesagten Maßnahmen unterblieben; andere Investitionen schienen den politischen Akteuren dringlicher. Offenbar aus Gründen anderer Budget-Prioritäten kehrte die Regierung zu ihrer Haltung der Nichtbeachtung der Forderungen der Richterschaft zurück. Auch die Berichterstattung in der Presse, die mit soviel Elan begonnen hatte, erlahmte.

Es erwies sich als Täuschung, aus der Verbesserung des Klimas zwischen Justiz und Presse auf das Entgegenkommen der politischen Akteure zu schließen. In den Fragen, die der Begriff Justizkrise umschrieb, ergaben sich keine Veränderungen: zu enge Anbindung an die Exekutive, Ermangelung eines gesetzlich festgelegten Statuts, Ausbildungsprobleme und Nachwuchsmangel, das allzu geringe Budget, das 1965 nur 0,67 Prozent des Staatsbudgets ausmachte[30] und die daraus für die Richterschaft entstehenden materiellen Probleme. Resigniert stellte Ropers auf dem Kongress

28 *Le Monde*, 12. Februar 1965, 17.

29 »C'est là un service public. Le client doit être servi vite et bien«; zit. nach *Le Monde*, 12.Mai 1965, 9.

30 »0,67% du montant total de son budget, voilà ce que la France consacre à sa justice«; PJ, März 1965, 10.

von Reims 1967 das Ausbleiben von Verbesserungen fest; trotz aller Bemühungen war es nicht gelungen, die Regierung zu mehr Entgegenkommen zu bewegen.

Zwei Jahre nach der Öffentlichkeits-Kampagne von 1965 zog Ropers erneut Bilanz: »Die fehlenden Mittel, der Personalmangel, die Dürftigkeit ihrer materiellen Situation genügen nicht als Erklärung für den Niedergang des Prestiges der Richterschaft. Man muss tiefer graben. Seit dem Zeitpunkt, wo Montesquieu den Grundsatz der Gewaltenteilung aufgestellt hat, hat die Richterschaft nicht mehr ihre Rolle in der Nation hinterfragt.«[31] Diese Rolle habe vormals darin bestanden, ein als unveränderliches Recht geltendes Gesetz anzuwenden. Nun aber gelte es, sich zum Sprachrohr des Volkswillens zu machen.[32]

Diese Aufgabe aber sollte von der UFM nicht geleistet werden. Es war einer anderen Gruppierung vorbehalten, das Bild von der Richterschaft als rückständiger Kraft in den Augen der Öffentlichkeit endgültig zu korrigieren und auch politische Wirkung zu entfalten.

6.4 Eine »Dosis Sauerstoff«:[33] Das *Syndicat de la Magistrature*

Mit dem Auftreten des losen Freundschaftsbundes AAAAJ war die Entwicklung eingeleitet worden, die zum langfristigen Zerfall der französischen Richterschaft in zwei annähernd gleich große Blöcke führte.

Die wiederholten Bemühungen der UFM, mit den beiden anderen Organisationen eine Einheit zu bilden, hatten 1967 insoweit Erfolg, als sich die *Association de la Magistrature* zur Wiedervereinigung mit der UFM entschloss, »damit, wie der Vorsitzende des Verbandes in einer Bilanz ausführte, die so gebildete Einheitsfront die gegen unsere legitimen Forderun-

31 »Le manque de moyens, la pénurie des effectifs, la médiocrité de sa situation matérielle ne suffisent pas à expliquer le déclin du prestige de la magistrature. C'est plus profond qu'il faut chercher. Depuis le moment où Montesquieu a posé le principe de la séparation des pouvoirs, la magistrature ne s'est plus interrogé sur son rôle dans la nation;« Ropers, Idées en l'air sur l'indispensable réforme de la justice,in: *Au service de la Pensée judiciaire*, 68.

32 »[...] de se faire l'interprète de la volonté du peuple«; ebd. 68.

33 »une véritable bouffée d'oxygène dans ce corps isolé et sclérosé«, Bourguet-Chassagnon, *Le syndicalisme judiciaire (1968–1995)*, 26.

gen angetretenen Widerstände überwinden kann«.[34] Zudem hätte in den Zielen der beiden Organisationen seit jeher Übereinstimmung bestanden, Divergenzen wären allenfalls in Fragen von deren Abstimmung und Durchsetzung aufgetreten, doch habe sich in dieser Hinsicht die UFM auf die Vorstellungen der *Association* zu bewegt[35]. Die Zusammenführung sollte auf dem für Juni 1968 vorgesehenen Kongress in Albi feierlich begangen werden.

Für die UFM rückte damit die Vorstellung einer alle drei Gruppierungen umfassenden Richterschaft in einer einzigen berufsständischen Vertretung in greifbare Nähe. Das Verbandsorgan schrieb:

»Wir hoffen, dass der Kongress von Albi eine Vorstufe sein wird. Wenn es auch völlig legitim ist, wenn die jungen, aus dem CNEJ hervorgegangenen Richter in einer gesonderten Vereinigung miteinander die Erinnerungen an eine gemeinsame Ausbildungszeit pflegen möchten, so wissen sie doch, dass der Zugang zur UFM ihnen weit offen steht, nicht nur als Teilnehmer, sondern als gestaltende Mitglieder, denen ohne Einschränkung die Verantwortlichkeiten übertragen werden, die sie übernehmen möchten. Der Zugewinn an jugendlicher Dynamik ist ebenso unverzichtbar wie die Einheit. Die Jungen verstehen das und wissen, dass man nicht in der Gewohnheit einer allzu langen Tätigkeit verknöchern darf. Mögen sie zu uns kommen, wir heißen sie willkommen.«[36]

Um dieser Offerte ausreichend Überzeugungskraft zu verleihen, schlug die UFM-Leitung die Zusammenfassung aller Richterverbände in einer neu zu schaffenden, syndikal verfassten Union »Union nationale de la magistrature« vor, worin der amtierende Vorsitzende der AAAAJ, Dominique Charvet, den Posten des Vize-präsidenten übernehmen sollte.

Doch diese Vereinnahmung war nicht im Sinn der in der AAAAJ vereinigten jungen Richter; zu deutlich erschien ihnen die Kluft zum alten konservativen Mutterverband. Um der mit Nachdruck werbenden Umarmung der UFM zu widerstehen, gab es nur eine Möglichkeit: ihrerseits

---

34 »[…] que le front unique ainsi constitué pourra triompher des résistances opposées à nos légitimes révendications«; Bilan, *L'Action judiciaire*, Mai–Nov. 1968, 2.

35 Ebd., 2.

36 »Le Congrès d'Albi sera, nous l'espérons aussi, une préfiguration. S'il est parfaitement légitime que les jeunes magistrats, issus du CNEJ, veuillent conserver entre eux, les souvenirs d'une formation commune, ils savent que l'accès de l'UFM leur est largement ouvert non seulement en tant que participants, mais, plus encore, comme membres agissants, auxquels seront accordés sans réserve les responsabilités dont ils désirent se charger. L'apport du dynamisme de la jeunesse est aussi indispensable que l'unité. Les jeunes le comprennent et savent qu'il est nécessaire de ne pas laisser se sclérotiser par l'habitude d'une trop longue activité. Qu'ils viennent à nous, nous les accueillerons!«; PJ, Mai 1968, 1.

einen eigenen formaljuristisch unangreifbaren Verband zu gründen und dies schnell zu tun. Unter erheblichem Zeitdruck erarbeiteten einige der jungen Juristen unter der Federführung von Pierre Lyon-Caen die Statuten eines syndikal strukturierten Verbandes und legten diese am 8. Juni auf einer Vollversammlung den Mitgliedern der AAAAJ zur Abstimmung vor. Der Vorschlag wurde angenommen und eine neue Organisation der französischen Richterschaft als *Syndicat de la Magistrature* (SM) aus der Taufe gehoben.

Mit dem *Syndicat de la Magistrature* hatte sich nun eine Vereinigung formiert, die schon in ihrem Namen eine deutliche Abkehr von alten berufsständischen Strategien vollzog. In der Bezeichnung ›syndicat‹ übernahm der neue Verband nicht die integrale, quasi politische Definition des Begriffs, es handelte sich vielmehr um eine syndikale Sonderform. Sie ergab sich daraus, dass die Richter verpflichtet waren, die *obligation de réserve* einzuhalten und damit weder einer als parteipolitischer Zusammenschluss konstituierten Organisation angehören, noch Mitglied eines übergreifenden Gewerkschaftsverbands sein konnten. Zudem drückte die *obligation de réserve* die Verpflichtung zur allgemeinen Zurückhaltung in allen gesellschaftspolitischen Fragen aus, eine Einschränkung, die Interpretationsspielräume offen ließ.

Für die Gründungsmitglieder des neuen Verbandes wies der Terminus *Syndicat* auf eine stärkere Betonung der gemeinschaftlichen Aktion, wie auch der Außenwirkung hin. Denn für den jungen Verband war es erklärtes Ziel, das Bild von der Richterschaft als rückständiger Kraft in den Augen der Öffentlichkeit zu korrigieren, sich als Faktor des öffentlichen Lebens zu exponieren und auf diese Weise politische Wirkung zu entfalten. Zudem gestattete das Gesetz einer als *Syndicat* verfassten Vereinigung, notfalls ihre Interessen vor Gericht zu vertreten, was nach dem Gesetz der Rechtsform einer *Association*, einer Vereinigung, oder auch einer *Fédération*, also dem Bund mehrerer Vereinigungen, nicht zustand.

Einen Tag nach der Verbandsgründung versandte der Vorstand ein Papier an seine Mitglieder, in dem sich die Vereinigung vorstellte: »Die syndikale Form erschien als die einzige moderne Organisationsform, die einem Berufsverband ermöglicht, sich Gehör zu verschaffen; wir brauchten ein repräsentatives und dynamisches Organ.«[37] Zu den Verbandszielen wurde

37 »La structure syndicale est apparue comme la seule forme moderne permettant à une corporation professionnelle de se faire entendre; il fallait une organisation représentative et dynamique«, zit. nach Boure/Mignard, *La crise de l'institution judiciaire*, 176.

ausgeführt: »Unser *Syndicat* verfolgt keinerlei politisches Ziel. Unser einziger Zweck besteht darin, die Unabhängigkeit des Richters zu erlangen, gleich welcher Art auch immer die amtierende Macht ist , damit die Laufbahn des Richters nicht mehr von der exekutiven Gewalt abhängt, damit er an der Verwaltung seines gerichtlichen Zuständigkeitsbereichs beteiligt ist, damit er sein Amt unter angemessenen Bedingungen ausüben kann, damit er näher an dem Rechtssuchenden ist.«[38]

Was, nach der Vorstellung der jungen Verbandsgründer, Rechtsprechung und Rolle des Richters sein sollte, fasste das erste Heft des neuen Verbandsorgans *Justice* in Worte:

»Zunächst scheint es uns unumgänglich, endgültig aufzuräumen mit der Vorstellung vom Richter von Gottes Gnaden, der ausgestattet ist mit einer sakralen Gewalt, der es sich erlauben kann, sobald er das Gesetz auslegt, die Augen vor der lebendigen, sich wandelnden, sich entwickelnden und sich tief greifend verändernden Welt zu verschließen. Der Richter scheint uns vor allem dazu aufgerufen, die Institution, der er angehört, zu einem wahrhaften und umfassenden öffentlichen Dienst zu machen, der im Interesse der Gesellschaft die Achtung vor den Gesetzen gewährleistet, die diese Gesellschaft regeln; der aber auch erreichbar ist und wirklich zugänglich jedem Menschen [...] Nachdenken ist gut, aber heute muss man handeln und um zu handeln, muss man etwas wagen und sich exponieren – darin liegt die zwingend notwendige Veränderung!«[39]

Wie sich in diesen Ausführungen andeutet, standen theoretische Erörterungen über Handlungsleitlinien hinter pragmatischer Reformarbeit zurück. Die Gründungsakteure des SM vertrauten in die Regulierungskräfte innerverbandlicher Debatten und setzten auf das Funktionieren demokratischer Spielregeln, um die auftretenden Widersprüche und Meinungsverschiedenheiten zu lösen. Die Festlegung auf prinzipielle Grundsätze hätte der pragmatischen Offenheit widersprochen, die der Verband anstrebte. Hingegen einigten sich die Verbandsmitglieder auf eine verbindliche Satzung, die die Verfahrensregeln der Verbandsarbeit bestimmte. Zur Ver-

38 Zit. nach Soulez-Larivière, *Les juges dans la balance*, 187.

39 »Il nous semble tout d'abord indispensable d'abolir à titre définitif la notion du Juge de Droit divin, investi d'un pouvoir sacramental qui peut se dispenser – du moment qu'il applique la loi – d'ouvrir grand les yeux sur le monde qui vit, change, évolue ou se transforme profondément. Le Juge nous paraît surtout investi de faire de l'Institution à laquelle il appartient un véritable et grand service public, garantissant dans l'intérêt de la Société le respect des lois qui la régissent, mais, accessible aussi et vraiment accessible à tout homme… Penser c'est bien, mais aujourd'hui il faut agir et pour agir il faut risquer et s'engager – Là est le changement nécessaire«; *Justice*, Juli 1969, 10.

meidung der Verfestigung personeller Machtstrukturen gab die Satzung vor, dass ein Vorstandsmitglied nur jeweils zweimal eine Mandatsperiode von zwei Jahren ausüben konnte. Dieses Rotationsprinzip sollte erstmals 1972 umgesetzt werden, wenn die vier Gründungsmitglieder, Dominique Charvet, Pierre Lyon-Caen, Louis Joinet und Claude Parodi, den Vorstand verließen.

Von der bisherigen Form berufsständischer Interessenvertretung unterschied sich die Praxis, wie sie der neue Richterverband anstrebte, sowohl in der Betonung der Notwendigkeit zu »handeln« , wie auch darin, wie dieses Handeln geschehen sollte, nämlich in solidarischer Weise, also in Gemeinsamkeit und mit größtmöglicher Außenwirkung in die Öffentlichkeit hinein.

Damit zog das *Syndicat* eine eindeutige Trennungslinie zum Mutterverband UFM. Dessen Verbandspolitik sei, so wurde angeführt, in hierarchischen Fragen erstickt: Noch immer halte man sich dort viel auf die Individualität des Richters zugute, eine Individualität, die in den Augen der Jungen zu nichts anderem führte, als zu Aufsplitterung und Parzellierung. Die Vereinzelung der Richter gerade war es, die nach Ansicht der SM-Mitglieder jede kollektive Aktion verhinderte; sie sei folglich für die Vernachlässigung der Interessen der Richterschaft verantwortlich. Da die Exekutive kein Interesse an einer Verbesserung des Richterstatus habe, könne es keinen Fortschritt geben, solange die Richter sich nicht zu einer gemeinsamen Frontstellung und Aktion bereit fänden. Diese Gemeinsamkeit in der Willensbildung und in der Aktion sei als »Demokratisierung« zu verstehen, weil damit die alte Hierarchisierung des Richterstandes aufgebrochen werde.

Auch in der personellen Zusammensetzung des Verbandsvorstands bemühte sich das *Syndicat* der angestrebten »Demokratisierung« Rechnung zu tragen. Ebenso wie die Vertreter der einzelnen Regionen wurden die unteren Dienstgrade gleichmäßig berücksichtigt. Ab 1970 erfolgten Abstimmungen in »direkter Demokratie«, also ohne übertragbare Stimmen.

Wie sich in den Folgejahren zeigen sollte, markierten auch Form und Ergebnis der intellektuellen Auseinandersetzung mit der Frage, welche Rolle die Justiz im Gefüge der gesellschaftlichen Kräfte einnehmen sollte, eine inhaltliche Differenz zwischen den Verbänden. Für die Jungen galt es nicht nur, die Ausgestaltung des beruflichen Auftrags zu erneuern, sondern in zunehmendem Maß auch der Gesellschaft ein neues Gesicht zu geben. Carlo Guarneri und Patricia Pederzoli bezeichnen die Neubestimmung der grundlegenden Referenzen des *Syndicat* als »Externalisierung seines korporativen und traditionellen Bezugssystems«.[40] Auch wenn zunächst noch korporative Zielsetzungen als Schwerpunkte der Verbandsarbeit benannt wurden, so schoben sich doch im Verlauf der Jahre immer stärker gesamtgesellschaftliche Reformvorstellungen in den Vordergrund. Nicht mehr innerberufsständische Referenzen allein galten etwa ab 1971 dem *Syndicat* als Motiv seiner Verbandstätigkeit, sondern außerhalb des Berufsstandes liegende Ziele: Der junge Richter verstand sein Mandat in gesamtgesellschaftlichen Zusammenhängen. Es ging um die Funktion eines Mittlers im zwischenmenschlichen Bereich, um die Existenz einer sozialen Schiedsinstanz, die über die traditionelle Rolle des Richters als »bouche de la loi« weit hinausging. Dieses Mandat lag auch außerhalb – und letztlich oberhalb – der staatlichen Zentralgewalt. Wollte die Richterschaft dieser Rolle gerecht werden, so musste sie daran gehen, sich aus den Fesseln der staatlichen Kuratel zu befreien und sich eine weitgehende Unabhängigkeit zu sichern.

Justiz war für das SM nicht mehr eine ideale Konfiguration, statisch und oberhalb der Gesellschaft angesiedelt, sondern sie war als deren Spiegelbild vielgestaltig und schwankend. Diese grundsätzlich offene Haltung gehörte zum Programm. Es wurde betont, dass es in der Verbandsarbeit nicht darum gehe, die Entscheidung des Richters tendenziell zu beeinflussen, sondern darum, gemeinsam über sein Amt nachzudenken. Damit sollte einerseits der Informations- und Meinungsaustausch innerhalb der Richterschaft verstetigt und andererseits der traditionellen Vereinzelung des französischen Richters entgegengewirkt werden; dieser sollte eingebunden werden in eine lebendige, solidarische Gemeinschaft, die den Einzelnen in seiner beruflichen Praxis und in seiner existenziellen Situation begleitete und stärkte. Der angestrebte Pragmatismus fand seinen Ausdruck in der angestrebten Pluralität der Meinungen. Geltende Praxis war, soweit irgend möglich keine Beschlüsse zuzulassen, die andere Meinungen ausgrenzen würden. Statt dessen wurden Kontroversen über das Vorgehen des Verbandes oder das einzelner Mitglieder, die in den Jahren ab 1972 vielfach die Einigkeit im SM bedrohten, nicht durch einen Mehrheitsbeschluss beendet, sondern an Gruppen verwiesen, die die entsprechende Themenstellung in Gesprächsrunden besprachen und versuchten, einvernehmliche Lösungen zu finden.

---

40 »Externalisation des repères traditionnelles du corps«; Guarneri/Pederzoli, *La puissance de juger. Pouvoir judiciaire et démocratie*, 58.

Diese Gesprächsrunden fanden statt im so genannten »fonctionnement interne« oder auch »reflexion collective«, einer Periode des gemeinsamen Nachdenkens, zu der sich die Mitglieder alljährlich mehrere Wochen lang zusammenfanden und aus der die inhaltlichen Positionsbestimmungen des Verbandes hervor gingen. Dieser Einrichtung, einer Art institutionalisierter innerverbandlicher Kommunikation, verdankte der Verband die gleichmäßige Information und die Teilhabe aller am Willensbildungsprozess, den freundschaftlichen Umgang der Mitglieder untereinander und ein hohes Maß an inhaltlicher Übereinstimmung. Wo dieses nicht gegeben war, ermöglichte das »fonctionnement interne«, divergierende Meinungen einzubinden und Spannungen auszuhalten. Beginnend am Wochenende um Himmelfahrt 1969 wurde erstmals die Phase der Information und des Austauschs in einem alten und baufälligen Schloss in Goutelas nahe Lyon abgehalten und damit die Tradition der »Tage von Goutelas« begründet, die bis heute gepflegt wird.

6.5 Ziele und Methoden des SM

In den Statuten des neuen Verbandes wurden drei Aufgabenbereiche benannt: »darüber zu wachen, dass die Justizgewalt ihren Auftrag in voller Unabhängigkeit ausüben kann«, »alle notwendigen die Organisation und die Funktion der Justiz betreffenden Reformen zu erarbeiten und zu fördern« und »die beruflichen Interessen seiner Mitglieder zu vertreten«.[41] Diese Ziele erscheinen maßvoll, beinhalteten aber doch Weiterungen, die in den Folgejahren zur Politisierung führen sollten.

Durch seine Konstituierung als *Syndicat* ließ der Verband eine linke politische Verortung erwarten; doch sprach sich auf der Gründungsversammlung die Mehrheit der Mitglieder gegen eine entsprechende Festlegung aus. Maurice Simon, der mit seinen 45 Jahren als erfahrener Richter galt und als »façade incontestable[42]« zum Vorsitzenden gewählt worden war, stellte in einer Rede im März 1969 fest, »dass das *Syndicat* keinerlei politischen Richtung, ob links, Mitte oder rechts, angehört und dass es

41 Dazu Soulez-Larivière, *Les juges dans la balance*, 195.

42 Charakterisierung in: Lemoine/N'guyen, *Le livre noir du S.M.*, 42f.

nicht Mitglied eines gewerkschaftlichen Dachverbandes ist«.[43] Vielmehr wollte man sich pragmatisch und mit Nachdruck der Lösung von Problemen, sowohl der Richter wie auch der Rechtssuchenden, stellen und handeln. [44]

Als Ziel galt gleichwohl, wie Louis Joinet[45], einer der Wortführer des neuen Verbandes, ausführte, zum »politischen Faktor zu werden«[46]; also zur gesellschaftlichen Kraft, die Wirkung entfalten solle. Dies könne nur durch kollektives Handeln erreicht werden. Individualismus und Unabhängigkeit seien Chimären, ersterer mache wehrlos gegenüber Pressionen von anderer Seite; dagegen vermittle die in den Stunden des gemeinsamen Nachdenkens im CNEJ gelernte Solidarität Schutz und geistige Unabhängigkeit. Die notwendige Politisierung der Richterschaft bestehe in der Beendigung des Individualismus und in der kollektiven Suche nach Aktionsformen der Gemeinsamkeit. Dazu biete sich die syndikale Struktur an, weil auf diese Weise ein besseres Kräfteverhältnis zwischen Regierung und Richterschaft hergestellt würde. Ziel des *Syndicat* wäre, mehr noch als die Erarbeitung von Reformvorschlägen, die Ausarbeitung von Methoden zu deren Durchsetzung.[47]

Zur Realisierung demokratischer Strukturen werde das *Syndicat*, so kündigte Louis Joinet an, syndikale Sektionen in allen Gerichtsorten schaffen, in denen gemeinsam nachgedacht und beraten würde. Diese Sektionen waren weitgehend selbständig, doch sollte der Gesamt-Vorstand vor wesentlichen Entscheidungen ihre Meinung einholen und diese in seinen Stellungnahmen berücksichtigen.

---

43 »Mais j'affirme en revanche, que le *Syndicat de la magistrature* n'est issu et ne dépend d'aucune formation politique, qu'elle soit de la Gauche, du Centre ou de la Droite, et ne se trouve affilié à aucune centrale syndicale«; *Justice*, Nr. 1, Juli 1969, 9.

44 Zum Bestreben nach pragmatischen Handeln auch: »si des magistrats ont constitué un syndicat, c'est moins pour telle ou telle finalité, que pour ›agir‹«; Gérard Duprat: Pour une étude politique de la crise de la magistrature française, in *Justice et politique*, Actes du colloque de l'IEP Strasbourg, 1974, 226.

45 Louis Joinet, geb. 1934 in Nevers. Der Vater führte dort ein Geschäft. Er befasste sich schon früh mit der Integration von jungen Straffälligen, war 2 ½ Jahre im Algerien-Krieg eingesetzt, studierte als Stipendiat Jura, erreichte bei beiden Abschlussexamen (sowohl in der *Licence de droit* wie auch im CNEJ) jeweils die beste Note unter seinen Kommilitonen. Nach 1981 nahm er u.a. Berater-Funktionen bei Premierminister Mauroy, dann bei Laurent Fabius wahr und war dann als Generalstaatsanwalt in Paris tätig.

46 Joinet, Louis: L'avenir du syndicalisme judiciaire, in: La Justice en question, *La Nef*, Heft 39, Jan.–März 1970, 124.

47 »la mise au point de moyens d'action efficaces«; ebd., 120.

In den Anfangsjahren strebte das SM eine »Politik des Dialogs« an, die mit allen Bereichen der Öffentlichkeit, mit den politischen Kräften und mit der UFM geführt werden sollte.[48] Dem Ziel der Öffnung nach außen diente die Strategie der sachbezogenen Öffentlichkeitsarbeit. Der Verband war sich im Klaren darüber, dass auf Grund der geringen Zahl von Richtern wirksame gesamtgesellschaftliche Gestaltungschancen ihm nicht zu Gebote standen. Deshalb war es nötig, Verbindung zu anderen Gruppen des juristischen Bereichs aufzunehmen.

Zunächst wurden stufenweise und segmentweise Kommunikationsnetzwerke geschaffen, die regelmäßige Treffen und Maßnahmen gemeinsamer Interessenvertretung vorsahen: ein *comité national de liaison justice*, das 17 berufsständische Gruppierungen aus dem Bereich des Strafvollzugs, des Gerichtspersonals und der Fürsorgeeinrichtungen zusammenfasste und das ein hartnäckiger Gesprächspartner der mit der Erstellung des Budgets beauftragten politischen Gremien wurde. Es folgte ein Komitee *Presse, Police et Justice*, das sich aus regionalen Zellen zusammen setzte und dessen Arbeit gelegentlich übereinstimmende Forderungen in abgestimmte Aktionen ummünzte. Ein weiteres Komitee *Justice pénale nouvelle* sorgte für die Verbindung zwischen Anwalts- und Richterverbänden, führte aber weniger zu greifbaren Resultaten. Der Einblick, den die Mitglieder des SM durch diese und weitere Netzwerke in weite Bereiche des gesamten Justizsektors nehmen konnten, erwies sich als unschätzbarer Vorteil, zumal auch die Kontakte schnelle und zweckmäßige Abstimmungen in taktischen Fragen ermöglichten.

Im Gegensatz zu diesen Verflechtungen und Kooperationen wurde die Öffnung des SM zu den Gewerkschaften nicht von allen Verbandsmitgliedern einhellig mitgetragen. Zu dem ersten Jahreskongress im November 1968 hatte das *Syndicat* sowohl die Gewerkschaften CGT und CDTF wie auch die Verbände der Unternehmer eingeladen. Während erstere einige Vertreter entsandten, antworteten letztere nicht auf das Angebot. Im Verband selbst war die Einladung an die Adresse der Arbeitnehmer- und Arbeitgebervertretungen umstritten; zum einen untersagte die *obligation de réserve* die Mitgliedschaft von Richtern in Berufsverbänden, zudem bedeutete nach Meinung vieler die Zusammenarbeit mit den Interessenvertretern

48 Das SM kündigte die Doppelmitgliedschaften 1971 auf. Interventionen gegenüber dem Justizministerium und mehrere öffentliche Aktionen wurden gleichwohl auch weiterhin gemeinsam ausgeführt, wenn auch die gemeinsame Vorbereitungsphase weitgehend entfiel und ein eher kühles Verhältnis bestand.

eine unnötige politische Festlegung. Aussichtsreiche Gemeinsamkeiten, die eine längerfristige Kooperation gerechtfertigt hätten, bestanden nur zu den Arbeitnehmerorganisationen, zumal etliche Mitglieder des *Syndicat* als Privatpersonen gewerkschaftlich organisiert waren. In der Folge unterhielt der Richterverband SM denn auch dauerhaft enge Kontakte insbesondere zu den gewerkschaftlichen Dachverbänden CGT[49] und CFDT[50] und organisierte mit ihnen gemeinsame Aktionen.

Auch mit dem Mutterverband UFM bestanden Verbindungen, was durch zahlreiche Doppelmitgliedschaften unterstrichen wurde. In Aktionen, die korporative Zielsetzungen verfolgten, stimmten sich in der ersten Zeit beide Verbände ab und agierten gemeinsam.

Auf internationaler Ebene pflegte die Richtergewerkschaft schon früh engen Kontakt zum italienischen Richterverband *Magistratura democratica*; im späteren Verlauf erweiterten sich die Verbindungen zur griechischen und zur portugiesischen Richterschaft, die unter autoritären Regimen zu leiden hatten und für die die Beratung und Unterstützung durch das *Syndicat* einen hohen Stellenwert besaß.[51] Mit besonderer Aufmerksamkeit wurden die Vorgänge in der Bundesrepublik um die Baader-Meinhoff Gruppe beobachtet und die Politik der bundesdeutschen Justizbehörden in gelegentlichen Stellungnahmen, vor allem wegen des Radikalen-Erlasses, aufs Korn genommen.

Besonderen Wert legte das *Syndicat* auf den ständigen Austausch mit der Presse. Dazu diente eine rund um die Uhr besetzte Kontaktstelle, die es Gerichtsreportern und Redakteuren ermöglichte, auch zu unüblichen Tageszeiten Nachrichten aus dem Justizwesen und Stellungnahmen des SM entgegenzunehmen. Es ging nicht darum, wie das *Syndicat* deutlich machte, Einzelheiten aus laufenden Verfahren mitzuteilen, sondern Auskünfte zu technischen Rechtsfragen oder zu Gesetzesvorhaben oder auch zu anderweitigen für die Öffentlichkeit bedeutsamen Vorgängen zu geben. Da die Pressestelle des Justizministeriums bereits um 19 Uhr ihre Pforten schloss und die Morgen-Ausgaben der Zeitungen um 23 Uhr in Druck gingen,

---

49 Confédération générale du travail.

50 Confédération française démocratique du travail.

51 Im Fall des griechischen Richters Sartzétakis, der den Mordanschlag auf den Abgeordneten Lambrakis gerichtlich verfolgt hatte und vom Regime der Obristen deswegen eingekerkert und gefoltert worden war, organisierte das SM eine Solidaritätskampagne, die zur Befreiung des Richters führte. Pierre Lyon-Caen, einer der jungen Verbandsgründer, erhielt später für seine Verdienste in dieser Angelegenheit den höchsten griechischen Orden.

verzeichnete diese Rund-um-die-Uhr-Anlaufstelle des *Syndicat* eine stete Nachfrage. Die Einrichtung der Presse-Kontaktstelle sicherte ebenso wie die freundschaftlichen Verbindungen von SM-Mitgliedern zu den Prozess-Berichterstattern der Zeitungen[52] die Präsenz auf den vorderen Seiten der Tagespresse.

Einen Anreiz für die Presse bildeten auch Aktionstage[53], die Mitglieder des SM landesweit einberiefen. Es handelte sich dabei um Versammlungen des Gerichtspersonals, der Anwälte, Staatsanwälte und Richter an den Gerichtsorten, bei denen anstehende Probleme besprochen und häufig in der Form von Motionen ausformuliert wurden, die dann dem Justizministerium zugingen und den Grundstein für Reformen bildeten.

Eine besondere Rolle innerhalb der methodischen Optionen des SM kam der Arbeitsniederlegung zu. Der Arbeitsstreik war für Richter nicht nur wegen der beeidigten *réserve politique* unzulässig, sondern auch durch eine *Ordonnance* expressis verbis untersagt[54], was der SM insoweit umging, als er schon in seiner Anfangsphase erklärte, bei Anlässen, die selbst einen Bruch der Rechtsordnung darstellten, sehe er sich nicht an diese Einschränkung gebunden. Immerhin blieb im SM die Arbeitsverweigerung als aussichtsreiche Methode zur Durchsetzung korporativer Ziele umstritten. Auf dem 2. Kongress von 1969 kam es deshalb zu einer längeren Debatte. Sie mündete in den Beschluss: »Das nach allgemeinem Sprachgebrauch unter dem Begriff ›Streik‹ verstandene völlige und lang anhaltende Aussetzen der Rechtsprechungstätigkeit wird vom Gesetz nicht gebilligt. Gleichwohl sind die Richter nach einem Jahr der Überlegung und der syndikalen Aktion überzeugt, dass der Streik das wesentliche Instrument ist, um entweder einem schwerwiegenden Anschlag auf die grundlegenden Rechte einer unabhängigen Justiz zu widerstehen oder die unverzichtbaren Mittel zur Ausführung ihres Auftrags im Interesse der Rechtssuchenden zu erfüllen.

52 Vor allem Philippe Boucher von *Le Monde*, aber auch J. Laborde von *l'Aurore*, Denis Périer-David vom *Figaro* etc.

53 Das Programm eines derartigen Aktionstags veröffentlichte die Zeitschrift *Justice* in Heft Nr. 6, Juli 1970, 2. Der landesweite Aktionstag umfasste im wesentlichen zwei Formen von Veranstaltungen: – Pressekonferenzen, auf denen die nationalen und lokalen Probleme aufgezeigt wurden, die in den einzelnen Zuständigkeitsbereichen des Justizministeriums auftraten; – öffentliche Debatten, der Allgemeinheit zugänglich, nach Aufführung eines der Justizkrise gewidmeten Films von Roger Louis und Frédéric Pottécher »Die Richter und die Justiz«.

54 durch den Art. 10 der *Ordonnance* vom 22. Dez. 1958.

Folglich bestätigt das *Syndicat* erneut seinen bereits auf dem Ersten Kongress ausgesprochenen Willen, das Prinzip des Streiks zum bevorzugten Instrument syndikaler Aktion zu erklären.«[55]

Wenn auch die Schärfe dieser Verlautbarungen den Konflikt mit den staatlichen Kräften herauf zu beschwören schien, so war doch die Gründergeneration des SM in den ersten Jahren bemüht, direkte Konfrontationen mit den politischen Akteuren zu vermeiden. Dem entsprach auch die Dialogwilligkeit des amtierenden Justizministers René Capitant, der sich der Defizite im Justizsystem bewusst war und gegenüber den jungen Verbandsmitgliedern großes Entgegenkommen signalisierte.

Die Erfolge, die der Verband darin erzielen sollte, die Sprachlosigkeit der Richterschaft zu beenden, dem alten Berufsstand neue Lebenskraft und ein neues Außenbild zu vermitteln, verdankten sich dem Zusammenwirken mehrerer Umstände. Die Frustration über den lang dauernden Mangel an wirksamen Modernisierungsmaßnahmen bereitete innerhalb der Richterschaft den Boden für den dynamischen Zuspruch zu der kreativen Verbandsarbeit des *Syndicat*. Zudem fiel der »Geist 68«, also der Diskurs um neue Ideen und Sichtweisen, und die daraus entstehende Infragestellung der bestehenden Ordnung zeitlich zusammen mit dem Auftreten einer Gruppe junger Richter, die die Richterschule als Freunde verließen und die die Initiative zur Schaffung des *Syndicat* ergriffen.

In den auf die Gründung des neuen Verbandes folgenden Monaten zeigte eine Beitrittswelle an, dass sich mit der Neugründung eine Lücke geschlossen hatte. Um die wesentlichen Akteure des SM, allen voran die vier Gründungsmitglieder, Dominique Charvet, Pierre Lyon-Caen, Louis Joinet und Claude Parodi, gruppierten sich in kurzer Zeit nicht nur die Abgänger der Richterschule, sondern auch ältere Richter, die häufig Mitglieder der UFM waren. Innerhalb von drei Wochen traten 400 Interessenten bei; acht Monate später hatten sich 940 von insgesamt 4.400 Richtern und Staatsanwälten als Mitglieder einschreiben lassen. 1971 verzeichnete das SM 1.200 Mitglieder.[56]

55 Joinet, L'avenir du syndicalisme judiciaire, 120.

56 Nach Lecrubier/Lyon-Caen, Si le Syndicat de la Magistrature nous était conté, in: *Justice*, Sonderheft, Juni/Sept. 1988, 68.

7. Der Aufbruch

7.1 Mai 68 und die Justiz

Das erste Auftreten des SM im Juni 1968 legt die Vermutung nahe, es bestehe zwischen den Mai-Unruhen und dem neuen Verband nicht nur ein zeitlicher, sondern auch ein kausaler Zusammenhang. Für die Verbandsgründung trifft dies nicht zu: Der Appell der UFM an die jungen Richter des AAAAJ, in den Schoß des alten Verbandes zurückzukehren, stammt von Ende 1967, die Vorarbeiten zur Konstituierung des SM liefen seit dem Frühjahr 1968. Da die Neugründung bis Juni 1968, den Zeitpunkt des von der UFM geplanten Vereinigungskongresses, abgeschlossen sein sollte, wurden die Mitglieder der AAAAJ, die die Statuten für den neu zu schaffenden Verband unter Zeitdruck abfassten und die Texte vertrieben, wegen der durch die Demonstrationen und den Generalstreik erschwerten Kommunikation eher behindert.

Gleichwohl profitierte der neue Verband von der Aufbruchstimmung, die die Studentenbewegung ausgelöst hatte. Einerseits wurde dadurch bewirkt, dass Presse und Öffentlichkeit sich für die Belange der jungen Generation empfänglich zeigten und den jungen Juristen ein offenes Ohr liehen. Zum anderen sorgte das wirkungsvolle Auftreten des SM für großes Interesse in der studentischen Jugend sowohl an einer aktiven Mitgliedschaft im Verband wie auch längerfristig am juristischen Berufsweg.

Man könnte annehmen, dass die Studenten-Unruhen eine Solidarisierungswelle unter den jungen Richtern verursacht haben könnten. Gab es nicht gewisse tendenzielle Übereinstimmungen im Tenor der erhobenen Forderungen der beiden Gruppierungen? Lagen nicht den Reform-Bestrebungen der Richtergewerkschaft ähnliche Motive zugrunde, wie sie auch die demonstrierenden Studenten ausdrückten: der Überdruss an den rigiden Vorgaben der Älteren, das Unbehagen an den zu starren Lebensregeln, an der mangelnden Offenheit, den ungenügenden Freiräumen?

Tatsächlich scheinen die Mitglieder des *Syndicat* diese Parallele nicht so empfunden zu haben. In den Protokollen der Kongresse oder im Organ *Justice* finden sich keine Anzeichen für eine Sichtweise, die sich den Vorstellungen der Mai-Demonstranten angenähert hätte. Dafür mag einerseits das berufliche Ethos der jungen Richter verantwortlich gewesen sein; andererseits spielte die Form des obrigkeitlichen und behördlichen Umgangs mit den Ruhestörern eine Rolle.

Das Verhalten der Ordnungskräfte soll hier kurz betrachtet werden, weil sich daraus das Fehlen von Solidarisierungstendenzen der jungen Richterschaft mit den rebellischen Studenten erklärt.

In den ersten Maitagen griff die Polizei hart durch; die bei den Demonstrationen festgenommenen Studenten wurden dem Richter vorgeführt, der Anklage wegen *flagrant délit* erhob. Dem Eingreifen des Polizeipräfekten von Paris, Maurice Grimaud[1] war zu verdanken, dass von den 27 Inhaftierten nur 13 vor Gericht gestellt wurden; alle übrigen wurden freigelassen. Die Anklage lautete auf Waffenbesitz[2] und Tätlichkeiten gegenüber der Polizei und führte in einem Fall zum Freispruch, in acht Fällen zu Strafen, die zur Bewährung ausgesetzt wurden und in vier Fällen zu Verurteilungen zu zwei Monaten Gefängnis.

Der Protest in Presse und Öffentlichkeit wegen des als zu hart beurteilten Richterspruchs überraschte die Ordnungskräfte durch seine Heftigkeit; die Solidarisierungswelle in der Studentenschaft machte deutlich, wie sensibel das Terrain der Rechtsprechung gehandhabt werden musste. Es kam bei den politisch Verantwortlichen zu einem Umdenkprozess, der zu der Einsicht führte: »[…] man muss vermeiden, die Vorkommnisse zu dramatisieren.«[3] Oder, wie es Edouard Balladur, der zu dieser Zeit persönlicher Berater Georges Pompidous war, in einem Interview als Orientierungsprinzip des Regierungschefs beschrieb:

»Die Bewegung sich auslaufen lassen, außer Atem kommen lassen; nicht provozieren durch Bemühungen, die Ordnung wiederherzustellen, Bemühungen, die ohnehin wegen der den Studenten gegenüber wohlwollend eingestellten Bevölkerung

1 Grimaud, En mai, fais ce qui te plaît, 86.

2 Im Auto der Angeklagten waren Schlagstöcke, Schutzhelme und ein Schraubenbolzen gefunden worden, was die jungen Leute mit der Notwendigkeit rechtfertigten, sich gegen rechtextreme Gruppen verteidigen zu müssen.

3 »[…] il faut éviter de dramatiser les évènements«; zit. nach Sommier, La violence politique et son deuil. L'après-68 en France et en Italie; auch Grimaud, En mai, fais ce qui te plaît, 86–91.

zum Scheitern verurteilt sind; abwarten, dass die Franzosen, die sich zunächst begeistert und amüsiert zeigen, der Unordnung überdrüssig werden.«[4]

Diese Handlungsanleitung wurde in der Folge grundsätzlich beibehalten, wenn auch mit einigen Abweichungen, die sich aus personellen Kompetenzverlagerungen[5] und aus unterschiedlicher Beurteilung der Tragweite der Ereignisse ergaben. Staatspräsident de Gaulle, Ministerpräsident Pompidou, einige Ressortminister[6] und der Polizeipräfekt favorisierten zeitweise unterschiedliche Lösungsansätze, einigten sich aber auf eine beschwichtigende Strategie.

Dem Prinzip der Zurückhaltung und des Spielens auf Zeit entsprach auch der Inhalt einer Rede von Georges Pompidou am 11.5. 1968 während einer Fernsehübertragung, in der der Regierungschef die Öffnung der Sorbonne und die Freilassung der verurteilten Studenten[7] ankündigte und darüber hinaus seine »tiefe Sympathie« für die rebellischen Studenten erklärte und eine »rasche und völlige Beruhigung« verhieß.[8]

Die Absicht einer »dédramatisation« der Ereignisse führte zu dem Schluss, dass alles vermieden werden müsse, was zu Unruhe in der Öffentlichkeit führen konnte. Damit war sowohl die Rolle der Presse angesprochen, wie auch die Reaktion der Polizei und Form und Ergebnis der juristischen Aufarbeitung. Folgerichtig wurde der Presse untersagt, weiterhin Direktübertragungen von den Demonstrationen und Tumulten zu senden[9],

4 Edouard Balladur in einem Interview mit Jean-Jacques Becker; dazu Becker: Communisme et Gaullisme dans la crise de mai 68, in: Courtois/Lazar (Hg.), *Cinquante ans d'une passion française*, 112.

5 Regierungschef Georges Pompidou hielt sich bis zum 11.5.1968 auf einem Staatsbesuch im Iran und in Afghanistan auf. Während seiner Abwesenheit hatten die betroffenen Ressortminister die Weisungsbefugnis. Staatspräsident General de Gaulle, der sich zunächst nicht eingeschaltet hatte und dann zu einem Staatsbesuch nach Rumänien aufbrach, forderte nach seiner Rückkehr am 24.5. vehement eine schärfere Reaktion gegenüber den Unruhen, gewährte aber auf dringende Einwände im Kabinett dem Polizeipräfekten weitgehende Entscheidungsbefugnisse über die Form, den Zeitpunkt und das Ausmaß der Polizeieinsätze. Am 30.5. wurde Innenminister Christian Fouchet von Raymond Marcellin abgelöst.

6 Die, wie *Le Monde* am 30. Dezember 1968 rückblickend schrieb, gegenüber den studentischen Akteuren einerseits mit »la carotte« (Erziehungsminister Edgar Faure), andererseits mit »le bâton« (Innenminister Raymond Marcellin) »bewaffnet« gewesen seien.

7 Diese Maßnahme wurde sowohl von der Polizeigewerkschaft wie von der Richterschaft heftig angegriffen; dazu Kap. 5.5.

8 Baynac, Jacques: Mai retrouvé. Contribution à l'histoire du mouvement révolutionnaire du 3 mai au 16 juin 1968, Paris 1978, 101.

9 Kabinettsbeschluss vom 23. Mai 1968; dazu Grimaud, *En mai, fais ce qui te plaît*, 152.

allerdings mit wenig Erfolg. Auch unterband man, wo immer es möglich war, die Berichterstattung aus den Gerichtssälen. Im Fall des Prozesses gegen Alain Geismar zum Beispiel fanden die Verhandlungen vom 20. bis 22. Oktober 1970 in einem kleinen Saal des Gerichtsgebäudes der 17. Strafkammer statt, der wegen der zahlreich anwesenden Polizisten in Zivil nicht ausreichend Raum für Besucher bot.[10] In anderen Fällen stellte, da, wo Öffentlichkeit zugelassen war, die Polizei die Identität der Anwesenden fest, gelegentlich auch verbunden mit Fotoaufnahmen.

Mit dem Ende des Mai gingen die innenpolitischen Spannungen in eine neue Phase über; der Generalstreik wurde durch die Vereinbarungen von Grenelle beschlossen. Ein Jahr später beendete die Amnestie vom 30.6.1969 die strafrechtlichen Auswirkungen für die Demonstranten des Sommers 68.

Gleichwohl dauerten die Unruhen an, wenn sie auch andere Formen annahmen. Dabei spielten insgesamt als »gauchistes« bezeichnete Gruppierungen unterschiedlicher Provenienz eine wachsende Rolle, die sich zu maoistischen, anarcho-syndikalistischen, pro-vietnamesischen Zielsetzungen bekannten. Deren Gegenfront bildeten rechtsextremistische Gruppen.

Die Protestbewegung, die anfangs in großen Demonstrationszügen von Studenten bestanden hatte, verlagerte sich nun auf schnelle Aktionen kleinerer Gruppen, häufig bestehend aus Schülern und aus Mitgliedern von Randgruppen, die sich zum Ziel setzten, Polizisten herauszufordern, die Aufmerksamkeit der Presse zu erregen und die Repression der Ordnungskräfte[11] der Öffentlichkeit vor Augen zu führen. Dabei waren jedoch, wie aus einer Untersuchung von Isabelle Sommier hervorgeht, beide Seiten bestrebt, Blutvergießen zu vermeiden, ja, es ergab sich »eine gewisse Kodifikation« der Aktionen und der Frontstellung.[12] Es herrschte offenbar beiderseits Einverständnis darüber, dass keine Märtyrer geschaffen werden sollten, um nicht den Boden möglicher Verständigung zu verlassen.

---

10 Zumindest sahen dies die Anhänger Geismars so; dazu: *Minutes du procès d'Alain Geismar. Document ›L'Idiot International‹*, Vorwort von Jean Paul Sartre, Paris 1970, 49; dazu auch Geismar, Alain: *Pourquoi nous combattons.* Déclaration d'Alain Geismar, Paris, 20, 21, 22 octobre 1970, Paris 1970; dazu auch: Hamon/Rotman, *Générations II: Les années de poudre*, 267–270.

11 Es kam in der Folge, trotz aller Appelle zur Mäßigung, wiederholt zu Übergriffen und unangemessenen Reaktionen der Polizisten, vor allem der CDR (*comités de défense de la République*), einer Art Sicherheitspolizei.

12 Sommier, La violence politique et son deuil, 81 – 84, hier 84.

Zur Besonderheit dieser Phase innenpolitischer Unruhen in Frankreich gehört auch die Rolle prominenter Intellektueller[13], darunter mehrerer Nobelpreisträger, die für die Protestgeneration Partei ergriffen und die es dadurch der staatlichen Seite erschwerten, sich die Position eindeutigen Rechts einzuverleiben und zu radikaleren Maßnahmen zu greifen.

Die Reaktion der Ordnungskräfte bestand generell aus prompt und massiv vorgenommenen Verhaftungen und Anklagen wegen in *flagrant délit* begangenen Tätlichkeiten gegenüber Polizisten, wegen Waffenbesitz, der Unterstützung von verbotenen Vereinigungen[14] oder der Teilnahme an Ordnungsverstößen, deren juristische Verfolgung das neue Repressionsgesetz »anti-casseurs« ermöglicht hatte. Die Gerichtsverhandlungen erfolgten dann im Allgemeinen wenig später – nur in wenigen Fällen, wie etwa im Fall Alain Geismars, warteten die Angeklagten monatelang auf den Gerichtstermin.

1970 unternahmen 30 Häftlinge während der Untersuchungshaft einen Hungerstreik, um als »politische« Häftlinge anerkannt zu werden. Obwohl das Justizministerium den Streik als Versuch bewertete, »öffentliche Aufmerksamkeit zu erregen«, wurde nach drei Wochen dem Anliegen stattgegeben; die Häftlinge wurden in einen anderen Trakt verlegt und erhielten Einzelzellen. An dem Hungerstreik hatte sich auch Alain Geismar beteiligt.

Häufig bemühten sich die Angeklagten in den Gerichtsverhandlungen, den Gerichtssaal als Tribüne für ihre politischen Theorien zu nutzen. Doch zeigte sich bei aller verbalen Schärfe, die vor allem die Seite der Angeklagten einsetzte[15], eine gewisse Mäßigung im Verhalten, wie sie insgesamt die Vorgänge kennzeichnete. Es erfolgten keine spektakulären Tabubrüche in einer das Gericht herabsetzenden oder provozierenden Art, etwa durch Nicht-Einhalten der prozessualen Formen, durch Entblößen von Körperteilen oder ähnlichem Verhalten, wie sie in der Bundesrepublik vorkamen. Gewissermaßen blieb »die Würde des Gerichts« unangetastet. Der Verhandlungston war im Großen und Ganzen höflich; selbst bei inhaltlich radikalen Ausführungen der Angeklagten[16] ließ man sie ausreden. Häufig ergaben sich in den Schilderungen von Zusammenstößen zwischen

13 Jean-Paul Sartre, Simone de Beauvoir, Alain Touraine, Michel Foucault u.a.

14 vor allem der *Gauche prolétarienne* und von deren Organ »*La Cause du peuple*«.

15 Dazu die Erklärung von Alain Geismar in den Prozessen vom Oktober 1970 vor der 17. Strafkammer und vom November 1970 vor der *Cour de sûreté de l'Etat*; dazu Hamon/Rotman, *Générations II: Les années de poudre*, 273.

16 Dazu: Geismar, Pourquoi nous combattons, 24; dazu auch: Minutes du procès d'Alain Geismar, 49.

Angeklagten und Polizei unterschiedliche Darstellungen, die der Richter zugunsten der einen oder anderen Seite auslegen konnte. In den meisten Fällen lauteten die Urteile auf Bewährungsstrafen.

Im späteren Verlauf kam es, vor allem durch die Härte-Politik von Raymond Marcellin als Innenminister, vermehrt zu Haftstrafen. Im Juli 1970 bilanzierte der Minister die strafrechtliche Konfrontation mit den »gauchistes«: 90 Personen in Untersuchungshaft, 154 Personen gegen Kaution auf freiem Fuß, 63 Verurteilungen zu Haftstrafen, 150 Bewährungsstrafen, 202 Geldstrafen[17].

Ein Urteil, das die Presse als »scandaleux« wegen seiner Schärfe beurteilte[18], wurde vom Staatssicherheitsgerichtshof gegen Alain Geismar ausgesprochen: zwei Jahre Gefängnis, 10.000 Francs Geldstrafe und die Aberkennung der bürgerlichen Ehrenrechte. Damit hatte das Gericht weniger die Straftaten des Angeklagten im Visier als vielmehr die Person des Sprachführers der verbotenen »Gauche prolétarienne« und die verbalen Angriffe, die Geismar vor Gericht gegen die Person des Generalstaatsanwalts und gegen die bestehende Ordnung vorgetragen hatte.

In Anbetracht dessen, dass das Urteil praktisch eine Ausgrenzung Geismars aus der Gesellschaft bedeutete, hätten die »gauchistischen« Gruppen nun auf einen »Märtyrer« verweisen können. Doch es war bereits zu spät; die öffentliche Aufmerksamkeit und vor allem das allgemeine Wohlwollen, das im Mai 68 den Studenten entgegengebracht worden war, ließ sich nicht mehr für die Sache der »gauchistes« aktivieren; die Bevölkerung war der Unruhen überdrüssig[19].

Die Umstände eines Entführungsversuchs[20] offenbarten den »gauchistischen« Aktivisten, dass nur die Wahl blieb zwischen dem Weg in terroristische Aktionen oder dem Eingeständnis des Scheiterns der Utopie.[21] Sie

17 Interview mit der Zeitung *Combat,* Ausg. vom 10.Juli 1970.

18 Jean Daniel in *Le Nouvel Observateur*, November 1970.

19 Zur Stimmung in der Bevölkerung und den Umfrageergebnissen siehe Paillat, Claude: *Archives secrètes 1968/69, Les coulisses d'une année terrible*, Paris 1969, 157, 193, 204.

20 Es ging um die Entführung des Vorstandsmitglieds von Renault-Billancourt, Paul Nogrette, am 8.3.1972; dazu Sommier, *La violence politique*, 94–113.

21 In diesem Zusammenhang war auch das Attentat palästinensischer Terrorgruppen während der Olympiade von München von Bedeutung. Während die studentischen Aktivisten der «Gauchistes» sich strikt von dem Gewaltakt distanzierten, unterstützte das Gros der «immigrés», meist aus Nordafrika eingewanderter mittelloser junger Männer, die mittlerweilen einen Großteil der Anhängerschaft der «gauchistischen» Gruppen ausmachte, die palästinensische Seite.

wählten die zweite Option und lösten Ende 1973 die Vereinigung »La Gauche prolétarienne« auf.

Mehrere Faktoren eröffneten die Chance für diese Rückkehr »in den Schoß der Gesellschaft«. Antoine, einer der Mitglieder der »Gauche prolétarienne«, fasste unter diese Faktoren auch die richterliche Beurteilung der Vorgänge: »Einer der Umstände, die eine große Rolle spielten, war, dass man Feinde hatte, die auch nicht hysterisch waren, auch sie nicht [...] Fünfzehn oder sechzehn Monate Gefängnis, das treibt einen nicht zu verzweifelten Lösungen.«[22]

Aus diesem Befund geht hervor, dass die Justiz – pauschal gesehen – den Studenten und Aktivisten nicht den Rückweg in die Legalität versperrte, weder durch richterliches Verhalten im Gerichtssaal, das die Angeklagten sozial ausgegrenzt hätte – was allerdings auch nicht durch gezielte Tabubrüche provoziert wurde – noch durch Strafen, die die Lebensläufe der Angeklagten nachhaltig beeinträchtigt und ihnen ein unauslöschliches Siegel aufgedrückt hätten. Auch die Missbilligung, die die Richterschaft von Seiten konservativer und gaullistischer Politiker in Zusammenhang mit den Urteilen erfuhr, die Vorwürfe von »Feigheit« und »Laxheit«[23], spricht dafür, dass die Justiz zunächst eine maßvolle Haltung einnahm und nicht im Sinn einer »Law-and-Order«-Politik agierte. Wenn von Repression gesprochen werden kann, so mag dies auf manche exzessive Aktionen der Polizei zutreffen, nicht aber auf die gerichtliche Aufarbeitung der studentischen Unruhen.

7.2 Koinzidenz und Nähe

Das Auftreten der jungen SM-Richter auf der öffentlichen Bühne offenbarte zumindest eine zeitliche Koinzidenz mit den Demonstrationen der

Die Terroranschläge, die ab den frühen 90er Jahren in Paris die allgemeine Sicherheit beeinträchtigten, hatten keine inhaltliche Verbindung zu den Akteuren der Nach-68er, sondern leiteten sich her aus den Verwerfungen der Dekolonisierung.

22 »L'un des éléments qui a joué énormément, c'est le fait qu'on a eu des ennemis qui n'étaient pas franchement des hystéros non plus... quinze ou seize mois de prison, ça n'emmène pas aux solutions désespérées«; Sommier, *La violence politique*, 163.

23 1971 warf der Generalsekretär der gaullistischen UDR der Richterschaft »Feigheit« vor; dazu *Der Spiegel* Nr.9, 1971, 89. Vor dem Parlament bezeichnete 1975 der Innenminister die Richter als «trop laxistes», dazu *Le Monde*, 23 Okt. 1975.

Studenten. Just im Frühsommer 1968 erfolgte, am 8. Juni, chronologisch im Anschluss an die Mai-Unruhen, die Gründung der Richtergewerkschaft *Syndicat de la magistrature*. Die Chronologie, die Spontaneität des Protests ebenso wie die Thematik der geäußerten Kritik scheinen zu belegen, dass es zwischen den revoltierenden Studenten und den unzufriedenen jungen Richtern Verbindungen, ja womöglich Absprachen gegeben habe.

Dieser Hypothese geht eine Untersuchung von Patrick Rassat »La magistrature et les évènements du printemps 1968« nach, die 1970 entstand und aus der zeitgenössischen Sicht zu dem Schluss kommt, dass zwischen den studentischen Akteuren und dem sich gerade formierenden *Syndicat de la magistrature* kaum direkte Beziehungen, also keine Freundschaften oder sonstige persönliche Beziehungen festzustellen sind.[24]

Zu demselben Ergebnis kommt eine Arbeit von Anne Dévillé von 1992[25], die auf die Sozialisation und die familiäre Prägung der Gründungsmitglieder des *Syndicat de la magistrature* eingeht. Demnach lässt sich bei dieser Gruppe ein relativ homogenes soziales Ursprungsmilieu feststellen, was bei den Studentenführern nicht der Fall war. Fast alle der jungen Gründer des *Syndicat* stammten aus dem Mittelstand – einige aus Kreisen des oberen Mittelstands – und waren großenteils geprägt durch beispielhafte Biographien aus der Familie, in denen vielfach die Verfolgung durch Vichy oder die deutsche Besatzung eine Rolle spielte. Zudem waren nahezu alle während des Wehrdienstes im Algerien-Krieg eingesetzt gewesen und hatten die dort gemachten Erfahrungen in besonderer Weise verinnerlicht.[26] Hinzu kam die Sozialisation in der Richterschule in Bordeaux, die die Ausrichtung auf berufsspezifische Ziele förderte und den Blick freigab für andere als die Sichtweisen der Pariser Studenten.

Der Gründung des *Syndicat* war eine längere Genese vorausgegangen, in der sich gezeigt hatte, dass große Teile der Richterschaft, vor allem die

24 Rassat, Patrick: *La magistrature et les évènements du printemps 1968*, thèse, ronéo., 1970. Auf S. 88 stellt Rassat abschließend fest, dass »die unpolitischen und reformistischen Bestrebungen, die die Grundlagen der jungen, aus der AAAAJ hervorgegangenen Vereinigung zu sein scheinen, deren distanzierte Haltung gegenüber den Ereignissen bestätigen, die von den Akteuren mit revolutionären und folglich radikalen politischen Absichten in Szene gesetzt wurden.«

25 Dévillé, Anne: L'entrée du syndicat de la magistrature dans le champ juridique en 1968, in: *Droit et Société*, Nr. 22, 1992.

26 Pierre Lyon-Caen sieht in den Ereignissen in Algerien, die die politische Instrumentalisierung der Justiz offen legten, die zentrale Motivation für die Gründer des SM (Interview vom 3.1.1999); dazu auch Soulez-Larivière, *Les juges dans la balance*, 176–200.

jüngeren Jahrgänge, mit ihrer Ausbildung und den Umständen der richterlichen Amtsausübung unzufrieden waren und unter dem Bewusstsein der Einengung durch Hierarchie und Politik litten.

Diese Desillusionierung verdichtete sich in einem Ereignis, das in einer Mitteilung in *Le Monde* vom 23. Mai 1968 berichtet wurde. Im Anschluss an eine Demonstration waren am 4. Mai vier Studenten verhaftet und nach einem kurzen Verfahren zu zwei Monaten Haft ohne Bewährung verurteilt worden. Eine Woche später brach Regierungschef Georges Pompidou wegen der sich ausbreitenden Unruhen eine Auslandsreise ab, landete in Frankreich und eröffnete der Presse »J'ai fait libérer les manifestants.«[27] Tatsächlich wurden die rechtskräftig verurteilten Demonstranten ohne Auflagen aus der Haft entlassen. Diese ungewöhnliche und als Demütigung der Rechtsprechung verstandene Maßnahme bewog die Examenskandidaten an der Richterschule Bordeaux zu einem Boykott der Prüfungen[28], die am 13. Mai beginnen sollten. Ihren Schritt begründeten sie in einem der Presse zugeleiteten Manifest, in dem sie – ohne deshalb in irgendeiner Weise politische Position zu ergreifen – gegen die Handlungsweise des Premierministers protestierten und darauf hinwiesen, dass die öffentliche Meinung darin den Beweis für die Abhängigkeit der Rechtsprechung von der Politik sehen könne.[29] Weit davon entfernt, das Schicksal der betroffenen Studenten zu berücksichtigen, ging es ihnen um den Gesichtspunkt der Anerkennung der richterlichen Autonomie. Da der Vorgang zu einer Debatte in der Nationalversammlung führte[30], sicherte er den jungen Richtern das Interesse der Presse.

Der Vorgang verdeutlicht den Unterschied in den Positionen der Studentenschaft und der jungen Richter, die sich im *Syndicat de la magistrature* zusammenfanden. Es handelte sich im Mai 68 um zwei parallel ablaufende Entwicklungen – einerseits um die Krise des Mai 68, die die französische Politik und Gesellschaft nachhaltig verändern sollte – andererseits um die

---

27 »Ich habe die Demonstranten befreien lassen«; zit. nach Boure/Mignard, *La crise de l'institution judiciaire*, 115, 179.

28 Zweifellos spielte für den Entschluss zum Prüfungsstreik auch die Tatsache eine Rolle, dass für den 13.Mai der Generalstreik anberaumt worden war. Näheres zum Streik der Richter-Kandidaten bei Soulez-Larivière, *Les juges dans la balance*, 184f.; auch *Justice: 20 ans de syndicalisme judiciaire, 1968–1988*, Sonderheft, Nr. 120–121, Juni–Sept. 1988, 47f.

29 Zu dem gesamten Vorgang und dem Manifest: *Justice*. 20 ans de syndicalisme judiciaire, Sonderheft, Nr. 120/121, Juni–Sept. 1988, 47.

30 Dabei wies der Oppositionsführer François Mitterrand auf »la grève de l'examen des futurs magistrats« hin.

Gründung der von den kritischen jungen Richtern aus der Taufe gehobenen Richtergewerkschaft, Entwicklungen, die nicht in direkter Beziehung zueinander standen, die aber sehr wohl aufeinander einwirkten, sowohl was grundsätzliche Positionen anbetraf wie auch in Bezug auf die Auswirkungen.

Es ist fraglich, ob es der jungen Richtergeneration gelungen wäre, in einem Klima ruhiger politischer Verhältnisse in der Weise, in der es dann geschah, die französische Justiz zu öffnen und umzugestalten. Nun aber, in den Turbulenzen des Sommers 1968, erwies sich vor aller Augen das Erfordernis einer funktionsfähigen Justiz, die nicht nur die öffentliche Sicherheit gewährleistete, sondern auch der staatlichen und gesellschaftlichen Ordnung das nötige Maß an Legitimität verlieh. Die Vorgänge des Mai 68 schufen ein günstiges Klima, um einerseits den Belangen der Justiz allgemeine Aufmerksamkeit zu sichern und andererseits, um die Regierungsvertreter zu Zugeständnissen zu bewegen; denn eine zweite Front in Gestalt ihrer eigenen Richterschaft konnte sich die staatliche Obrigkeit in einer Phase innenpolitischer Unruhe nicht leisten. Zudem erwies es sich im Hinblick auf die Herstellung eines reformfreudigen Klimas als günstig, dass in Gestalt des neuen *Syndicat de la magistrature* (SM) für die Medien ein Gesprächspartner zur Verfügung stand, der sich im Gegensatz zu seinem Vorgängerverband nicht scheute, das Gebot der politischen Zurückhaltung und die Tradition richterlicher Distanz über Bord zu werfen und offensiv das Ohr der Presse zu suchen.

Wenn es auch keine direkten Beziehungen zwischen den Mai-Studenten in Paris und den Gründern des Richtersyndicat gab, so sind doch Gemeinsamkeiten nicht zu übersehen. Sie treten hervor, wenn nach den Motiven des Handelns gefragt wird. Die studentischen Forderungen nach Öffnung überalterter Strukturen[31], nach Demokratisierung, die Kritik an Autorität und Hierarchie, die emanzipatorische Neigung wurden zunächst noch wenig eindeutig formuliert und gewannen erst nach und nach Kontur. Sie prägten den unruhigen Zeitgeist der folgenden Jahre, der bestimmt wurde durch die Abkehr von überkommener Tradition, durch die Absage an kritiklose Gefolgschaft und die Hinwendung zu den sozial Schwachen. Es waren dies in gewisser Weise fundamentalistische Grundsätze, an denen sich – mit den Jahren in wachsendem Maß – auch die Arbeit des Richtersyndicat orientierte; wobei aber – und das ist bezeichnend für den selbst

31 Nach »fantaisie«, wie es oft hieß.

gewählten Auftrag des SM in den frühen Jahren – Theoriebildungen explizit abgelehnt wurden; der Verband sah seinen Daseinszweck im »Handeln«, das allzu lange im alten Richterverband UFM versäumt worden sei. »Agir« galt als Gebot der Stunde.

7.3 Die »sanfte« Revolte

Mit Elan und unkonventionellen Methoden ging der Zusammenschluss junger Richter, dem sich bald auch ältere Semester anschlossen, ans Werk. Mit Erfolg: der Geist des Mai 68 hatte Kompromissfreudigkeit im Gefolge. Das wohlwollende Entgegenkommen des neuen Justizministers René Capitant führte zu ersten Gesprächen, in denen das *Syndicat* seine Reformvorstellungen präzisierte: Aufrechterhaltung der umstrittenen Richterschule CNEJ, aber Beteiligung der *auditeurs* an deren Leitungsgremien und Veränderung der Lehrinhalte entsprechend dem Motto der »participation«; Benotung und Beurteilung der *auditeurs* wie auch der Richter allgemein nur mit dem Recht auf Einsicht in die Beurteilungen; Umbau des Obersten Richterrates durch Verringerung des politischen Einflusses. Also insgesamt mehr Mitspracherechte, mehr Unabhängigkeit, mehr Autonomie.

Capitant, ein liberal denkender Rechtswissenschaftler, war sich des Reformstaus bewusst und begrüßte wohl auch die Gelegenheit, überfällige Neuerungen einzuleiten. Der Minister nahm den von de Gaulle zur Befriedung in die Debatte geworfenen Begriff der »participation«[32] auf und sagte die Einrichtung von gemischten Kommissionen zu, sogenannten *Commissions de liaison justice*, in denen regelmäßig Vertreter der Justizbehörden mit Delegierten aller juristischen Berufsverbände zusammentreffen sollten, um anstehende Fragen zu erörtern und gegebenenfalls zu realisieren.

»Vielleicht«, gestand Capitant selbstkritisch ein, »hat man im Verlauf der letzten Jahre die Bedeutung des Rechts aus den Augen verloren. Der Aufschwung der Naturwissenschaften und der Technik hat manche Personen dazu gebracht, die Funktion des Rechts gering zu achten.«[33]

Das unerwartete Entgegenkommen bestand nicht ohne Grund, denn längst hatte sich die Notwendigkeit des Eingreifens von politischer Seite gezeigt. Der Grad der Vernachlässigung der Justiz war mittlerweilen gravie-

32 »Teilnahme, Mitbestimmung, Teilhabe«.

33 Archives judiciaires, Fontainebleau, Carton 950407 Art. 22: Vortrag vom 30. Juli 1968.

rend geworden, er ist für die 60er und 70er Jahre in umfangreichen Aktenbeständen, vor allem in den Berichten der Justizkommissionen nachgewiesen.[34] Seit 10 Jahren war der Anteil des Justizetats ständig gesunken, nun stagnierte er um 0,64 Prozent des Gesamtbudgets.[35] Von der Vernachlässigung zeugten der Zustand der Gebäude, die Einrichtung der Diensträume, der Mangel an Hilfsmitteln und Arbeitsmaterialien, das zu geringe Hilfspersonal. Den dürftigen Arbeitsbedingungen entsprach der Mangel an Richternachwuchs, der sich in den frühen 60er Jahren noch über Zugänge aus den früheren Kolonialgebieten hatte einigermaßen kompensieren lassen, doch war diese Quelle seit Jahren versiegt. Die Rekrutierung von Seiteneinsteigern, älteren Anwälten, lang gedienten Gerichtsangestellten oder Zugängen aus anderen Berufssparten war nicht gern gesehen – die UFM hatte sich wiederholt gegen diese Praxis ausgesprochen –, weil sie, wie angeführt wurde, zu einer weiteren Ansehensminderung der Justiz führen könnte. In ähnlicher Weise argumentierte das *Syndicat*, als es darauf hinwies, dass nicht gerade die in ihrem Beruf Erfolgreichen sich für den Wechsel in die Richterlaufbahn entscheiden würden und somit dem Ansehensverlust der Justiz weiter Vorschub geleistet werde.[36]

Die Nachwuchskrise, der die Einrichtung der Richterschule CNEJ nichts von ihrer Schärfe genommen hatte, stand also nach wie vor als zentrales Problem im Raum. Wie ein Senatsbericht ausführte, waren trotz externer Zugänge – was einen Verlust an innerer Geschlossenheit und an beruflicher Qualität innerhalb der Richterschaft nach sich zog – 150 Richterstellen bei einer Gesamtzahl von etwa 4.000 und bei der Aussicht auf die baldige Pensionierung zahlreicher Amtsinhaber nicht zu besetzen. Aus der Richterschule gingen 1969 nur zwei Abgangsklassen von 19 bzw. 14 jungen Richtern hervor[37].

Mehreren ländlichen Gerichtsstandorten drohte die Schließung trotz übermäßigen Arbeitsanfalls. In den vorausgegangenen Jahren war die Inanspruchnahme der Rechtsprechung massiv angewachsen. Die Zahl der Strafverfahren stieg von einem Index von 100 im Jahr 1960 auf einen Index von 260 im Jahr 1966. Eine ähnliche Zahlenentwicklung zeigten die

34 Carton 950407 Art. 22; Carton 850211 Art. 79.

35 Arrighi, La liberté de l'homme face à la justice, in: *La justice en question*, *La Nef*, Heft 39, Jan./März 1970, 16.

36 Dazu Leistner, Die Justizreform in Frankreich, in: *Deutsche Richterzeitung DriZ*, 1971, 334.

37 Sénat, Seconde session ordinaire de 1969–1970, No. 248: Rapport sur le projet de loi organique relative au statut des magistrats par M. Marcel Molle, sénateur, 2.

Zivilverfahren, bedingt durch die Begleitumstände der modernen Lebensführung, die zur Häufung von Schadens- und Konfliktfällen führten, bedingt durch das gesteigerte Verkehrsaufkommen, durch die Zunahme von Betrugsfällen, durch vermehrte Inanspruchnahme von Schadensersatz- und Versicherungsleistungen etc.

Folge war eine zahlen- und leistungsmäßige Überforderung der Gerichte, die die überlange Dauer vieler Prozesse nach sich zog. Diese sorgte ihrerseits für Kritik und Verdruss in der Öffentlichkeit und ließ viele Rechtssuchende nach anderen Formen einer Schiedsinstanz Ausschau halten. Ein Bericht im Auftrag des Senats spricht von einem »Goulot d'étranglement dans le fonctionnement de la Justice.«[38]

Dabei hatte das Justizministerium vielfältige Versuche unternommen, Lösungen erarbeiten zu lassen. Allerdings versandeten diese des Öfteren in kommissionsinternen Zwistigkeiten, weil die autoritäre Verhaltensweise der Ministerialbürokratie die Vertreter der Richterschaft brüskierte. Schon 1965 hatte *Le Monde* geschrieben »niemand macht sich mehr Illusionen. Alle, Richter und juristisches Hilfspersonal, sind sich im Klaren darüber, dass seit 1958 die Reformen autoritär getroffene Maßnahmen sind und man nicht mehr wie früher darauf Einfluss ausüben kann. Zweifellos gibt es noch immer Kommissionen, in denen die Berufsorganisationen vertreten sind. Doch das geschieht nur zur Beratung.«[39]. Häufig war die Arbeit der Ausschüsse auch an dem Votum der Regierung und an den Prioritäten gescheitert, die der Staatspräsident setzte.

Nun aber, in der unruhigen Atmosphäre des Sommers 1968, schien der Justizminister selbst die Zeichen der Zeit erkannt zu haben. »Die Anpassung der französischen Justiz an die Bedingungen unserer Gesellschaft ist unverzichtbar«, erklärte er und fügte an anderer Stelle hinzu »der ganze Apparat muss und wird reformiert werden.«[40]

38 »Ein Engpass in der Justiz«; Rapport »Amélioration et modernisation de la justice« im Aktenbündel »Politique pénale«, in Carton 850211 Art. 79; Archives du Ministère de la Justice, Fontainebleau.

39 »Car personne ne se fait d'illusion. Magistrats, auxiliaires de justice, savent tous que depuis 1958 les réformes sont autoritaires et ne se contrôlent plus comme autrefois. Sans doute existe-t-il encore des commissions où les professions sont représentées. Ce n'est que pour avis«; *Le Monde*, 11.Mai 1965, 14.

40 »C'est tout l'appareil qui doit être et sera refondu«; *Le Monde*, 28.Okt. 1968; »La réadaptation de la justice française aux conditions de notre société est indispensable«, *Le Monde*, 10.Nov. 1968.

Was das Entgegenkommen des Ministers ebenfalls beförderte, war das Auftreten – nahezu zeitgleich mit dem *Syndicat de la magistrature* – eines weiteren syndikalen Verbandes, des *Syndicat autonome des fonctionnaires des Cours et Tribunaux* (SAFCT), das auf der Seite der Reformen fordernden Richterschaft einen weiteren Bundesgenossen bildete[41]. Es handelte sich um eine Vereinigung von Gerichtspersonal, Angestellten und Beamten, die, erbittert durch die fortschreitende Verschlechterung der Arbeitsbedingungen, die Gunst der Stunde zum massiven Protest nutzte.

Im Mai und Juni 1968 ging dem Justizministerium eine Flut von Eingaben zu, die über die personellen Engpässe und die an den Gerichtsorten herrschenden Mängel berichteten. Den *Tribunaux de grande instance* (Fontainebleau, Chartres, Riom, Toulouse, Aix-en-Provence, Marseille, Charleville-Mézières, Bourges, Douai) schlossen sich die *Tribunaux d'instance* an (Orléans, Bourges, Bergérac, Saumur, Le Mans, Sarreguémines-Forbach, Montpellier, Aix-en-Provence, Tarascon, Fontainebleau, Chartres etc.)[42]. Insgesamt meldeten sich alle *Cours d'Appel*, alle *Tribunaux de grande instance* und 31 *Tribunaux d'instance* auf diese Weise zu Wort. Aus dem den Eingaben beigefügten Schreiben an den Justizminister ging hervor, dass sich die Gewerkschaft der Justizbeamten *Syndicat autonome des fonctionnaires des Cours et Tribunaux* (SAFCT) zu diesem Schritt genötigt sähe, um den Minister über die unzureichende Wirkungsweise des französischen Justiz-Apparats aufzuklären. Das SAFCT, das sich zum Sprecher aller im Justizbereich tätigen Personen machte, hatte seine Mitglieder an den Gerichtsorten angewiesen, ihre Forderungen aufzulisten und dem Ministerium zugehen zu lassen. Die Forderungen betrafen Gehalts-Aufbesserungen, Renten-Anhebung und deren Angleichung an die anderer Beamtengruppen, Vergütung für Langzeit-Beamte, Schaffung von Planstellen, den Übergang von der Laufbahn des Justiz-Angestellten zum Richter, eine bessere Verteilung der Personalstellen auf die einzelnen Gerichtsorte, Baumaßnahmen, die bessere Ausstattung der Amtsräume etc.

Die Reaktion des Ministeriums erfolgte prompt: noch im Juni nahm die der Richterschaft zugesagte *Commission d'études des professions judiciaires et*

41 Das SAFCT existierte bereits seit einigen Jahren, war aber bislang wenig in Erscheinung getreten. An manchen der Methoden und Strategien des SAFCT scheint sich das SM orientiert zu haben.

42 Einzusehen im Aktenbündel »Révendications«, Carton 850211 Art. 79, Fontainebleau, Archives du Ministère de la Justice.

juridiques ihre Arbeit auf.[43] Am Kommissionstisch saßen neben Mitgliedern der beiden Richterverbände UFM und SM und den Ministerialen nun auch die Vertreter des SAFCT sowie – ab April 1969 – ebenfalls Mitglieder der gewerkschaftlichen Dachverbände CGT[44] und CGDT[45]. Die Ausschussmitglieder lobten unisono den »véritable dialogue«, der sich anbahnte und auch der Justizminister verbreitete Hoffnung, als er sagte:

»Die Krise, die unser Land gerade erlebte, hat zwei Erfordernisse mit größter Deutlichkeit aufgezeigt: zunächst die, Reformen anzugehen, unsere Institutionen den aktuellen gesellschaftlichen, sozialen und politischen Verhältnissen anzupassen und zweitens die Notwendigkeit, diese Reformen erst dann umzusetzen, wenn die davon Betroffenen angehört worden sind und wenn sie in die Lage versetzt wurden, sich an der Ausarbeitung der Reformen zu beteiligen.«[46]

Den Begriff der »participation«, der »Teilhabe«, hatte Staatspräsident de Gaulle in die innenpolitische Debatte eingebracht, um gegenüber den rebellierenden Kräften in Studenten- und Arbeiterschaft Entgegenkommen zu signalisieren. Capitant war es offenbar ernst mit dieser Offerte; er ließ auf Anregung des *Syndicat* an allen Gerichtshöfen eine alte Einrichtung wieder aufleben, die *assemblées générales*, in denen Richter und Gerichtsangestellte gleichermaßen an der Führung der Verwaltungsgeschäfte in ihren Distrikten beteiligt waren. Das Informationsblatt des *Syndicat de la magistrature, Justice*, veröffentlichte auf der ersten Seite unter dem Titel »Erster Schritt zur Beendigung der Zersplitterung«[47] das Rundschreiben des Ministers, das diesen Erfolg markierte. Obwohl von allen Beteiligten tunlichst der Begriff der Selbstverwaltung vermieden wurde, war es ein Element von Selbstverwaltung, das hier verwirklicht werden sollte.

---

43 Carton 950407 Art. 22 »Lecture-Sénat«, Fontainebleau, Archives du Ministère de la Justice.

44 Confédération générale du Travail, links orientiert.

45 Die 1964 aus der katholischen Confédération générale des travailleurs chrétiens (CGTC) abgespaltene Confédération générale des travailleurs, Orientierung: liberal-Mitte.

46 »La crise que vient de traverser notre pays a fait paraître avec plus d'évidence encore deux nécessités: d'abord celle de faire des réformes, d'adapter nos institutions aux conditions actuelles de notre société, de la vie économique, sociale et politique, et en second lieu celle de n'adopter ces réformes qu'après avoir consulté les interessés, qu'aprés les avoir mis à même de participer à leur élaboration«; Rede von René Capitant auf der Sitzung vom 28.Juni 1968, Carton 950407 Art. 22 »Lecture-Sénat«, Fontainebleau, Archives du Ministère de la Justice.

47 »Première étape du processus de désatomisation du magistrat«, *Justice* vom 25. April 1969, zit. nach Soulez-Larivière, *Les juges dans la balance,* 189.

Einen weiteren Erfolg errangen die jungen Richter des *Syndicat*, als, ihren Einfluss im Justizministerium nutzend, es ihnen gelang, das Direktorium der Richterschule CNEJ auswechseln zu lassen.[48]

Wenn danach gefragt wird, welchen Bedingungen der Erfolg des SM zu verdanken war, so gerät ein Zusammentreffen mehrerer Umstände in den Blick. Zum einen brachte die Gunst der Stunde einige junge Juristen zusammen, die sich als außerordentlich kreativ und einfallsreich erwiesen und dem jungen Verband große Anziehungskraft sicherten. Diese Gruppe von Initiatoren scharte sich vor allem um vier Persönlichkeiten, deren »sympathisches Wesen« und gute Umgangsformen in vielen Quellentexten hervorgehoben werden und die sowohl für die pragmatischen Voraussetzungen der Verbandsgründung verantwortlich waren wie auch das Profil der ersten Jahre prägten. Dieser Freundeskreis setzte sich zusammen aus zwei »intellektuellen Proletariern«[49], Louis Joinet und Dominique Charvet und zwei »großbürgerlichen Intellektuellen« Pierre Lyon-Caen und Claude Parodi.

Louis Joinet war der älteste des Freundeskreises, geboren 1934. Sein Vater war Lebensmittelhändler in Nevers. Im Alter von 18 nahm er das Jura-Studium auf. Er verdiente seinen Lebensunterhalt als Kellner und schließlich als Erzieher in einem Heim für schwer erziehbare Kinder, wo er sich den Problemen der Jugendkriminalität widmete. Er unterbrach das Studium, um seinen Wehrdienst in Algerien abzuleisten, wo er zweieinhalb Jahre in äußerst hartem Einsatz verbrachte. Zurückgekehrt, nahm er das Studium neben der Tätigkeit als Jugendberater auf den Straßen um die Markthallen »Les Halles« wieder auf. Noch vor der *Licence de droit* erregten seine kompetenten und engagierten Beiträge Aufsehen unter den Professoren und verschafften ihm ein Stipendium und den direkten Zugang in die Richterschule, die er als Jahrgangsbester verließ. Er wählte eine aussichtsreiche Position in der Zentralverwaltung des Justizministeriums. Wiederholt lehnte er attraktive Angebote aus der Privatwirtschaft ab, um sich dem Aufbau des *Syndicat de la magistrature* zu widmen. Von 1986 an übernahm er

48 Auch in anderer Hinsicht wurden in den folgenden Wochen einige strukturelle Neuerungen realisiert, so die Abschaffung der alten Form anwaltlicher Vertretung durch den *avoué*. Im Zuge der 1970 umzusetzenden Richtlinie des Europäischen Rates, in deren Folge Juristen aus den Staaten der EWG Niederlassungsfreiheit zustand, wurde nun der *avocat* zum alleinigen Anwaltsberuf.

49 »Prolétaires intellectuels« und »intellectuels grands bourgeois«, Soulez-Larivière, *Les juges dans la balance*, 177.

Beratungsfunktionen im Kabinett des Ministerpräsidenten, dann des Staatspräsidenten.[50]

Der zweite im Bunde war Dominique Charvet, geboren 1942. Er wurde von seinem Großvater, einem überzeugten Freimaurer, erzogen, der sich aus einfachen Verhältnissen zum Lehrer, dann in den Abendstunden zum Richter ausgebildet hatte. Als zu groß und zu mager wurde der junge Dominique Charvet für den Wehrdienst untauglich beurteilt, was ihm die Erfahrung des Algerien-Kriegs ersparte. Mit 23 Jahren trat er in die Richterschule CNEJ ein und war nach dem Abschlussexamen fünf Jahre lang als Untersuchungsrichter in Lille tätig. Positionen im Justizministerium und ab 1981 in den Regierungskabinetten schlossen sich an. Auf internationaler Ebene ging Charvet für einige Jahre als juristischer Berater nach Djibuti und ist seitdem hochrangiger Regierungsberater für Jugendfragen.

Pierre Lyon-Caen, »ein Mann, der die Rechte in Sicherheit wiegt und von der Linken nicht zurückgewiesen wird«[51], wurde 1939 geboren. Seine Familie hatte seit Generationen prominente Rechtswissenschaftler hervorgebracht. Als Waise (die Mutter verstarb früh, der Vater kam in Auschwitz ums Leben) wurde er zusammen mit seinem Bruder[52] von seinem Großvater, einem Präsidenten des Kassationsgerichtshofs, erzogen. Nach dem Wehrdienst in Algerien, Studien am CNEJ und einem Posten in der Provinz verbrachte er mehrere Jahre als Gerichtspräsident in Pontoise. Als Präsident der Sozialkammer am Kassationsgerichtshof gehört er heute zu den prominenten Juristen Frankreichs.

Claude Parodi, der Vierte im Bunde, stammte wie Lyon-Caen aus einer angesehenen Familie von Juristen. Sein Vater, René Parodi, starb als viel versprechender junger Richter und Mitglied einer *Résistance*-Gruppe in deutscher Haft.[53] Wie sein Freund, wurde auch Claude Parodi durch seinen Großvater erzogen und entwickelte früh künstlerische und musikalische Begabung. Neben seinen Ämtern als Gerichtspräsident in Marseille und als

---

50 Ebd., 178f. In den vergangenen 15 Jahren stellte Joinet sich in den Dienst internationaler Kommissionsarbeit. 1999 erhielt er für seine Verdienste als Mitglied der UNO-Commission für Menschenrechte und »als international bekannter Verfechter der Menschenrechte« den Preis der Internationalen Behörde.

51 »Un homme qui rassure à droite et n'est pas rejeté à gauche«; Bourguet-Chassagnon, *Le syndicalisme judiciaire (1968–1995)*, 28, Anm.35.

52 Sein Bruder Antoine ist ein bekannter Rechtswissenschaftler und war Professor für Arbeitsrecht an der Universität Paris-Nanterre.

53 Dazu Rousselet, Les cas de conscience du magistrat, 305.

Ehrenpräsident in Amiens veröffentlicht er heute Beiträge zu rechtlichen Fragen.

Zum Erfolg des SM hat zweifellos auch die Tatsache beigetragen, dass es sich bei dieser Gründergeneration um Personen handelte, die sehr gute, häufig familiäre Beziehungen zu Juristen an zentralen Schaltstellen unterhielten. Die Verbindungen, die vor allem Lyon-Caen ebenso wie sein Freund Claude Parodi zu Kreisen einflussreicher Rechtsprofessoren und Magistraten unterhielt, Beziehungen, die sich mitunter auch ins Justizministerium erstreckten, spielten für das Wirken und den Erfolg des SM eine wesentliche Rolle. Zudem konnten die Begründer des *Syndicat* auf Grund ihrer guten Leistungen in den Abschlüssen der Richterschule die begehrtesten Karriere-Positionen besetzen. Als besonders einflussreich und als Sprungbrett galten die Stellen in der Zentralverwaltung des Justizministeriums. Die dort tätigen jungen Richter, als *MACJ*[54] bezeichnet, gehörten zwischen 1970 und 1974 nahezu alle dem *Syndicat* an und hatten daher von Amts wegen ungehinderten Zugang zu allen den Berufsstand betreffenden Informationen.

Als ausschlaggebend für die Wirkung des SM erwies sich auch die organisatorische Struktur des Verbandes, sein Aufbau in einzelnen Sektionen, die an jedem Gerichtsort eigenständig arbeiteten und als einzelne Verbandszellen in einem fruchtbaren Wettstreit und Austausch miteinander standen. Auf diese Weise gelang es, über das ganze Land ein Netzwerk zu flechten. Alljährlich trafen sich die Verbandsmitglieder während der »Tage von Goutelas«[55], tauschten Erfahrungen aus, erarbeiteten die weiteren Schritte und stellten eine gemeinsame Ebene der Willensbildung her. Die breitflächigen Informationen, die aus allen Landesteilen dabei zusammenflossen, und die gemeinsame Programmarbeit gewährleisteten bei den Mitgliedern einen gleichen Informationsstand und eine starke Motivation.

Letztlich und viertens war es die geschickte Öffentlichkeitsarbeit, die dem Verband hohe Resonanz sicherte und ihn als Verhandlungspartner empfahl. Sie bildete auch den Grund für das anfängliche Entgegenkommen der politischen Ebene[56]. Legte sie aber nicht auch den Keim für die spätere Radikalisierung?

---

54 Magistrat dans l'administration centrale de la justice.

55 Der 5. Kongress von 1972 hatte beschlossen, dass die Zusammenkünfte in Goutelas allen Mitgliedern offen stünden.

56 Dazu Soulez-Larivière, *Les juges dans la balance*, 190–195.

7.4 Ernüchterung und Verhärtung der Fronten

Die frühen Erfolge des *Syndicat* brachten dem Verband ein hohes Maß an allgemeiner Aufmerksamkeit ein und die freundliche Aufnahme von Seiten des Berufsstandes. Allerdings war dieser günstigen Entwicklung kein langes Leben beschieden. Die Alltagspraxis erwies sich nach wenigen Monaten als ernüchternd. Die vom Justizminister zugestandene Budgeterhöhung mit der Anhebung der Gehälter von Richtern und Gerichtspersonal fand nicht die Zustimmung des Finanzministers; die ebenfalls von Justizminister Capitant vorgesehene Reform des Obersten Richterrates CSM scheiterte am Widerstand des Staatspräsidenten. Einige durch den Obersten Richterrat vorgenommene und unter den Juristen umstrittene Beförderungen führten zu einem »certain malaise« in der Zusammenarbeit von politischer und Verbands-Ebene, was den Justizminister veranlasste, beschwichtigend anzumerken, die Richterschaft sei »sensibilisiert durch einige wenige, vereinzelte Beförderungen, die nicht immer allein auf beruflichen Kriterien beruhten«[57].

Gegen Ende des Jahres 1968 erkrankte Capitant schwer; sein Zustand legte alle Vorhaben auf Eis. Seit November 1968 wurde, nach Monaten hoffnungsfreudiger Arbeit, die Gesamtkommission nicht mehr einberufen. Die Phase der Reformfreudigkeit verebbte.

Angesichts der sich ausbreitenden Stagnation aller Vorhaben beriefen im März 1969 beide Richterverbände gemeinsam einen Tag der Information ein, in dem die anstehenden Versäumnisse der politischen Gewalten der Öffentlichkeit bekannt gemacht und die Missstände benannt wurden. Hier wie bei anderen Aktivitäten zeigte das gemeinsame Vorgehen der beiden Richterverbände an, dass sie sich darüber klar geworden waren, dass nur Einstimmigkeit weiterhelfen konnte.

Im April verstarb René Capitant, René Pleven trat sein Erbe an. Ein kühleres Verhältnis zwischen Justizministerium und Richterschaft, als es unter dem Amtsvorgänger geherrscht hatte, schien sich anzukündigen. Auch die Staatsführung wechselte. Die Volksabstimmung, die dem Staatspräsidenten de Gaulle die Zustimmung der Bevölkerung zu seiner Politik der »participation« signalisieren sollte, ergab überraschend ein negatives

57 »[...] sensibilisée par quelques promotions fort peu nombreuses, isolées, mais qui ne répondaient pas toujours à des critères exclusivement professionnels«; zit. nach Brunet, Les libertés, in: *Après-demain*, (Ligue des Droits de l'Homme), Sondernummer Nr. 39, März 1970, 31.

Votum. Am 28. April 1969 trat der General von seinem Amt zurück. Eine Ära ging damit zu Ende.

In seiner Juli/September- Ausgabe 1969 beklagte das Organ *Horizons judiciaires* des SAFCT, des Verbandes der Justizangestellten, den Stillstand aller Reformbestrebungen und die neuerliche Stagnation in den Beziehungen zwischen Exekutive und Justiz. In scharfen Worten nahm der Leitartikel das Ausbleiben der geforderten Veränderungen aufs Korn:

»Nach der großen Hoffnung, die unser Justizminister Capitant mit der Eröffnung eines wahrhaften Dialogs begründet hatte, hat sich seit Monaten eine große Bitterkeit unter den Justizbeamten ausgebreitet. Wenn man auf der einen Seite die Anstrengungen, die den Justizbeamten seit der gesetzlichen Justizreform von 1959 abverlangt wurden und die sich seit der 1967 erfolgten Reform der Gerichts-Geschäftsstellen verstärkt haben, in Beziehung setzt zu der Missachtung, die die Finanz-Verwaltung den riesigen Bedürfnissen unserer Verwaltung entgegenbringt, und wenn man dem die Nachlässigkeit mancher Stellen des Justizministeriums gegenüber den Problemen hinzu rechnet, die die Situation des Gerichtspersonals angehen, so müssen die Justizbeamten im Allgemeinen den Eindruck gewinnen, sie seien hinters Licht geführt worden.«[58]

Auch im *Syndicat* setzte ein Nachdenken darüber ein, ob nicht eine schärfere Gangart nötig sei, um der Politik Zugeständnisse abzuringen. Ergebnis dieser Überlegungen war der Beschluss des 2. Jahreskongresses, der sich nun einstimmig für die Arbeitsniederlegung als strategisches Instrumentarium aussprach.[59]

Der Wahlkampf zur Wahl des Staatspräsidenten bot dem *Syndicat* Gelegenheit, die Kandidaten zu einer Willensbekundung zu veranlassen. Der Verband richtete im Frühsommer 1969 einen Appell an alle Präsidentschaftskandidaten, der in der Tagespresse veröffentlicht wurde:

58 »Depuis des mois, succédant à l'immense espérance qu'avait suscité l'ouverture par M. Capitant, notre Garde des Sceaux, d'un véritable dialogue, une grande amertume se répand chez les fonctionnaires de justice. Mesurant, d'un côté, les efforts qui leur ont été demandés, depuis 1959, lors de la réforme judiciaire initiale, et qui se sont accrus par la réforme des Greffes de 1967, d'autre part le mépris que semble opposer l'Administration des finances à l'égard des besoins immenses de notre Administration, ajoutés à la négligence de certains services de la Chancellerie à l'égard des problèmes qui touchent à la situation du personnel judiciaire, les fonctionnaires de justice ont généralement le sentiment d'avoir été dupés«; Carton CSP 850211 Art. 79, Fontainebleau, Archives du Min. d. l. Justice.

59 Dazu Kap.6.4.

»Appell an die Kandidaten für das Amt des Präsidenten der Republik.

Vor dem französischen Volk, in dessen Name Recht gesprochen wird, bekräftigt das *Syndicat de la Magistrature* den Willen der Richter, ihr Amt dem Gesetz entsprechend in voller Unabhängigkeit ausüben zu wollen. Deshalb richtet es heute, in der Stunde, in der den Franzosen fundamentale Entscheidungen vorgelegt werden, den eindringlichen Appell an die Kandidaten für das Amt des Staatspräsidenten, ihre Vorstellungen in Bezug auf die politische und materielle Unabhängigkeit der Justiz zum Ausdruck zu bringen. Sie werden gebeten, sich öffentlich zu der Frage zu äußern, in welcher Weise jeder von ihnen die Befugnisse auszuüben gedenkt, die Artikel 64 der Verfassung ihm einräumt. Der Wortlaut dieses Artikels macht den Staatspräsidenten zum Garanten der Unabhängigkeit der Justiz, gerade um auf diese Weise zu vermeiden, dass faktisch allein die Regierung Herr über die Richterlaufbahnen sei. Das *Syndicat de la Magistrature* erwartet von jedem Bewerber um die Präsidentschaft eine öffentliche Antwort, um diesem drängenden Anliegen des Landes nachzukommen.«[60]

Georges Pompidou, der seine Kandidatur angemeldet hatte, erklärte in seinem Antwortschreiben, dass »in der Tat die Unabhängigkeit der Rechtsprechung, die sich in der Gestaltung der Richterlaufbahn dokumentiert, ein anzustrebendes Ziel« sei[61]. Dazu sei es erforderlich, auf administrativer Ebene Vertretungsorgane der Richterschaft zu schaffen.

Tatsächlich folgte Pompidou dieser Ankündigung und löste während seiner Präsidentschaft das Versprechen ein. Im Juli 1970 wurde endlich das Gesetz zur Justizreform verabschiedet, das mehrere lang angemahnte Desiderata realisieren sollte. Zum einen trug die Fusion der Kategorien der *juges d'instance* mit den *juges de grande instance* dazu bei, die Arbeitsaufteilung

---

60 »Appel aux candidats à la présidence de la République. Devant le peuple français, au nom de qui la justice est rendue, le Syndicat de la Magistrature exprime la volonté des Magistrats d'assumer leur mission en pleine indépendance, conformément à la loi. C'est pourquoi, à l'heure où des choix fondamentaux vont être proposés aux Français, il adresse un appel solennel aux candidats à la présidence de la République pour qu'ils définissent leurs conceptions de l'indépendance politique et matérielle de la justice. Il leur demande de préciser publiquement comment chacun d'entre eux entend user des pouvoirs prévus par l'article 64 de la constitution qui fait du Président de la République le garant de l'indépendance de l'autorité judiciaire spécialement pour éviter que le Gouvernement soit en fait le seul maître de la carrière des juges. Le Syndicat de la Magistrature attend de chaque candidat à la Présidence une réponse publique pour satisfaire l'aspiration profonde du pays«; *Justice* 69; Nr. 1, Juli 1969, 13. Anders als in den meisten Quellentexten wird in diesem Appell das »Syndicat de la Magistrature« großgeschrieben.

61 »L'indépendance de la magistrature, garantie par la carrière de magistrat, est en effet un objectif à atteindre. Les moyens d'y parvenir me paraissent relativement faciles à trouver par l'institution d'organes représentatifs«; zit. nach Masson, Les juges et le pouvoir, 450, Anm. 83.

unter den erstinstanzlichen Richtern gleichmäßiger zu verteilen und damit für eine bessere Ausnutzung vorhandener Kapazitäten zu sorgen. Die Rechtspflege sollte so effizienter werden und zur Beschleunigung der Verfahren führen.

Eine weitere Stoßrichtung des Gesetzes zielte auf die Umgestaltung des Beförderungssystems und des Disziplinarrechts. Hier hatte man sich die Vorstellung der Richterschaft zu Eigen gemacht, dass die bisher geübte Praxis mit dem Prinzip der richterlichen Unabhängigkeit unvereinbar war. Das Ernennungsrecht hatte bislang ausschließlich die Exekutive inne und auch in den mit den Beförderungen befassten Kommissionen übte die Regierung ausschlaggebenden Einfluss aus. Der Richterschaft stand keine Möglichkeit zu Gebote, auf die Beförderung eines anderen als den der staatlichen Obrigkeit genehmen Kandidaten Einfluss zu nehmen.

Nun sollte, nach den Worten des amtierenden Justizminister René Pleven, ein anderes Verhältnis Exekutive-Dritte Gewalt verwirklicht werden durch die Beteiligung der Richter am Beförderungssystem. Zu diesem Zweck wurde ein *Collège des Magistrats* aus etwa 200 Richtern und Staatsanwälten geschaffen, das die Aufgabe hatte, eine Liste von Richtern und Staatsanwälten zu erstellen, aus der die Exekutive die Mitglieder der *Commission d'avancement* auswählte.[62] Da die vom *Collège des magistrats* aufgestellte Liste dreimal so viel Namen enthalten musste wie die Beförderungskommission Mitglieder hatte, behielt die Exekutive erheblichen Spielraum, doch konnte sie auf Grund der neuen Kompetenzen nun keine Person mehr aufrücken lassen, die nicht von den Richtern benannt worden war. Das *Collège des magistrats*, das dem Obersten Richterrat die Beförderungsvorschläge zu unterbreiten hatte, setzte sich nun endlich mehrheitlich aus gewählten Vertretern der Richterschaft zusammen.

Was allerdings den Obersten Richterrat selbst anging, so blieben die Bemühungen der Richterschaft, dessen Mitglieder aus ihrer Mitte selbst zu wählen, ohne Ergebnis. Hatte noch der frühere Justizminister vorgehabt, der Selbstbestimmung mehr Raum zu geben, so blieb hier die viel zitierte »Participation« im Ansatz stecken.

Während die UFM die Reform als wesentlichen Schritt in die richtige Richtung begrüßte, der aber freilich noch nicht ausreichend sei, lehnte das *Syndicat* die Neuerungen ab.[63] Als Gründe gab das Organ *Justice* an, dass

62 Näheres dazu Leistner, Justizreform in Frankreich, 337.

63 *Justice*, Nr. 7, September 1970, 8 und Justice, Nr. 11, April 1971, 6.

den Forderungen des SM nicht ausreichend Rechnung getragen worden sei. In Bezug auf die notwendigen Schritte zur Verbesserung der Richterausbildung hatte das *Syndicat* detaillierte Vorschläge veröffentlicht, die nur unzureichend in den Gesetzestext eingeflossen seien.[64] Insbesondere beklagte der Richterverband die »constante abolition«, den »fortdauernden Abbau« der Ausbildungszeit, und die nach wie vor bestehende Abwertung der Richterschule gegenüber der Eliteschule ENA.[65]

Das *Syndicat* hatte von der Justizreform mehr erwartet und erkannte, dass es auf dem Weg einer »sanften« Revolte kaum möglich war, die politische Ebene zu noch gewichtigeren Zugeständnissen zu zwingen.

Ungeachtet dessen gewann das *Syndicat de la magistrature* in der öffentlichen Wahrnehmung an Statur. Seine publikumswirksamen Aktionen und die Ernsthaftigkeit des Engagements seiner leitenden Personen machten es zum viel beachteten – wenn auch polarisierenden – Faktor und rückten das Thema Justiz in den Mittelpunkt des Medieninteresses.

In zunehmendem Maß wandte sich die öffentliche Berichterstattung dem Thema »Justiz« zu und, wie der Präsident des Kassationsgerichts, Maurice Aydalot ausführte, »man nimmt teil an einer kollektiven Wahrnehmung der Bedeutung von Justiz«.[66]

Ablesen ließ sich dieser neue Trend an einer großen Zahl von Publikationen zum Thema der Rechtsprechung oder verwandter Gebiete. Auch bildeten sich in der Bevölkerung allenthalben Gruppen auf halböffentlicher wie auf privater Ebene, häufig angeregt durch Persönlichkeiten aus dem öffentlichen Leben oder auch durch prominente Juristen, die sich zur Aufgabe machten, das Rechtswesen kritisch zu hinterfragen, von ungerechtfertigten Urteilen betroffene Personen zu unterstützen, die Verhältnisse in den Haftanstalten zu untersuchen und die Öffentlichkeit über Missstände aufzuklären.[67] Auch das Bestreben nach Veränderung einzelner Bestandteile der Rechtsordnung war Anlass zu Vereinsbildungen; dabei bildete häufig die Abschaffung der Todesstrafe das zentrale Thema.

64 *Justice*, Nr. 5, April 1970, 10ff.

65 *Justice*, Nr. 8, November 1970: »Une constante abolition«.

66 *Le Monde*, 22.Januar 1970, 12.

67 *Comité d'action des prisonniers* C.A.P. (mit monatlich erscheinender Zeitschrift); *Comité Vérité-Justice*; *Mouvement d'action judiciaire* M.A.J. (Leitung: Jean-Jacques de Félice), *Groupement d'action judiciaire* G.A.J. (Leitung: Victor und Magali Quester-Séméon); *Association française contre la peine de mort*; *Justice et paix*; *Section française de l'Amnestie internationale*; *Secrétariat des objecteurs de conscience* S.O.C.; *Ligue française pour la Défense des Droits de l'Homme et du Citoyen* (Leitung: Daniel Mayer) etc.; dazu Lippens, Louis: *Face à la Justice*, Lille 1975, 45.

8. Der »Lagerwechsel«

8.1 Ansätze der Politisierung

Trotz der zunächst von Politik und Justiz geübten maßvollen Reaktion nach den Unruhen von 1968 setzte sich das Klima innenpolitischen Protests fort. In zunehmendem Maß verlagerte sich in der Folge der »Bazillus der Unruhe«, wie ein Erlass des Erziehungsministeriums ausführte, in die Schulen.[1] Die Zunahme der Straffälligkeit, die seit 1963 verzeichnet wurde[2], gab dem Innenminister Raymond Marcellin 1970 Gelegenheit, mit dem Argument der bedrohten öffentlichen Ordnung eine scharfe Repressionspolitik einzuschlagen. Im Zuge des Vorgehens gegen jede Form von politischer Bekundung setzte er eine Welle von Prozessen in Gang gegen Trotzkisten, Maoisten und andere, die allgemein unter dem Begriff »gauchistes« firmierten. Auch missliebige Studenten, Schüler und einige prominente Intellektuelle – unter anderen auch Jean-Paul Sartre und Simone de Beauvoir – waren betroffen, was zur Atmosphäre von Unruhe und innenpolitischer Spannung beitrug.

Im Juni 1970 hatte die Regierung einen Gesetzantrag eingebracht, der den Artikel 314 des Strafgesetzbuches neu regeln sollte. Die Vorlage hatte das Ziel, wie Justizminister Pleven erklärte, den Bürgern die Neigung zu Demonstrationen zu nehmen und »gewisse neue Formen der Strafbarkeit zu bekämpfen.«[3] Es sah vor, in Gemeinschaft begangene Straftaten gegen Sachen und Personen, soweit sie nicht ohnehin ein höheres Strafmass nach sich zogen, mit einer Haftstrafe von einem bis zu fünf Jahren zu belegen.

Das Gesetz, später als Gesetz »anti-casseur« bezeichnet, durchbrach damit erstmals das Prinzip, wonach jeder einzelne nur für die von ihm

---

1 Vingtras, Jacques: »Rote Hilfe« und politische Justiz in Frankreich, in: *Kritische Justiz*, Nr. 5, 1972, 24–42.

2 Von 1963–1973 um 156 Prozent; dazu Robert, *On les appelle les juges rouges*, 44.

3 Zit. nach Rajsfus, Mai 68. Sous les pavés, la répression, 198.

begangenen Delikte haftbar zu machen ist, da es erlaubte, nicht nur die Akteure einer Demonstration, in deren Verlauf es zu Ausschreitungen kam, zur Verantwortung zu ziehen, sondern auch friedliche Demonstranten, ja sogar jede am Schauplatz der Zusammenstösse zufällig anwesende Person. Die erweitere Form von Haftung galt auch für Schadensersatzansprüche.

Gemeinsam mit den Verbänden von Anwälten und Gerichtspersonal organisierte das *Syndicat de la magistrature* öffentliche Diskussionsforen, nicht um, wie es einschränkend hieß, »für oder wider das Gesetz Position zu ergreifen«, sondern um »die öffentliche Meinung aufzuklären über die Tragweite des Textes und die positiven oder negativen Auswirkungen, die bei seiner Anwendung drohen«.[4] Die Aufklärungskampagne aber kam zu spät, um auf die Verabschiedung der Gesetzesvorlage im Parlament Einfluss zu nehmen; ohne Änderungen passierte der Antrag die Abstimmungshürde.

Anders ein halbes Jahr später, als eine weitere gesetzliche Verschärfung, das Gesetz »anti-drogue«, zur Verabschiedung anstand. Der Antragstext räumte der Polizei das Recht ein, nachts und ohne Voranmeldung in Privaträume einzudringen. Einige im Justizministerium beamtete Mitglieder des Richterverbandes SM, die von dem Gesetzentwurf Kenntnis erhielten, mobilisierten Presse und Gewerkschaften und entfachten auf diese Weise eine Kampagne, die zu einer umfassenden Sensibilisierung der Öffentlichkeit führte. Der Regierung trug dies eine empfindliche Abstimmungsniederlage in der Nationalversammlung ein.

Zwar erzielte tags darauf ein leicht eingeschränkter Text die Stimmenmehrheit in der Deputiertenkammer, doch hatte das SM einen unerwarteten und öffentlichkeitswirksamen Erfolg errungen, der seine Rolle als ernstzunehmender Faktor auf der politischen Ebene nun eindeutig belegte. Dass der Justizminister in einem Schreiben an das SM unverblümt seinem Ärger Lauf ließ, den Verband drohend an die Gewaltenteilung und das Gebot der politischen Zurückhaltung erinnerte, bestätigte nur den Triumph.

Im Winter 1971/72 kam es in einigen Haftanstalten zum Ausbruch von Revolten, die sich zu einer Krise des Strafvollzugs auswuchsen. Dies gab dem *Syndicat de la magistrature* Gelegenheit, die Lage des Strafvollzugs kritisch zu überprüfen und Fehler und Versäumnisse zu benennen. Damit war es dieses Mal allerdings nicht getan: Hatte sich der Verband bislang

4 Zit. nach *Justice*, Nr. 120/121, Juni–Sept. 1988: 20 ans de syndicalisme judiciaire; 31.

damit zufrieden gegeben, Kritik an den bestehenden Verhältnissen zu üben, so war nun im Zuge der aufkeimenden öffentlichen Debatte um Sinn und Zweck des Strafvollzugs eine angemessene Stellungnahme gefordert, die Regelverstoß und Schutz der Allgemeinheit, Ausgrenzung und Integration, individuelle Freiheitsrechte und gesellschaftliche Ordnung gegeneinander abwog. Es erwies sich, dass die im *Syndicat de la magistrature* bislang geübte Praxis einer größtmöglichen programmatischen Offenheit nicht mehr zu halten war. Ohne die Erarbeitung grundlegender Zielvorstellungen waren stichhaltige und inhaltlich stringente Lösungen für die anstehenden Probleme nicht zu finden. Es bedurfte einer stärkeren programmatischen Festlegung und der Beantwortung der Frage, welche grundlegenden Normen für das *Syndicat de la magistrature* als oberste Prioritäten gelten sollten.

Man beschloss, Grundsatzfragen im Rahmen der Jahreskongresse größere Beachtung zu schenken und per Beschlussfassung ein allgemein verbindliches Meinungsbild herzustellen. In der Folge stellte sich jedoch heraus, dass der Konsens im Grundsätzlichen nur schwer herzustellen war; im Inneren des Verbandes ergaben sich Brüche und Spannungen. Verschärfend wirkte sich aus, dass die Gründungsgeneration des SM sich 1972 programmgemäß aus den Leitungsfunktionen zurückzog und jüngeren Kräften Platz machte, die den Reformismus ihrer Vorgänger nicht teilten. Insgesamt verschob sich das programmatische Profil des Verbandes stärker zu einer gesellschaftskritischen, quasi »gauchistischen« Einstellung.

Im »fonctionnement interne«, der stetig aufrecht erhaltenen innerverbandlichen Verständigung schälte sich im Laufe der Zeit eine neue Vision von Justiz heraus, die sich von der Option des »service public« löste und für die Justiz eine neue, eminent politische Rolle beschrieb, die eines »contre-pouvoir«. Man war »der Meinung, dass die Justiz in Wahrheit eine «Gegengewalt» darstelle, die ausreichend stark sein müsse, um im Bedarfsfall und gestützt auf gültige Normen sich der Staatsmacht entgegenzustellen und ihr die Entscheidung zu diktieren.«[5] Diese Zuschreibung war vage: Sie umfasste sowohl die Aufgabe, wo im Interesse des Rechtsstaats nötig, der Staatsmacht korrigierend und steuernd in den Arm zu fallen. Sie

5 »Le SM n'a jamais songé à défendre la thèse du ›pouvoir judiciaire‹, mais a considéré que la justice devait être, en effet, un ›contre-pouvoir‹, suffisamment fort, pour être en mesure, le cas échéant en s'appuyant sur une norme en vigueur, de s'opposer au pouvoir cherchant à lui dicter sa décision«; nach Lecrubier/Lyon-Caen, Si le Syndicat de la magistrature nous était conté, in: *Justice*, Juni/Sept. 1988, 70.

konnte aber auch im Sinn einer radikalen Infragestellung der bestehenden Ordnung verstanden werden.

Damit war der Prozess der Entfremdung und schließlich Verhärtung im Verhältnis zu den politisch Verantwortlichen vorgezeichnet, also zu den Regierungskreisen und zur obersten Hierarchie der Richterschaft. Es war diese Konfrontation wohl von keiner Seite planvoll eingeleitet, sie ergab sich aber zwangsläufig aus der Rolle, die sich das *Syndicat de la magistrature* zuschrieb und die in zunehmendem Maß auch politische Stellungnahmen einbezog. Diese wiederum verstärkten die Vorbehalte der Politiker gegen den aufmüpfigen Richternachwuchs. Actio und reactio führten zu Eklats, die von der Presse in Umlauf gebracht, in der Öffentlichkeit breit rezipiert wurden und die Kontrahenten zu weiterer Polarisierung motivierten. Es war der Erfolg selbst, den der Verband in der öffentlichen Wahrnehmung erzielte, der es auf einem Weg vorantrieb, der von den Verbandsgründern so nicht vorgesehen war und der zur Politisierung führte.

Zudem betrachteten die Mitglieder des *Syndicat* die praktischen Ergebnisse ihrer Arbeit, die als gesetzliche Regelungen zur Justizreform nun vorlagen, nicht als zufrieden stellendes Ergebnis ihres hohen zeitlichen und kräftemäßigen Einsatzes. Weder hatte die Zentralgewalt zugestanden, dass der Oberste Richterrat künftig in seiner Zusammensetzung durch Wahl der Richter selbst bestimmt werden konnte, noch waren nach Ansicht der jungen Richter die Hörer in der Richterschule entsprechend der »participation« ausreichend an den schulischen Belangen beteiligt. Und bei alledem saß die Frustration durch die Jahrzehnte lange Hintansetzung und politische Instrumentalisierung der Justiz zu tief, als dass die geringfügigen Änderungen, die die Reform brachte, anders denn als Fortschreibung der alten Machtverhältnisse und Abhängigkeiten hätten verstanden werden können.

Als Ermutigung auf dem eingeschlagenen Weg fort zu fahren, konnte das SM eine Entscheidung des obersten Verwaltungsgerichts, des *Conseil d'Etat*, vom Dezember 1972 verbuchen. Vorausgegangen war eine Affäre, die für Aufsehen gesorgt hatte. Der Richter Albert Petit war in Troyes mit der Erhebung der Gebühren für Anwälte beauftragt und hatte sich dabei deren Zorn wegen seiner Entscheidung zugezogen, die anwaltlichen Forderungen auf das von der Gebühren-Ordnung vorgegebene Mindestmaß zu reduzieren. Die Anwälte setzten sich mit dem Kammervorsitzenden in Verbindung und dieser gestand ihnen zu, bei nächster Gelegenheit Petit aus seinem Amt zu entfernen. Dies geschah im November 1969. Wenige

Tage später übermittelte die Sektion des SM in Troyes unter Leitung einer jungen Richterin, Nicole Obrégo, dem Gerichtspräsidenten ein Protestschreiben, das sich mit Petit solidarisch erklärte und das Ergebnis einer Unterschriftenaktion enthielt. Das Anschreiben ging in Kopie auch den Kammervorsitzenden, dem Justizminister und dem Vorsitzenden der Anwaltskammer zu.

Im Februar 1970 erfolgte die Reaktion der Hierarchie in Form einer Rüge an Nicole Obrégo: »Sie haben der Zurückhaltung, die sich aus Ihren Amtspflichten ergibt, zuwider gehandelt, indem Sie in für den Gerichtspräsidenten kränkender Weise eine Entscheidung kritisiert haben, die im Interesse der Amtsausübung erfolgte, und indem Sie die Unterschriften-Aktion den Anwälten zugänglich machten.«[6] Die vier angesprochenen Richter beschlossen, unterstützt und beraten vom SM, die Angelegenheit durch eine Klage vor dem obersten Verwaltungsgericht, dem *Conseil d'Etat*, klären zu lassen.

Es war das erste Mal, dass das *Syndicat* in seiner Eigenschaft als syndikal verfasster Verband als Kläger vor Gericht ging und die Mitglieder erwarteten mit Spannung das Ergebnis des Verfahrens. Das Urteil erfolgte im Dezember 1972. Es stellte fest, dass die Klage von Seiten des SM zulässig sei, dass es vertretbar sei, in der Weise, wie es geschehen war, gegenüber dem Gerichtspräsidenten Stellung zu beziehen, dass darin kein Verstoß gegen die gebotene Zurückhaltung gesehen werden könne; dass aber die Verbreitung des Schreibens außerhalb der Richterhierarchie eine Zuwiderhandlung gegen das Gebot der Zurückhaltung darstelle.

Wenn auch der Nachsatz nicht zur vollen Zufriedenheit des SM ausfiel – und das Verbandsorgan *Justice* seinen Bericht unter den Titel »Schweigend kritisieren!« stellte[7] – hatte das *Syndicat de la magistrature* einen großen Erfolg errungen. Nicht nur war das Urteil im Sinne der Kläger erfolgt, auch die Befugnis des *Syndicat*, vor Gericht zu ziehen, hatte die oberste Verwaltungsinstanz sanktioniert. Damit war die syndikale Organisationsform für den Richterstand legitimiert und dem SM stand künftig der Rechtsweg zur gerichtlichen Vertretung der Berufsinteressen offen.

Mit besonderer Aufmerksamkeit verfolgten die Mitglieder des konkurrierenden Verbandes UFM das Urteil im Fall »Obrégo«. Seit langem hatte

6 Zit. nach *Justice*, 20 ans de syndicalisme judiciaire 1968–1987, Nr. 120/121, Juni–Sept. 1988, 65.

7 »Critiquer en silence«, *Justice 73*, Nr. 24, Mai 1973. Dort wurde das gesamte Dossier der Affäre veröffentlicht.

sich dort eine Minderheit für die Umwandlung der *Union fédérale* in ein *Syndicat* stark gemacht und sah sich nun durch das Votum des *Conseil d'Etat* bestätigt. Die Thematik sollte in den folgenden Monaten den Verband erneut beschäftigen.

Allgemein hatte sich seit einiger Zeit das Verhältnis zwischen den beiden Richterverbänden eingetrübt; die Kollegen von der *Union fédérale* verfolgten die zunehmend politische Orientierung des SM mit Sorge. Seit den Anfängen hatte der Mutterverband die Entwicklung des SM mit etwas gönnerhafter Skepsis, grundsätzlich aber wohlwollend, verfolgt und etliche gemeinsame Aktionen in der Öffentlichkeit mitgetragen. Dies war ihm, vor allem auch wegen der zahlreichen Doppelmitgliedschaften, nicht schwer gefallen, zumal er mit Genugtuung feststellte, dass er auch weiterhin der zahlenstärkere Verband blieb. Nun aber schien das *Syndicat de la magistrature* vor allem bei der jüngeren Generation den älteren Verband auszustechen; die UFM musste fürchten, abgehängt zu werden.

Ungeachtet der Entfremdung der beiden Richterverbände kam es aber auch weiterhin zu gemeinsamen Aktionen, wenn etwa obrigkeitliche Maßnahmen die korporativen Interessen der Richter berührten oder auch wenn Politiker in polemischen Äußerungen die Arbeitsweise der Richter allgemein aufs Korn nahmen.

So etwa im Spätsommer 1971, als auf einem Presse-Diner der Generalsekretär der gaullistischen *Union des démocrates pour la Ve. République* (UDR), René Tomasini, über die Vorgehensweise der Polizei sprach und dabei äußerte, dass, wenn die Polizei in der letzten Zeit gegen gesetzwidrige Akte von Jugendlichen und oppositionellen Kräften hart eingeschritten sei, so liege »das nicht an denjenigen, die einschreiten mussten, sondern an der Feigheit der Justiz, die die Missetäter nicht ausreichend hart« bestraften. In ihrer Empörung waren sich beide Richterverbände einig. Gemeinsam und angeführt vom Präsidium des Kassationsgerichts legten 800 Richter ihre Arbeit nieder und zogen in ihren Roben in einem Schweigemarsch durch den Justizpalast.[8]

Die Verunglimpfung durch den Innenminister war ein Anzeichen für das Unverständnis und die wachsende Erbitterung auf Seiten der Staatsgewalt über die Renitenz der Richter, vor allem über die Unbotmäßigkeit der Mitglieder der Richtergewerkschaft. Doch standen den politischen Akteuren kaum Möglichkeiten zu Gebote, den renitenten Richternachwuchs zu

8 *Der Spiegel* brachte dazu in Nr. 9, 1971, 89 f einen Artikel »Verschleudertes Erbe«.

zähmen. Einerseits waren die gesamten Jahrgänge der Richterschule mit wenigen Ausnahmen Mitglieder der Richtergewerkschaft, so dass sich aus Zahlengründen und im Hinblick auf den Nachwuchsmangel ein Vorgehen gegen den Verband verbot, zum anderen unterhielt das *Syndicat de la magistrature* beste Beziehungen zur Presse und vermochte in kurzer Zeit die öffentliche Stimmung für sich zu mobilisieren. So beschränkten sich Vertreter der staatlichen Obrigkeit darauf, die Magistraten in mehr oder minder scharfen Tönen zu ermahnen, wobei sie häufig den gegenteiligen Effekt erzielten. Nur umso deutlicher sahen sich die Richter an die staatliche Kandare gelegt und sannen auf weitere Absetzmanöver. »Die Kühnheit der Justiz nimmt zu«, schrieb ein Beobachter in Verbindung mit mehreren 1974 stattfindenden Prozessen.[9] »Offensichtlich, fuhr er fort, gibt es eine Weiterentwicklung in der französischen Justiz. Der offenkundigste Beweis dafür sind die Reaktionen der Staatsmacht angesichts der Tatsache, dass die Richter in einer fortdauernden Gleitbewegung aus der Kontrolle ihres politischen Willens entschwinden.«[10]

8.2 Die Mechanismen der Kontrolle

Die einen Zeitgenossen sahen in diesem Prozess der Abnabelung ein »Entgleiten«, die anderen einen aktiv betriebenen »Lagerwechsel«. Auf dem Jahreskongress des *Syndicat* 1972 stellte ein Mitglied der Gewerkschaft CFDT unverblümt die Frage, ob die Richter, die doch seit fast zwei Jahrhunderten eng mit der Bourgeoisie verbunden gewesen seien, nun dabei wären, das »Lager« zu wechseln.[11]

Tatsächlich handelte es sich mittlerweilen um ein planvolles Vorgehen, das sich in Stufen vollzog und sich an bestimmten Themen festmachte, die den Mitgliedern des SM als besondere Schwachpunkte im französischen Justizsystem galten und deren systematische Ausschaltung sie betrieben. Diese Schwachpunkte bestanden in Dispositionen, kraft derer die Obrig-

9 »L'audace de la justice grandit«; Charvin, La justice en France. Mutations de l'appareil judiciaire et lutte de classes, 34.

10 Ebd., 35. Dazu auch Stellungnahme des SM, *Le Monde*, 13 Sept. 1975; *Le Monde*, 26/27 Okt. 1975.

11 Nach Babinet, Association ou syndicat de magistrats et profession judiciaire française; in: *Justice et politique*, Actes du colloque tenu à Strasbourg le 6–8 avril 1973, 132.

keit die Justiz in Abhängigkeit halten konnte. Sie bildeten, nach Ansicht der Richtergewerkschaft, das Instrumentarium »sozialer Kontrolle« in der Hand staatlicher Obrigkeit und korporativer Hierarchie, dem sich die Richter während ihrer gesamten Laufbahn unterworfen fühlten. Zu diesem Instrumentarium gehörten: der durch Benotung, Beurteilung und Selektion ausgeübte Einfluss der Hierarchie auf die Karriere des Richters, wie auch die Verpflichtung der Richter zur politischen Zurückhaltung und zur Geheimhaltung. Letzteres, »le secret«, diente nach Meinung des SM dazu, eine eventuelle Verständigung der Akteure hinter den Kulissen des Gerichtssaals oder auf der politischen Ebene vor den Augen der Öffentlichkeit zu verschleiern.

Diese Elemente der »sozialen Kontrolle« bildeten die ersten Angriffspunkte, die das SM ins Visier nahm, und führten zu den beiden programmatischen Vorgaben »Kampf gegen die Hierarchie«[12] und »Kampf gegen die Geheimhaltung«[13].

Für die Absicht, das hierarchische System heraus zu fordern, boten sich Anlässe in der Richterschule. 1970 hatte das von Turbulenzen heimgesuchte *Centre national des études judiciaires* (CNEJ) nach einer Organisationsreform nun als *Ecole nationale de la magistrature* (ENM) einen neuen Anfang gemacht. Gleichwohl blieb die Einrichtung umstritten. Nach Ansicht der staatlichen Administration wie auch konservativer Zeitgenossen bot die Entstehung des *Syndicat de la magistrature* den Beleg für die fehlgeleitete Pädagogik der Richterschule. Hier bewahrheite sich die Annahme, so wurde geäußert, dass eine in Gemeinschaft verabreichte Richterausbildung zur Bildung einer homogenen Masse führe, die »gefährlich«[14] sei. Etliche ältere und hochrangige Richter, die über großen Einfluss im Justizministerium verfügten, machten geltend, dass in der vor 1958 praktizierten Richterausbildung sowohl die persönliche Eignung der jungen Juristen für das Richteramt, wie auch Kriterien der weltanschaulichen Gesinnung, des Charakters und der Anpassung an gesellschaftlich akzeptierte Normen hätten erkannt werden und in die Gesamtbeurteilung des Kandidaten einfließen können. Dagegen produziere die Richterschule durch die schulmäßig verabreichten Kenntnisse, die theorie-lastigen Lehrpläne und den in Gemeinschaft erteilten Unterricht tendenziell eine homogene, solidarische

12 »Lutte contre la hiérarchie«.

13 »Lutte contre le secret«.

14 Dazu Kap.5.4.

Gruppe, die in kollektiven Aktionen das Mittel zur Durchsetzung ihrer Ziele sähe, ein Mittel, gegen das die parzellierte Gesellschaft keine Gegenwehr besitze. In die Benotung und Beurteilung, die den weiteren Fortgang des Berufswegs der jungen Richter vorbestimme, gingen, so diese Meinung, nur theoretische Informationen und technokratische Kompetenzen ein. Folge dieser Selektion nach ungenügenden Kriterien sei, dass viele der für die obersten Posten der Richterhierarchie anstehenden Nachwuchskräfte »für die Posten nicht geschaffen (seien), die sie innehaben.«[15]

Aus dieser Einschätzung folgte das Bestreben vieler, sowohl von Politikern, wie von prominenten Juristen, die Ausbildungsdauer in der Richterschule zu kürzen, die Bedeutung der Schule zu schwächen und nach Möglichkeit sie gänzlich abzuschaffen. Doch ließ sich diese Absicht nun kaum mehr verwirklichen, da seit 1967 die Zahlen der Absolventen anzusteigen begannen, von 1967: 80, 1968: 104, 1969: 125; 1970: 160. Auch die Anzahl der Aufnahmekandidaten entwickelte sich erfreulich: 1967: 236; 1968: 322; 1969: 365; 1970: 543. In vier Jahren betraten folglich mehr Aspiranten die Schule als in den vorausgegangenen zehn Jahren[16] und es zeichnete sich ab, dass die Ausbildungsstätte der ursprünglich in sie gesetzten Erwartung, den Richterberuf aufzuwerten, nun endlich gerecht werden könnte. Doch mit der wachsenden Anziehung, die die *Ecole nationale de la magistrature* auf junge Juristen auszuüben begann, verstärkte sich für konservative Geister die Befürchtung, die Richterschaft insgesamt könne dem Trend zur Radikalisierung und Politisierung anheim fallen.

Für die schulkritische Front ging es folglich darum, den Zugang der jungen Richter zu aussichtsreichen Positionen stärker als bisher zu kontrollieren und die Schulabgänger nach – so sah es das *Syndicat* – den Kriterien der Gefügigkeit und des Anpassungsvermögens zu selektieren. Bestand bis 1972 die Regelung, dass die fünf besten Schulabgänger die renommiertesten Stellen im Justizministerium besetzten[17], so war ab diesem Zeitpunkt die Entscheidung über Stellenbesetzungen im Justizministerium einer *Commission d'inscription* vorbehalten, die durch den Justizminister zusammengestellt wurde.

---

15 Aus einem Schreiben des Generalstaatsanwalts Jonquères von Douai an das Justizministerium. Das Schreiben wurde durch eine Indiskretion öffentlich bekannt und in der Zeitschrift *Justice* des SM abgedruckt; *Justice* 73, Nr. 26, Oktober, 27.

16 Zahlen nach Cam, Juges rouges et droit du travail, in: *Actes de la recherche en sciences sociales*, Jan. 1978, 22.

17 Als sogenannte M.A.C.J.; d.h. Magistrats de l'Administration centrale de la Justice.

Durch die Neuerung entfiel ein großer Teil des Zusammenhangs von Leistungsanreiz und Prüfungsergebnis, Motivation und Zukunftsplanung, auf dem der Ausbildungsmodus an allen *Grandes Ecoles* basierte. Die Klassifizierungsliste der Richterschule setzte sich aus den Noten und Beurteilungen zusammen, die sich aus den Arbeiten des Jahresfortgangs ergaben (mit 10 multipliziert), aus den Praktika an den einzelnen Gerichten (ebenfalls mit 10 multipliziert) und aus den Prüfungsarbeiten des Abschlussexamens (mit 6 multipliziert). Alle Benotungen erfolgten in strikter Geheimhaltung. Wer dabei die besten Leistungen erbracht und einen Platz an der Spitze der Klassifizierungsliste erobert hatte, besaß faktisch einen Freifahrtschein in eine glänzende Zukunft.

Nicht nur an der Richterschule wurde das Thema der Klassifizierungsliste zum Gegenstand erregter Auseinandersetzungen; es geriet in den Mittelpunkt der Grundsatzdebatte um die *Grandes Ecoles*, die großen Ausbildungsstätten für Staatsbeamte. Auch an der ENA[18] und an anderen *Grandes Ecoles* kam es zu Protesten der Hörer. 1971 verzichteten 68 von 100 Schulabgängern der ENA auf die ihnen zugesagten viel versprechenden Positionen in den zentralen Behörden, was im Organ des SM *Justice* besprochen und als Ermutigung zu eigenen Schritten gegen das Klassifizierungssystem begriffen wurde.[19]

Als Alternative zur Klassifizierungsliste erarbeiteten die Hörer der Richterschule ein eigenständiges Konzept der »freundschaftlichen Verteilung«[20], das 1973 zum ersten Mal praktiziert wurde und das die leidige Selektion durch die Liste außer Kraft setzte. Dabei reichten alle Absolventen fünf Vorschläge der von ihnen gewünschten Verwendungen ein, die von einer Kommission geprüft und nach dem »intérêt général« auf die jungen Richter verteilt wurden. Die Kommission, die sich aus *auditeurs* zusammensetzte, die zuvor auf einer Vollversammlung gewählt worden waren, legte ihren Entscheidungen ausschließlich soziale Gesichtspunkte zugrunde, so etwa die Situation des Ehepartners, regionale und örtliche Ortsgebundenheit, Gesundheitsgründe etc. Gegen die einvernehmlich vorgenommene Postenverteilung hatten Schulverwaltung und Behörde kein Rezept.

Dagegen kam ein an der *Ecole nationale de la magistrature* vorgesehener Boykott der Abschlussprüfungen nicht zustande. Offenbar war die Andro-

18 Ecole nationale de l'Administration, dazu Kap. 5.6.

19 *Justice 72*, September, Nr.9.

20 »Repartition à l'amiable«.

hung von Sanktionen durch die Schulverwaltung zu wirkungsvoll. Das Organ *Justice* beklagte das Scheitern des Ausstandes in bitteren Worten:

»Schuld daran trägt nicht die ungenügende Verbreitung der Parole oder die mangelhafte Organisation der Durchführung. Die Verantwortung dafür liegt ausschließlich bei den Betroffenen selbst, die, Verbandsmitglied oder nicht, dem Risiko gegenüber vor Angst gelähmt waren: Angst vor dem Sprung nach vorn, vor dem Unbekannten, vor dem Zorn des Fürsten und seinen Folgen für das Wohlbefinden jedes Einzelnen.«[21]

Auf anderer Ebene dagegen nahm die Kampagne gegen die »soziale Kontrolle« ihren geplanten Verlauf. In gezielten Tabubrüchen versuchte das *Syndicat de la magistrature* die mangelnde Transparenz des richterlichen Umfelds aufzulösen. 1972 nahm der Verband das geheime Benotungsverfahren in den Personalpapieren der Richter aufs Korn und brachte die Beurteilung des Richters Henri Pascal an die Presse. Dieser hatte sich in der Skandal-Affäre von Bruay-en-Artois den Unwillen seiner vorgesetzten Dienststelle zugezogen, was sich drastisch in seinen Führungsnoten niederschlug.[22] Der durch die Pressekampagne erreichte öffentliche Meinungsdruck veranlasste in der Folge den Justizminister, das Beurteilungssystem in einem Rundschreiben vom 11. April 1973 zu ändern.

In einem anderen Fall, auch er ein Element des Kampfes gegen die Geheimhaltungspflicht, gewährte der Untersuchungsrichter Dujardin einem Zeitungsreporter Einblick in die von ihm bearbeiteten Rechtsfälle. Das *Syndicat de la magistrature* rechtfertigte den Tabubruch damit, dass auf diese Weise erreicht werden solle, den Richter »aus seinem Elfenbeinturm zu holen, die Justiz dem Volk zu öffnen, die Hindernisse, die sich der Kommunikation zwischen dem Richter und seinen Klienten stellen – in deren Namen er Recht spricht – beiseite zu räumen [...] Die Geheimhaltung ist eine der gefährlichsten Waffen der Hierarchie«.[23]

Den Mitgliedern des SM schien »le secret« verantwortlich zu sein für die Distanz zwischen dem Richter und der rechtsuchenden Klientele, weil sie dem Richteramt eine Art höherer Weihe verlieh und damit zur Mystifikation des richterlichen Amtes beitrug. Dieser formale Abstand zeigte sich nach Meinung der Mitglieder des SM ebenfalls in der besonderen Amtstracht, der Richterrobe in ihrer unterschiedlichen Ausführung und Farb-

21 *Justice* 74, Nr. 31, 9.

22 *Justice*, 20 ans de syndicalisme judiciaire Nr. 120/121, Juni/Sept. 1988, 65,66. Dazu auch Kap. 8.4.

23 *Justice*, Nr. 38, April 1975.

gestaltung, mit dem dem Rang entsprechenden Besatz aus Hermelin und Purpur, mit der Symbolik der altertümlichen Kleidungsattribute. Er wirkte sich auch aus in der räumlichen Anordnung im Gerichtssaal, in der durch Stufen dokumentierten Überhöhung der Richterstühle und in der für Laien unverständlichen Sprache mit ihren ungebräuchlichen Wendungen. »Man muss im Detail Reformen vornehmen, die tatsächlich Veränderungen der Mentalität nach sich ziehen. Zunächst das Tragen der Robe abschaffen, das ist es, was alle jungen Richter erreichen möchten.«, erklärte ein Mitglied des *Syndicat*.[24]

Während in der Folge die Gerichtssprache und der Stil der Schriftstücke vereinfacht wurden, erwies sich in Bezug auf die Amtstracht die Tradition als stärker; die herkömmliche Robe mit den Insignien der Amtsstellung wurde weitgehend beibehalten. [25]

Durch seine wirkungsvolle Öffentlichkeitsarbeit verfügte das *Syndicat de la magistrature* in der ersten Hälfte der 70er Jahre über eine Breitenwirkung, die weit über das thematische Gebiet der Rechtsprechung hinausging. Es hatte nicht nur die allgemeine Aufmerksamkeit auf Fragen der Rechtsprechung gelenkt; es galt zunehmend, zumindest in fortschrittlichen Kreisen, als Vertreter der Freiheitsinteressen des Bürgers. Seine Verbindung mit den wesentlichen Organisationen der Arbeiterbewegung, mit anderen berufsständischen Verbänden und mit progressiven Richtervereinigungen des Auslands, so mit der italienischen Magistratura Democratica, sicherte ihm eine herausgehobene Stellung in der öffentlichen Wahrnehmung. Freilich war diese nicht unumstritten. An der Frage seiner Bewertung schieden sich die Geister: während die einen das Engagement des Verbandes lobten und als notwendige Erneuerung priesen[26], sahen die anderen in ihm eine »subversive Bewegung« und ein »Instrument des Klassenkampfes«.[27]

---

24 »Il faut entreprendre des réformes de détails qui sont en fait des réformes de mentalité. D'abord, supprimer le port de la robe, ce que tous les jeunes juges souhaitent«; Bernard Challe, Mitglied des SM in *Paris- Match*, 25 oct. 1975, 43. Antoine Garapon bricht (in: *Bien juger. Essai sur le rituel judiciaire*, Paris 1997, 72–94) eine Lanze für die Beibehaltung der traditionellen Richterrobe. Dazu auch: Boedels, Jacques: *Les habits du pouvoir, »Justice«*, Paris 1992.

25 Dazu Mimin, Pierre: *Le style des jugements*, Paris 1970; dazu auch Schroeder, François-Michel: *Le nouveau style judiciaire*, Paris 1978.

26 Prof. Robert würdigte in einem Kommentar im Dalloz, dass das Syndicat »s'essaie à faire bouger des structures archaïques, à rompre avec des habitudes ancrées, à secouer des mentalités retardataires… au nom d'idées et de principes souvent parfaitement sains que

Auf die jungen Hörer der Richterschule übte die Mitgliedschaft im *Syndicat de la magistrature* große Attraktivität aus, was die Konkurrenz der UFM auf den Plan rief. Es wurde zunehmend deutlich, dass die jungen Richter und die *auditeurs* der Richterschule sich für das *Syndicat* entschieden und der Zeitpunkt abzusehen war, an dem das Verhältnis der Mitgliederzahlen – nach wie vor stellte die UFM mit etwa 2.000 Mitglieder gegenüber den 1.200 des SM die Mehrheit – sich umkehren würde.

Der UFM lag folglich daran, ihren Verband für die junge Generation attraktiver zu gestalten. Zwar war sie nicht gewillt, die polarisierenden Zielvorstellungen des SM zu übernehmen, doch ließ sich doch die Verbandsleitung unter dem Vorsitzenden André Braunschweig überzeugen, dass es unumgänglich sei, die alten Positionen zu überprüfen und sich ein modernes Image zuzulegen. Sowohl Zugeständnisse an äußere Formen der Präsentation waren vorzunehmen, so etwa im Erscheinungsbild des Verbandsblattes *Pouvoir judiciaire* (PJ), das ab 1974 als *Nouveau Pouvoir judiciaire* (NPJ) firmierte, wie auch zeitgemäße Neuerungen in den inhaltlichen Positionen einzuführen.

Als Konsequenz aus dem Fall »Obrégo«, wo der *Conseil d'Etat* die syndikale Organisationsform des *Syndicat de la magistrature* bestätigt hatte, beschloss nun auch der Mutterverband sich als »syndicat« zu konstituieren. »Wir glauben nicht an die Magie der Worte [...], aber im Hinblick auf die Verteidigung der Berufsinteressen erkennen wir die Notwendigkeit, uns an den Geist und an die Strukturen der Gesellschaft anzupassen, in der wir leben,«[28] erklärte der Vorsitzende André Braunschweig auf dem Jahreskongress der UFM von 1974 und legte den versammelten Verbandsmitgliedern einen Antrag vor, der auf die Umwandlung der alten Vereinigung in ein *Syndicat* mit dem Namen *Union syndicale de la magistrature* lautete. Als Motiv für diesen Schritt wurde angeführt, dass die syndikale Form die Vertretung der Interessen der Richterschaft in verschiedenen Bereichen wirksamer gestalten könnte, so zum Beispiel im Hinblick auf die Möglichkeit, Kollegen vor Gericht zu vertreten, sowie selbst vor Gericht zu ziehen etc. Zudem wies man auf die Hoffnung hin, im Rahmen dieses Neubeginns den

seule la pésanteur des préjugés fait passer pour subversifs ou révolutionnaires«, zit. nach *Justice*, 20 ans de syndicalisme judiciaire, 80.

27 »Entreprise subversive«, »instrument de la lutte des classes«, Verunglimpfungen, die der ehemalige Justizminister Jean Foyer gegen das SM in einem Artikel des *Figaro* vom 3. Okt. 1975 äusserte.

28 Braunschweig, André: Congrès 1974. La mutation-transformation sans reniement in: PJ, Nr. 266, Juni 1974, 1.

Altersdurchschnitt der Verbandsmitglieder zu senken – was sich tatsächlich in der Folge bewahrheiten sollte. Im Zeitraum von 1972 bis 1982 fiel der mittlere Wert von 48,5 auf 40,2 Jahre.[29]

Mit großer Mehrheit stimmten die versammelten UFM-Mitglieder den neuen Statuten zu, die den syndikal verfassten Verband aus der Taufe hoben. Der Text stellte auch klar, dass den Richtern »die Besonderheit ihrer Rolle eine besondere Form von Syndikalismus auferlegt«.[30] Mit dieser Sonderform sei gemeint, so führte André Braunschweig aus, dass »sie jedes politische Engagement ausschließt, wie etwa die Anbindung an eine Einheitsgewerkschaft, und auch bestimmte Maßnahmen, bestimmte Tätigkeiten und bestimmte Verlautbarungen nicht zulässt. Der Syndikalismus der Richterschaft gebietet, keine Handlungen auszuführen, die mit seinem Auftrag unvereinbar sind.«[31]

Ein Jahr später bezog der Vorsitzende der USM unter dem Titel »Le syndicalisme judiciaire en péril« erneut Stellung:

»Wir von der USM werden niemals zulassen, dass eine syndicale Vertretung gleichbedeutend werde mit einer soziologisch-geprägten Form des richterlichen Urteilens und dass sie zum Beispiel dazu führe, dass systematisch das Unrecht bei den Unternehmern oder den Arbeitern gesucht wird, bei den Starken oder bei den Schwachen [...]. Wir werden nicht zulassen, dass Richter, denen so oft ungerechtfertigter Weise vorgeworfen wurde, gegenüber dem Druck der Staatsmacht nachgiebig zu sein, dass sie von nun an der schlimmsten aller Abhängigkeiten beschuldigt werden können, der Abhängigkeit, die aus einer Ideologie erwächst.«[32]

Mit dem Vorwurf der »Ideologie-Orientierung« wies Braunschweig auf das *Syndicat de la magistrature*. Er zeigte damit die Unvereinbarkeit in inhaltlicher Zielvorstellung und in praktischer Vorgehensweise zwischen beiden Verbänden auf und zog eine eindeutige Trennungslinie.

Ungeachtet der fortan bestehenden begrifflichen Gemeinsamkeit als »syndikale Organisation«, lockerten sich in den auf 1974 folgenden Jahren die gegenseitigen Bindungen, die schon seit 1972, als das SM die Doppelmitgliedschaften aufgekündigt hatte und damit keine personellen Verbindungen mehr bestanden, nur mehr gegenüber gemeinsamen Kontrahenten

29 Die Zahlen stammen aus den Heften NPJ (*Nouveau Pouvoir judiciaire*), Nr. 276, Juli 1976, 10 und NPJ, Nr. 296, Okt.–Nov. 1982, 14.

30 Le Manifeste de l'UFM, PJ, Nr. 266, Juni 1974, 5f.

31 Braunschweig, André, in: *Le Monde*, 4.Dez. 1975; dazu auch *Nouveau Pouvoir Judiciaire* NPJ, Okt.–Nov.–Dez. 1974: ›Acte de naissance de l'Union syndicale des Magistrats‹, 3.

32 NPJ, Nr. 273, Nov. 1975, 3f.

wirksam gewesen waren. Auch die zur Polarisierung beitragende Repressionspolitik der Regierung ließ die beiden Richtergruppen mehr und mehr auseinanderdriften.

Der tiefer liegende Grund für die wachsende Kluft in der Richterschaft und die Spaltung in zwei Blöcke lag in zwei unvereinbaren Konzeptionen des Richteramtes. Die *Union fédérale des magistrats* (UFM), ab 1974 als *Union syndicale des magistrats* (USM), vertrat die traditionelle Sicht, wonach der Richter aufgerufen war, die Rechtregel zu interpretieren und anzuwenden; weiterführende Vollmachten standen ihm nicht zu Gebote. Das *Syndicat de la magistrature* hingegen brachte eine sehr viel weiter gespannte Version des Richterbildes in die Debatte ein. Danach handelte es sich um den Auftrag, über die gesetzlich fixierten Verhältnisse hinausgehend Fragen von Sicherheit, öffentlicher Ordnung und gesamtgesellschaftlicher Gerechtigkeit zu verfolgen, Defizite zu erkennen, öffentlich sichtbar zu machen und für ihre Überwindung zu sorgen. Nicht nur hatte die Justiz in dieser Sicht durch die besondere Auslegung der Gesetze soziale Härten auszugleichen, sondern war auch als »moralische Autorität beauftragt, vor der öffentlichen Meinung jeder Freiheitsverletzung entgegenzutreten«.[33]

Übereinstimmung herrschte im *Syndicat de la magistrature* auch darüber, dass damit die Befugnisse der Richterschaft über das ihnen von der Verfassung diktierte Feld weit hinaus gingen, denn außer der Aufarbeitung und Beurteilung von Ereignissen der Vergangenheit betrafen die Befugnisse des Richteramtes auch die Gestaltung des gesellschaftlichen Zusammenlebens in der Zukunft.

8.3 Die soziale Ungleichheit

Neben den Abhängigkeiten von der Obrigkeit, deren Auflösung das vorrangige korporative Ziel darstellte, rückte für das SM zunehmend die Frage in den Vordergrund, welcher Art denn die – zumindest im angestrebten Idealfall – von allen obrigkeitlichen Zwängen freigesetzte Rechtsprechung sein sollte. Der Kontakt mit berufsständischen Gruppierungen, Gewerkschaften, Interessenvertretungen etc., mit denen der Richterverband im

33 »Il faut poser la Justice comme autorité morale chargée de contester devant l'opinion publique toute atteinte à la liberté«, déclaration, IIIe. congrès 1970, zit. nach Robert, *On les appelle les juges rouges*, 76.

Rahmen seiner Öffnungsstrategie regelmäßig Umgang pflegte, hatte neue Einsichten und Perspektiven gebracht. Mehr und mehr geriet die Ungleichbehandlung der sozialen Schichten in den Blick. Seit seiner Gründung hatte sich das SM bemüht, den Schwächeren größere Aufmerksamkeit zu widmen; zum Programm erhob der Verband das Thema der »Sozialen Justiz« ab 1972.

Gefördert wurde die neue Sensibilität in Fragen sozialer Ungleichheit auch durch die Revolten in den Haftanstalten, die ab 1972 den Blick auf die untragbaren Verhältnisse im Strafvollzug lenkten und eines der großen Themen der Zeit darstellten.

Der Richterverband SM trug die Debatte um Freiheitsentzug und Haftbedingungen breit in die Öffentlichkeit, was dort zur Gründung zahlreicher Vereinigungen führte, die sich die Verteidigung der Interessen von Straffälligen und Häftlingen zum Ziel setzten, wie das *Groupement d'action pour les prisonniers* (GAP), das sich später in *Comité d'action pour les prisonniers* (CAP) umwandelte.

Im Rahmen der »sozialen Justiz« wandte sich der Richterverband der unterschiedlichen juristischen Behandlung der gesellschaftlichen Schichten zu. Untersuchungen nahmen die bislang geübte Praxis unter die Lupe, wonach die Eliten von der Richterschaft wenig zu befürchten hatten, die »kleinen Leute« hingegen unverhältnismäßig strenge Urteile erwarten mussten. Zahlreiche Fälle, in die »etablierte Kreise« verstrickt waren und in denen keine Verurteilungen erfolgten, Betrugsfälle, die zwar den Behörden bekannt waren, in denen aber nicht Anklage erhoben wurde, Wirtschaftsvergehen, die nicht verfolgt wurden, Geldwäsche-Affären, Umweltdelikte wurden aufgedeckt und in Gegenwart der Presse auf den Jahreskongressen des SM kommentiert.[34] Die frühere Richterrolle sah man kritisch: Man habe gemeinsam mit dem Staatsapparat »den repressiven Aufbau der Gesellschaft gestützt im Interesse derjenigen, die darin die ersten Plätze besetzten«.[35]

In der Öffentlichkeit wurde der Eifer, mit dem die Richterschaft sich neuerdings der Wirtschaftsvergehen, dieser »Weiße-Kragen-Kriminalität«,

34 Dazu die Ausführungen von Pierre Lyon-Caen in einem Interview für »L'expérience du syndicat de la magistrature, Témoignages« in *POUVOIRS*, Nr. 16, 1981, 57; auch zit. in Dévillé, L'entrée du syndicat de la magistrature dans le champ juridique en 1968, in: *Droit et Société*, Nr. 22, 1992, 644. Dazu auch Charvin, *La justice en France*, 25–36; Syndicat de la magistrature: *Au nom du peuple français*, Paris 1974, 33–50; 80–109.

35 Syndicat de la magistrature: *Au nom du peuple français*, 23.

annahm, mit Verwunderung vermerkt. »Verurteilen heutzutage die Gerichte den Kapitalismus?«, hatte schon im Dezember 1969 eine Titelzeile des *Le Monde* überrascht gefragt.[36] Und wenig später versah der Chefredakteur derselben Zeitung seinen Kommentar zu den Urteilen in einem Prozess gegen einige Mafia-Größen aus Marseille mit dem Hinweis, hier habe wohl die Verbindung zwischen Justiz und Politik nicht wie gewohnt funktioniert[37].

Fünf Jahre später beschrieb ein junger Richter aus Tours gegenüber dem Reporter des *Paris-Match* den generationsbedingten Unterschied in der richterlichen Beurteilung: »Der Rechtsbruch im Finanzbereich, der Steuerbetrug ist ein Verbrechen, das für einen jungen Richter sofort nach dem Gewaltakt kommt. Hingegen ist das Finanzvergehen für einen Magistraten der alten Schule ein Delikt, das allenfalls eine Haftstrafe mit Bewährung verdient.«[38]

Die neue Strenge gegenüber Arbeitgebern blieb nicht auf die Mitglieder des *Syndicat de la magistrature* beschränkt; vielmehr näherte sich die Richterschaft insgesamt in dieser Hinsicht der Einstellung der *Syndicat*-Mitglieder an. Der Wandel betraf eine stärkere Gewichtung der sozialen Dimension in den Gerichtsurteilen. Diese Entwicklung sei, so ein Zeitungsartikel, »vor allem ab 1968, seit der Gründung und der Neuorientierung des *Syndicat de la magistrature*, deutlich geworden und verkörpert sich in einer größeren, obwohl noch relativen Strenge, in der Verfolgung von Verletzungen des Gewerkschaftsrechts, in einer weiterentwickelten Rechtsprechung und in der Öffnung auf der Ebene des Kassationsgerichts«.[39]

Im *Syndicat* selbst führte gleichwohl die mit der Zeit fortschreitende Politisierung und Radikalisierung zu Spannungen und Zerfallserscheinungen. Als Stein des Anstoßes erwies sich ein Kommuniqué, das der Richterverband SM gemeinsam mit den Gewerkschaften CGT und CFDT unter-

36 Sondernummer von *Le Monde*: »Le Monde de l'économie«, 30. Dez. 1969.

37 P. Viansson-Ponté in *Le Monde*, 17. Jan. 1970.

38 »La délinquance financière«, erklärte 1975 der junge Richter Bernard Challe gegenüber François Caviglioli vom *Paris-Match*, »la fraude fiscale est un délit qui, pour un jeune magistrat, vient juste après un délit de violence. En revanche, pour un magistrat de la vieille école, la délinquance financière est un délit ne méritant qu'une peine de prison avec sursis«; *Paris-Match*, 25.Okt. 1975, 43.

39 Zit. nach Syndicat de la magistrature: *Au nom du peuple français*, 49; Gaudillère, Emile: Les enseignements juridiques et judiciaires de l'affaire Guy Robert, in: *Syndicalisme*, Nr. 1384, 9. März 1972, 12.

zeichnet hatte. Der Text wandte sich gegen die Verabschiedung eines Reformgesetzes, das Entlassungen durch den Arbeitgeber erleichtern sollte. Mit diesem Solidarisierungsakt an die Adresse der Arbeitnehmerverbände hatte nach Meinung zahlreicher Verbandsmitglieder der Vorstand des *Syndicat* die Grenze zur politischen Parteinahme überschritten.

Auf dem 6. Jahreskongress von 1973 protestierten verschiedene Verbands-Sektionen[40] gegen die Politik, die der Vorstand im Namen des Gesamtverbandes führte. Unter Leitung der Sektion von Angers und ihres Wortführers Chazal de Mauriac sammelten sich die Dissidenten und brachten gemeinsam eine Beschluss-Vorlage ein, die eindeutige politische Stellungnahmen für die Zukunft als unvereinbar mit dem richterlichen Amt ausschließen sollte. Darüber hinaus untersagte der Antrag dem Vorstand, ohne Rückkopplung mit den Sektionen, »actions de pointe«, Aktionen von Bedeutung, zu unternehmen.[41]

Der Antrag der Dissidenten zielte auf stärkere Unparteilichkeit, nicht aber auf eine Spaltung oder Schwächung des Verbandes und bekannte sich auch zum Konzept der Rechtsprechung als eines im erweiterten Sinn politischen Aktes:

> »Der Richter wendet die Gesetze und Richtlinien an. Diese aber sind durch die Gesetzgebende und die Exekutive Macht vorgegeben und Ausdruck eines bestimmten politischen, ökonomischen und sozialen Systems. Das Recht anzuwenden bedeutet demnach eine im weitesten Sinn politische Funktion auszuüben. Der Mythos der apolitischen Haltung des Richters muss folglich beseitigt werden.«[42]

Was den Protest der Dissidenten hervorgerufen hatte, war, wie die Verlautbarung ausführt, dass »das *Syndicat* in der Zweideutigkeit versinkt. Die Richterschaft, die eine von ihrer Natur her unabhängige, in der Verfassung verankerte Einrichtung ist, kann nicht, ohne sich zu verbiegen, ihre Handlungsweise an der der Organisationen von Arbeitnehmern und Angestellten ausrichten. Diese sind, abgesehen von ihrer allgemeinen Politisierung, dem Konflikt der sozialen Klassen unterworfen, eine Einstellung, die für

40 Grenoble, Dijon, Besançon, Bobigny, Aix, Pau etc.; dazu Robert, *On les appelle les juges rouges*, 111.

41 Wortlaut in: *Justice*. Syndicat de la magistrature: 20 ans de motions. 1968–1987, du premier au vingtième congrès, Paris 1988, VIe Congrès: La justice, la hiérarchie, le Pouvoir, 1973, 24.

42 »Le Magistrat applique les lois et les règlements. Or, ceux-ci établis par le pouvoir législatif et le pouvoir exécutif, sont l'expression d'un certain système politique, économique et social. Appliquer la loi est une fonction politique au sens large du terme. Le mythe de l'apolitisme des juges doit donc être détruit«; ebd., 24.

uns nicht gelten kann, trotz der Starrheit eines Teils der Hierarchie. Das *Syndicat de la magistrature* muss sich außerhalb der politischen Aktivität halten, sonst wird es scheitern.«[43]

Der Verbandsvorstand hingegen präzisierte seine Einstellung in einem Interview, das er im September 1973 der Zeitschrift *Frontières* gegeben hatte:

»Wir bemühen uns, alles zu vermeiden, was als Besonderheit unserer Tätigkeit ausgelegt werden kann. Es besteht nämlich gar kein Unterschied zwischen einem Richter und einem Arbeiter. Der Richter ist nicht neutral. Seine Entscheidung ist nicht losgelöst von innerer Beteiligung. Sie ist vielmehr ein politischer Akt und wir wollen ihn politisieren, damit die Gerichtsbühne dem politischen Diskurs offen steht. Der Richter muss die Konflikte deutlich werden lassen und den Gerichtssaal zu einem Austragungsort für Debatte und Diskussion machen […]. Natürlich hat man uns vorgeworfen, wir seien parteiische Richter. Aber es gibt keine Neutralität in einem Lager, wo ein System dominiert.«[44]

Nach einer scharfen Auseinandersetzung zwischen den »modérés«, den Gemäßigten, die den Antrag eingebracht hatten, und der »gauche syndicale«, die den Verbandsvorstand unterstützte, ergab die Abstimmung 114 Stimmen für den Antrag, 75 dagegen und 141 Enthaltungen. Damit wurde der Antrag zur Weiterbehandlung an das *Fonctionnement interne* verwiesen, wo in langen Besprechungen versucht wurde, eine einvernehmliche Position zu finden. Am Wahlergebnis zum Verbandsvorstand von 1978 zeigte sich schließlich die Niederlage der Gemäßigten, nur zwei von 18 Posten gingen an die Dissidenten.

Einen wesentlichen Schritt in der politischen Entwicklung des SM markiert ein Gerichtsfall, an dem sich nach öffentlicher Meinung der Politisierungsgrad des SM abzeichnete. Allerdings handelte sich in diesem Fall nicht um einen planvoll herbeigeführten Vorgang; vielmehr sah sich der Verband gezwungen, in einer Angelegenheit, die wie ein Fanal wirken sollte, öffentlich einem Richterkollegen und SM-Mitglied beizuspringen und seine Partei zu ergreifen. Die Affäre Chapron/Charette[45] ging als Präzedenzfall in die französische Rechtsgeschichte ein und entfaltete große

43 Zit. nach Robert, On les appelle, 112f.

44 Ebd., 115.

45 Zu Patrice de Charette: *Paris-Match*, 25.Okt. 1975, 41; auch Cam, Juges rouges et droit du travail, in: *Actes de la recherche en sciences sociales* (ARSS), Nr. 19, Jan. 1973, 20. Unter dem Titel »Untersuchungsrichter Charette und der Unternehmer Chapron« brachte das Organ *Kritische Justiz* einen Bericht von Hartmut Bäumer: Heft 9/1976, 279–281.

Wirkung im arbeits- und sozialrechtlichen Diskurs. Sie zeigte nach Meinung konservativer Zeitgenossen prototypisch die Handlungsweise eines SM-Richters, wenngleich tatsächlich, da es sich um einen 26 jährigen und noch unerfahrenen Richter handelte, die Stichhaltigkeit als Referenz begrenzt sein mag.

Im Januar 1975 kam in einer Fabrik in Nordfrankreich, die Straßenbaumaterial herstellte, ein Arbeiter ums Leben, als er nachts bei schlechter Beleuchtung und auf abschüssigem Gelände von einem Waggon erfasst wurde. Der junge Untersuchungsrichter, Patrice de Charette, stellte acht Monate nach dem Vorfall den Fabrikdirektor unter Strafantrag und ließ ihn wegen Verstoßes gegen die öffentliche Ordnung[46] in Haft nehmen. Charette hatte festgestellt, dass die Arbeitsbedingungen in der Fabrik mehrfach von einem Arbeitsinspektor als ungenügend eingestuft und Sicherheitsvorkehrungen angeordnet worden waren, ohne dass die Firmenleitung darauf reagiert hatte.

Besonders registriert wurde in der Presse, dass die Haftprüfungsinstanz, die allein die Inhaftierung des Betriebsdirektors aufheben konnte, in aller Eile am Samstag Nachmittag zusammentrat und den Direktor freiließ. Man stellte Vergleiche an, welche Fristen zwischen Hafturteil und Haftprüfungstermin üblich waren in Fällen, in denen es sich nicht um Direktoren, sondern »nur« um sozial gering gestellte Personen gehandelt hatte. Die Öffentlichkeit allgemein ergriff Stellung für oder gegen die Handlungsweise des Untersuchungsrichters und die Berechtigung des Hafturteils; der Fall mündete in eine aufgeheizte Stimmung und polarisierte die öffentliche Meinung.

In der allgemeinen Wahrnehmung und in der Richterschaft selbst begründete der Fall Chapron-Charette eine neue Gewichtung der Arbeitgeber-Verantwortung; ähnliche Urteile wie im Fall Chapron/Charette ergingen in anderen Fällen von Arbeitsunfällen, wo Unternehmer strafrechtlich zur Verantwortung gezogen wurden.[47] Ergebnis war, dass in den Folgejahren die Rate der tödlichen Arbeitsunfälle um mehr als 50 Prozent zurückging.[48] Auch bei wilden Streiks oder Betriebsbesetzungen erhielten die

---

46 »Trouble à l'ordre public«.

47 Jacques Nunez verurteilte in Draguignan einen Betriebsleiter und einen Vorarbeiter wegen des Unfalltodes eines algerischen Arbeiters zu sechs Monaten Gefängnis, dazu *Paris-Match*, 25. Okt. 1975, 41, andere Fälle in Syndicat de la magistrature: *Au nom du peuple français*, 33–50.

48 Rate der tödlichen Arbeitsunfälle 1974: 2117; 1979: 1484: 1986: 978; nach Lecrubier/Lyon-Caen, Si le SM nous était conté, in: *La Table ronde*, 74.

Rechte und Forderungen der Arbeitnehmer einen neuen Stellenwert, der sich in den Urteilen nicht nur von Mitgliedern des *Syndicat,* sondern auch der USM oder nicht organisierten Richtern niederschlug.

Im Zuge der öffentlichen Debatte um die Affäre Chapron-Charette veröffentlichte der frühere Justizminister Jean Foyer, der nun als Vorsitzender der Gesetzes-Kommission in der Nationalversammlung fungierte, im *Figaro* einen Artikel unter dem Titel »Des juges contre la justice«, der das *Syndicat de la magistrature* aufs Korn nahm.

»Seit etwa 10 Jahren hat sich in der jungen Richterschaft eine Bewegung gebildet, die anfänglich Sympathien erzeugt hat, die – wie ich zugebe, auch ich empfand. Diese Bewegung umfasste großartige Geister, die eine hohe Meinung von der Bedeutung der Richterrolle hatten [...]. Aber sehr schnell zeigte die Bewegung ihre wahren Ziele. Konstituiert als gewerkschaftlicher Berufsverband, handelt es sich in Wirklichkeit um eine subversive linke Organisation [...]. Die Rechtsprechung wird zu einer Waffe der psychologischen Aktion, einem Werkzeug der Subversion. Ihre Funktion besteht nicht mehr darin, jedem das zuzuerkennen, was ihm zukommt oder die Schuldigen zu bestrafen, sondern darin, die etablierte Gesellschaft in den Augen der Massen verabscheuungswürdig zu machen. Gleichgültig, ob es nötig ist, Unschuldige zu entehren, vollkommen ehrenwerte Menschen ins Gefängnis zu werfen. Es handelt sich nicht mehr darum, Recht – nach bürgerlicher Auffassung – geschehen zu lassen, sondern die Justiz als Werkzeug des Klassenkampfes zu missbrauchen.«[49]

Der Tenor dieses Textes konnte nicht ohne Reaktion bleiben. Der Richterverband SM reichte Klage wegen Verleumdung gegen den Autor des Artikels ein. Bei der Gerichtsverhandlung bemühten sich die Anwälte Foyers, angeführt vom ehemaligen Justizminister René Pleven, dem SM subversive Aktionen zum Umsturz der Gesellschaft nachzuweisen. Auf der Gegenseite hatte das *Syndicat* seine Parteigänger mobilisiert, zwei Generalstaatsanwälte, ein Mitglied des Kassationsgerichtshofs, zwei renommierte Anwälte, zwei Mitglieder der Nationalversammlung, mehrere bekannte Rechtswissenschaftler etc.[50]

Trotz des Aufmarsches von 37 Zeugen, die den subversiven Charakter der Richtergewerkschaft bezeugen sollen, stellte der Gerichtshof in seinem Urteil fest, dass dem SM Unrecht durch Verleumdung geschehen sei. Das SM-Organ *Justice* kommentierte die Entscheidung und verwies darauf, dass die vehementen Anschuldigungen Foyers »die Kläger als Fanatiker erschei-

49 *Figaro*, 3. Oktober 1975; auch in *Justice*. 20 ans de syndicalisme judiciaire, 71f.

50 Dazu *Justice*: 20 ans de syndicalisme judiciaire, 72.

nen lassen und ihnen die Voraussetzung der Unparteilichkeit verweigern, ohne die keine Gerechtigkeit möglich ist und all das – damit der Leser auch sicher gehe – unter dem viel sagenden Titel ›Richter gegen die Gerechtigkeit‹ «.[51]

In der Berufung blieb das Urteil in seiner Substanz bestehen, doch erkannte das Gericht Jean Foyer zu, er habe in »gutem Glauben« seine Vorwürfe vorgebracht.

Der Gewinn an Breitenwirkung, den der spektakuläre Prozess für die Richtergewerkschaft bedeutete, wurde in der Folge wettgemacht durch die eindeutige politische Zuschreibung, die die Öffentlichkeit daraus ableitete. Von 1976 an war in der öffentlichen Wahrnehmung der Standort des SM im linken politischen Feld festgeschrieben, an der Seite der parteipolitischen Opposition. Hinter dieser Verortung verschwand auch das Bild des »Verteidigers der individuellen Freiheiten«.

Das Wochenmagazin *Paris Match* veröffentlichte am 25. Oktober 1975 unter dem Titel »Les juges rouges« einen Artikel über die Entwicklung des *Syndicat de la magistrature*:

»Seine Ziele sind der Kampf gegen die hierarchische Obrigkeit und die Öffnung der Justiz zur Gesellschaft hin. Dieses *Syndicat* hat sehr schnell engagierte politische Positionen eingenommen, die von neuen professionellen Fachgebieten inspiriert waren, zum Beispiel durch die Rechtsgebiete des Minderjährigenrechts und des alltäglichen Kampfes gegen Finanzvergehen und die Zuwiderhandlungen gegen das Arbeitsrecht.«[52]

Im selben Heft erklärte ein junger Richter: »Man muss die rechtlichen Kriterien in den sozialen Kontext einordnen, um die Angeklagten besser zu verstehen. Die Richterschaft kann nicht mehr in ihrem Elfenbein-Turm bleiben und die gesellschaftlichen Kämpfe ignorieren.« Die Zeitschrift beschloss ihre Darstellung mit einem Kommentar, in dem die zahlenmäßige Schwäche des *Syndicat de la magistrature*, das nur etwa 1.000 der 4.700 Richter zu seinen Mitgliedern zähle, in Verhältnis zu seiner Wirkung ge-

---

51 Ebd., 72.

52 »Ses priorités sont la lutte anti-hierarchique et l'ouverture de la justice à la société. Ce syndicat a rapidement pris des positions politiques engagées, relayées par des pratiques professionnelles nouvelles, par exemple dans les domaines de la justice des mineurs et de la justice quotidienne de la lutte contre la délinquance financière et les infractions à la législation du travail«; zit. nach *Paris-Match*, 25.Okt. 1975, 42.
»Il faut replacer les critères juridiques dans le contexte social afin de mieux comprendre les prévenus. La magistrature ne peut plus rester dans sa tour d'ivoire, ignorante des luttes sociales«; Olivier Guérin, zit. nach *Paris-Match*, ebd., 42.

setzt wurde, welche, wie der Autor schrieb, »den Platz Verdôme (Sitz des Justizministeriums) erzittern lässt«.[53] Obwohl der Tenor des Aufsatzes wohlwollend gehalten war, belegte er die Mitglieder des *Syndicat* mit dem Signum als »rote Richter«, das deren politische Orientierung charakterisieren sollte und sich zu einem Stigma verdichtete.

Nach Ansicht der Zeitgenossen, aber auch in ihrer Selbstwahrnehmung dokumentierte die Affäre Charette die Intention des SM, die alte als »Klassenjustiz« verstandene Form der Rechtsprechung durch eine »justice moderne« zu ersetzen, die »das Gesetz als Arbeitsmittel«[54] begreift »in einem Kampf, wo der Schwache dem Starken vorgezogen wird, der Arme dem Reichen, wohl wissend [...], dass der eine und der andere nicht immer mit der gerichtsrelevanten Definition des «Täters und Opfers» übereinstimmen. Gestützt auf die staatliche Autorität, sehen sie sich als beglaubigte Inhaber einer Konzeption von gut und böse, die das Gesetz auf den Status eines Instruments reduziert. Dieses Instrument wird auf dem Kreuzzug gegen die Korruption der Gesellschaft mehr eingesetzt als zur Aufrechterhaltung ihrer Ordnung.«[55]

8.4 Die Radikalisierung

Nach dem 1974 erfolgten Tod von Georges Pompidou war Valéry Giscard d'Estaing in das Amt des Staatspräsidenten gewählt worden; im Kabinett Jacques Chirac wurde Jean Lecanuet neuer Justizminister. Dieser schien entschlossen, die Auflehnung des SM gegen die Dominanz der Politik zu beenden. Es zeichnete sich ab, dass das Klima zwischen Exekutive und der Richterschaft sich einem neuen Tiefpunkt näherte. Die Auseinandersetzung nahm an Schärfe zu und wurde zum politischen Kampf, ohne dass die Richterschaft den fundamentalen Widerspruch auflösen konnte, der darin lag, dass ihre berufliche Existenz als Staatsbeamte sie zur Sicherung der bestehenden Ordnung verpflichtete, während sie doch – zumindest

---

53 »Un millier seulement sont affectés à ce syndicat qui fait trembler la place Verdôme«; ebd., 43

54 »Loi – outil de travail«.

55 »Adossés au pouvoir de l'Etat, ils se veulent détenteurs certifiés d'une conception du bien et du mal qui réduit le droit au statut d'instrument d'une croisade contre la corruption de la société plus que de sauvegarde de son ordre«; Donzelot, Jacques: Pour cette part d'invention..., in: *Justice*: 20 ans de syndicalisme judiciaire, juin/septembre 1988, 92.

soweit es die Mitglieder des *Syndicat* anbetraf – die Ablösung des bestehenden parteipolitischen Regimes mit allen Mitteln zu betreiben begann.

Die Thematik, mit der sich das *Syndicat* beschäftigte, lässt sich ablesen an der jeweiligen Devise, die von 1970 an als Motto jedem Jahreskongress vorangestellt war. 1970: »Syndicalisme, Justice et Liberté«, 1971: »La Justice et l'Argent«, 1972: »Justice et propriété«, 1973: »La Justice, la Hiérarchie, le Pouvoir«, 1974: »Justice, technocratie et Pouvoir«, 1975: »La crise, le Juge, les Libertés«, 1976: »Pouvoirs et Libertés«, 1977: »L'Enjeu judiciaire«, 1978: »L'Action syndicale dans la Justice«, 1979: »Justice et Démocratie«, 1980: »Police et Justice«, 1981: »Justice et changement«.[56]

Die parteipolitische Orientierung des *Syndicat* scheint vor allem auf den Verbandsvorstand unter der Führung des Vorsitzenden François Colcombet und des Generalsekretärs Jean-Pierre Michel zurückgegangen zu sein, die dem Verband von 1972 bis 1974 vorstanden und nach Lesart der Obrigkeit »das Mikro-Soziale, das den Rechtsprechungsbereich umfasst, vernachlässigen, um sich dem Makro-Sozialen zuzuwenden«.[57] Jean-Pierre Michel war selbst Mitglied der Sozialistischen Partei und betrieb die Annäherung an das linke politische Lager[58], wobei sicherlich diese Neigung im *Syndicat* allgemein, vor allem durch die antihierarchische Tendenz, vorgegeben war.

Eine Abfolge von sich verschärfenden Zwistigkeiten markierte in den Jahren 1974 bis 1981 die Konfrontation. Eine spektakuläre Affäre betraf den Richter Hubert Dujardin, der durch den Justizminister von seinen Amtspflichten entbunden und vor das Disziplinargericht des Obersten Richterrates geladen wurde. Dujardin hatte einem Reporter des *Nouvel Observateur*, der einen Artikel über drei Tage im Alltagsleben eines Untersuchungsrichters schreiben wollte, sein Arbeitszimmer geöffnet, vor ihm Verhöre ausgeführt und ihm Einsicht in einige Akten gewährt, allerdings unter der Maßgabe, dass eine Identifizierung des Richters im Artikel unmöglich sei. Tatsächlich erschien der Artikel unter dem reißerischen Titel »Zum ersten Mal in Frankreich: die Geheimnisse eines Untersuchungsrichters« mit dem Foto des Richters. Das *Syndicat de la Magistrature*, der

56 Das Motto für 1982 lautete »Travailler, se loger, consommer – vers des Droits nouveaux«, dazu *Justice*: 20 ans de motions 1968–1987, Sonder-Ausgabe, Nov. 1988, 13–48.

57 »Les juges du Syndicat…délaissent le micro-social qui est le monde du judiciaire au profit du macro-social«; Soulez-Larivière, *Les juges dans la balance*, 201.

58 Philippe Boucher, Gerichtsreporter des *Le Monde* äußert sich in diesem Sinn in seinem Artikel am Vorabend des Fünften Kongresses des SM; dazu Soulez-Larivière, *Les juges dans la balance*, 202.

Verband der Anwälte Frankreichs und die Liga für Menschenrechte beschlossen gemeinsam die Unterstützung Dujardins, doch verfügte der Oberste Richterrat als Disziplinargericht seine Entlassung.

Ähnliche Affären schlossen sich an. Ebenfalls 1974 zog die Angelegenheit um den Richter Oswald Baudot Kreise, der sich in schriftlicher Form despektierlich über die Lage der Rechtsprechung ausgesprochen hatte und ebenfalls vor dem Disziplinar-Ausschuss erscheinen musste.

Wenig später reagierte der Prüfungsjahrgang der Richterschule auf die Abschaffung des Praktikums an den Pariser Gerichtshöfen mit einer nicht genehmigten elftägigen Konferenz in der Sorbonne, was ebenfalls disziplinarische Maßnahmen nach sich zog.

Im folgenden Jahr war es die offenkundig aus politischen Gründen veranlasste Versetzung des Richters Etienne Ceccaldi, die dem Konflikt neue Nahrung gab. Der Richter, der sich mit den Finanzgeschäften einiger großer Erdöl-Firmen befasst hatte, lehnte es ab, die von ihm bearbeiteten Fälle nieder zu legen und weisungsgemäß eine neue Stelle anzutreten. Gegenüber der Drohung Lecanuets, Sanktionen zu ergreifen, beschloss das *Syndicat*, Ceccaldi durch einen Streik zu Hilfe zu kommen. Am 10. Juni 1976 traten 550 Richter in Streik, ließen die Arbeit ruhen und setzten sich damit beruflichen Nachteilen aus[59].

Mochten diese und andere Affären die Kontroverse immer wieder in die Presse bringen, so entzündete sich die inhaltliche Debatte an dem Vorhaben der Regierung Chirac, schärfere Sicherheitsgesetze einzuführen.

Von 1963 bis 1973 hatten, wie Innenminister Michel Poniatowski vor der Nationalversammlung im Oktober 1975 ausführte, Straftaten, Delikte und Verbrechen um 156 Prozent zugenommen. Den Nachweis über das Zustandekommen der Zahl allerdings blieb der Minister schuldig, so dass das SM auf die mangelnde Stichhaltigkeit der entsprechenden Daten verweisen konnte. Auf einem kurzfristig anberaumten Kolloquium, auf dem etliche Fachleute zu Wort kamen, setzte sich das *Syndicat* mit dem Thema »innere Sicherheit« auseinander und zeigte die Hintergründe der Regierungspläne auf.[60] Das Argument des Ministers, die öffentliche Ordnung sei gefährdet, solle bei den Bürgern den Wunsch nach schärferen Sicherheitsgesetzen zu Tage fördern, ein Wunsch, dem die Regierung nur allzu gern

59 Als Lecanuet 1976 das Justizministerium verließ, folgte ihm für kurze Zeit Olivier Guichard im Amt. Dieser versuchte, die Wogen zu glätten und ließ die Verweise in den Personalpapieren der Richter, die an dem Ausstand teilgenommen hatten, streichen.

60 *Justice*. 20 ans de syndicalisme judiciaire 1968–1988, 34.

bereit sei, nachzukommen. Neue Sicherheitsgesetze unter dem Oberbegriff »Sécurité – liberté«, die unter der Ägide von Jean Foyer erarbeitet worden waren, lägen seit einiger Zeit zur Einführung bereit. Zudem setze die immer wieder kehrende Betonung der innenpolitischen Gefährdung durch Kriminalität die staatliche Administration in den Stand, auf die Richterschaft Druck auszuüben, um mit dem Argument, die Justiz würde nicht gegen die Unsicherheit der Bürger einschreiten, diese in den Augen der Öffentlichkeit zu diskreditieren.

In der Tat hatte Innenminister Michel Poniatowski vor der Deputiertenkammer »le comportement trop laxiste des magistrats« beklagt, das die guten Fahndungsergebnisse der Polizei zunichte mache, weil gefährliche Gewalttäter zu schnell wieder in die Freiheit entlassen würden.[61] Wenig später beschrieb der Minister die von ihm gewünschte Zielrichtung der Urteile: «Sagen wir es offen, es ist wünschenswert, dass die Entscheidungen der Justiz mehr den Schutz der Gesellschaft, der ordentlichen Leute, anstreben, als sich um das Schicksal und die Zukunft der Straftäter zu kümmern.«[62]

Im Zuge der Auseinandersetzung suchte die Administration nach Mitteln und Wegen, um die Richter »zur Räson« zu bringen. Es ging darum, wie es Hubert Dalle, der Generalsekretär des SM ausdrückte, »die Richter zu ändern, die Richter auszuwählen und die Richter zu unterdrücken«.[63] Dabei bezog sich die Absicht, »die Richter zu ändern« auf eine verstärkte Kontrolle der Richterausbildung. Die in der Richterschule und in den Praktika abgeleistete Lehrperiode wurde stufenweise verkürzt und eingeschränkt, die Inhalte der Lehrprogramme verändert. »Die Richter auszuwählen« bezog sich auf Neuregelungen, die das Ziel hatten, für Seiteneinsteiger den Eintritt ins Richteramt zu erleichtern, ihre Zahl und Rolle zu erweitern. Waren schon bisher entsprechende Bemühungen mit dem Argument gerechtfertigt worden, dies sei zur Auffüllung des ungenügenden Richter-Nachwuchses nötig, so verbarg das auf Initiative von Jean Foyer verabschiedete Gesetz von 1975 nicht mehr die Absicht, die Richterschaft in ihrem Bestand umzugestalten. Bis zu 33 Prozent der vakanten Richter-

61 »Das zu lasche Verhalten der Richter«; zit. nach *Le Monde*, 23.Okt. 1975.

62 »Disons le franchement, il est souhaitable que les décisions de justice visent plus à la protection de la société , des honnêtes hommes, qu'à se préoccuper du sort et de l'avenir des criminels«; zit. nach *Le Monde*, 12/13. Okt. 1975.

63 »Changer les juges, choisir les juges et réprimer les juges«; Dalle, Hubert in: *Justice*, Nr. 44, 4.

stellen konnten von nun an durch die Regierung frei vergeben werden. Darüber hinaus erhielten die Kammervorsitzenden größere Spielräume in der Besetzung der Positionen. Ab 1976 erschwerte eine Verordnung das Nachrücken junger Abgänger der Richterschule in die Zentralverwaltung des Justizministeriums; erst nach vierjähriger Tätigkeit an einem Gerichtshof konnten sie dort eine Anstellung erzielen.

Verschärft wurde auch die Gangart gegenüber einzelnen Richtern, die sich in den Augen der staatlichen Obrigkeit oder der korporativen Hierarchie als unkooperativ erwiesen hatten. Ihnen entzog die Administration bestimmte, als kontrovers eingestufte Verfahren, sie wurden versetzt oder in ihrem Fortkommen behindert. In zahlreichen Fällen kam es zu Verweisen und Rügen oder die Hierarchie schaltete das Disziplinargericht ein. Diese Vorkommnisse riefen ihrerseits Solidarisierungskampagnen von Seiten der Richterverbände, Demonstrationen und Streiks auf den Plan, die breit in der Presse besprochen wurden. Das aufgeheizte Klima der Konfrontation schlug sich 1977 und 1978 in zwei terroristischen Anschlägen auf den Sitz des *Syndicat de la magistrature* in Paris nieder, die glücklicherweise keine Opfer forderten. Die Taten konnten nie aufgeklärt werden.

Im November 1975 kündigte ein Deputierter der Liberal-demokratischen Partei Giscard d'Estaings mit den Worten »Die *Syndicats* haben ebenso wenig ihren Platz in der Armee, wie sie ihn in der Richterschaft haben können«[64] einen Gesetzesantrag an, der der Richterschaft das Recht entziehen sollte, sich gewerkschaftlich, also in »syndikaler Form« zu organisieren. Die Empörung unter den Mitgliedern der beiden Richterverbände war einhellig. Man protestierte öffentlich gemeinsam und kündigte mit Unterstützung der Gewerkschaften Streikmaßnahmen an, sollte der Gesetzantrag zur Abstimmung gelangen.

Erst ein Jahr später reichte der Deputierte seinen Gesetzentwurf ein. Dieser richtete sich aber nicht, wie angekündigt, gegen das Recht, sich als *syndicat* zu konstituieren, sondern strebte ein verschärftes Gebot der politischen Zurückhaltung an. »Die Verpflichtung zur Zurückhaltung richtet sich ebenso an einzelne Richter wie an Gruppierungen, Vereinigungen oder Gewerkschaften von Richtern. Sie einbezieht insbesondere das Verbot aller Erklärungen, Anträge, Mitteilungen oder Demonstrationen, die

64 »Les syndicats n'ont pas plus leur place dans l'armée qu'ils ne peuvent l'avoir dans la magistrature«, zit. nach NPJ, Nr. 273, Nov. 1975, 4 »Le syndicalisme en péril«.

geeignet sind, den Gang der Justiz zu lenken oder durch Vorbehalte zu verändern.«[65]

Die beiden Verbände SM und USM schlossen aus dem Text, dass hier der entscheidende Schlag gegen die Richterverbände geführt werden sollte. Das wesentliche Aktionsmittel der Organisationsform eines »syndicat«, seine Meinungsfreiheit und die Möglichkeit, in der Öffentlichkeit zu wirken, sollten beseitigt werden. Auf ihren Jahreskongressen 1977 kündigten beide Verbände eine umfassende Mobilisierung an. Ein gemeinsamer Aktionstag von SM, USM, der Vereinigung der Richter in der *Résistance*, der Vereinigung der Jugendrichter, der Haftrichter etc., wurde für den 25. Mai vorgesehen, da einen Tag später die Beschlussfassung in der Nationalversammlung erfolgen sollte. Die Ankündigung verfehlte offenbar nicht ihre Wirkung: kurz vor dem anberaumten Aktionstermin distanzierte sich Justizminister Peyrefitte von dem umstrittenen Gesetzantrag und zog ihn zurück.

Anders das Schicksal der Reformgesetze «Sécurité et liberté», die sich, wie der SM anmerkte, unterschiedslos gegen Terrorismus, soziale Unruhe und Kriminalität richteten und die im April 1980 vom Parlament verabschiedet wurden. Ziel dieser Neuregelung war, die Repression von Straftaten als »légitime défense« der herrschenden Ordnung zu deklarieren; dabei sollte die Rechtsprechung in ein enges Korsett eingebunden werden; einschränkende gesetzliche Vorgaben nahmen den jeweiligen Urteilsspruch weitgehend vorweg.

Als sich die Richterverbände vehement gegen die vorgesehene Gängelung und die repressive Härte der Reform zur Wehr setzten, ließ die Reaktion des Justizministers Peyrefitte nicht auf sich warten. Er startete seinerseits eine Pressekampagne im *Paris-Match* unter dem Titel »Richter, die Franzosen mögen Euch nicht!« (»Juges, les Français ne vous aiment pas!«). Die Veröffentlichung in dem Blatt, das wenige Jahre zuvor seinen Bericht über die »juges rouges« noch mit einiger Sympathie für die rebellischen jungen Richter abgefasst hatte, zeigte damit an, dass die Konfrontation von Staatsmacht und Justiz begann, das Publikum zu ermüden.

65 »L'obligation de réserve s'impose aussi bien aux magistrats qu'aux groupements, associations ou syndicats de magistrats. Elle s'étend notamment à l'interdiction de toutes déclarations, motions, communiqués ou manifestations susceptibles d'orienter, de préjuger ou d'altérer le cours de la justice«; zit. nach *Justice* 77, Nr. 51/52, Febr. 77 »Le congrès«, 8.

Zu diesem Zeitpunkt hatte das *Syndicat* den Höhepunkt seiner Breitenwirkung bereits überschritten. Mit der Eindeutigkeit seiner politischen Parteinahme setzte der Bedeutungsverlust des Verbandes ein: viele Verbandsmitglieder waren nicht willens, das Grundprinzip der richterlichen Neutralität aufzugeben und zogen es vor, das *Syndicat* zu verlassen.

Um 1978/1979 stellte sich das *Syndicat* zwar geschlossener – weil ohne innere Abweichler – aber auch schwächer dar. Mehr als 500 Mitglieder hatte der Verband verloren[66] und war dabei, wegen seiner nun eindeutig ideologischen Festlegung ein Gutteil seines öffentlichen Ansehens zu verspielen. Es hatte sich in eine Situation manövriert, die gekennzeichnet war durch den Verlust seiner Rolle als »Garant des libertés«. Ein letztes Mal versuchte 1978 eine Gruppe von Gemäßigten unter Führung von Pierre Lyon-Caen und Michèle Sabatini durch Mitarbeit im Vorstand die Radikalisierung einzudämmen. Umsonst! Die Abstimmungen im Verband zeigten das Scheitern des Versuchs an. Was übrig blieb, war eine homogene, aber zahlenmäßig geringe Gruppe.

8.5 Der politische Standort

Die Frage, inwieweit das SM selbst sich als politische Gruppierung verstand, wurde 1976 auf einem Treffen angesprochen, das von der *Commission sur les libertés* anberaumt worden war. Diesen Ausschuss hatte das Parlament im Zuge der Spannungen um die Aktivitäten der Richterschaft eingerichtet. Zur Ausschusssitzung am 21. April 1976 hatte der Vorsitzende auch Vertreter der beiden Richterverbände eingeladen und legte ihnen die Frage vor, inwieweit ihr jeweiliger Verband als »politische« Organisation einzustufen sei.[67] Im Verlauf der teilweise stürmischen Aussprache sprach der Vertreter des *Syndicat de la magistrature*, Hubert Dalle, davon, dass die Justiz durch die ständige Verbindung zur Bevölkerung hin durch diese legitimiert werden müsse. »Der Richter muss sich bereit finden, sein Handeln zu erklären und zu rechtfertigen.«[68] Doch verstehe das SM sich nicht als politische Organisation, denn sein Ziel sei nicht die Erringung der

66 Genaue Mitglieder-Zahlen des *Syndicat de la magistrature* wurden nicht veröffentlicht.

67 Die Debatte wurde im Heft des *Nouveau Pouvoir Judiciaire*, (Organ der Union syndicale des magistrats), Nr. 276, Juli 1976, 21–26 veröffentlicht.

68 »Il faut que le juge accepte de rendre compte de ses actes et de s'en expliquer«, ebd., 25.

staatlichen Macht. Ob der Verband sowohl Mitglieder zähle, die zur Opposition neigten, wie solche, die der Mehrheit nahe stünden, fragte der Ausschussvorsitzende nach. Wenige der Richter gehörten einer Partei an, antwortete Dalle. In jedem Fall strebe der Verband größtmögliche Pluralität an. Er verfolge eine Strategie »der direkten Demokratie« und habe keine programmatische politische Zielsetzung entwickelt.

Tatsächlich beschrieb das SM sich selbst stets als einen Verband, der eine Politik »de rupture«, des Bruchs, ablehne. Er hatte sich in den 70er Jahren zum gesellschaftspolitischen Faktor entwickelt, dessen Auftrag, wie er selbst es sah, darin bestand, schicksalhafte Ungerechtigkeiten auszugleichen. Die Rechtsprechung hatte nach seiner Sicht stärker auf der Seite der Schwachen zu stehen. Sie bildete ein »Contre-Pouvoir«, ein Gegen- und Kontrollgewicht gegenüber den staatlichen Gewalten, weil – so das SM – deren Handeln von den Interessen und den Beharrungskräften der dominierenden Bevölkerungsgruppen diktiert würden. »Der Richter ist nicht neutral, stellte der Verband programmatisch fest, seine Entscheidung erfolgt nicht losgelöst von jedem Engagement: es ist im Gegenteil ein politischer Akt.[69] Er resümierte, dass diese politische Qualität nicht etwa eine neue Errungenschaft sei, sondern seit jeher mit dem Richteramt verbunden gewesen sei; nur habe man bisher dieses Wesensmerkmal geleugnet.

Dass sich das *Syndicat* der »Justice sociale« und damit insgesamt dem linken politischen Lager zugewandt hatte, ergab sich nach dieser Deutung aus den Machtverhältnissen der bestehenden Ordnung und aus dem dieser Gesellschaftsstruktur entsprechenden politischen Regime.

Es stellt sich aber die Frage, welcher der verschiedenen parteipolitischen Gruppierungen innerhalb des breiten Spektrums der »Linken« sich das *Syndicat de la magistrature* zuordnete.

Die sozialistische Partei hatte sich 1972 mit der Kommunistischen Partei (PCF) auf ein gemeinsames Aktionsprogramm geeinigt, das als gemeinsame Plattform für die Wahlen zur Nationalversammlung von 1973 und im Falle eines Wahlsieges als Regierungsgrundlage dienen sollte. In dem Text spielte die Justiz zwar keine zentrale Rolle, doch hatten die einzelnen Parteien Überlegungen zu einer Justizreform ausgearbeitet.

Im Programm der Sozialistischen Partei (PS) gehörten zu den angestrebten Zielen die Reduzierung des staatlichen Einflusses auf die Richterkarriere, die Schaffung eines Verfassungsgerichts, das den *Conseil Constituti-*

69 Charvin, La justice en France, 37.

onnel ablösen sollte, die Reform des Obersten Richterrates, die Abschaffung einiger hierarchischer Stufen, Vorstellungen, die zu diesem Zeitpunkt auch das *Syndicat* vertrat. Besondere Bedeutung kam innerhalb der Sozialistischen Partei der Gruppe CERES[70] zu, einer Gruppierung am linken Rand der Partei, die sich vor allem aus jungen Intellektuellen, oft Absolventen der ENA, zusammensetzte und die weitgehend für die programmatische Orientierung des PS verantwortlich war. Ihr Leitgedanke zielte auf die Einführung der »Autogestion«, der Selbstverwaltung der Justiz, ab. Zwischen dem CERES und dem *Syndicat de la magistrature* gab es »osmotische Verbindungen«[71], wie sich an zahlreichen Stellungnahmen ablesen lässt. Der Generalsekretär des Verbandes in den Jahren 1972 bis 1974, Jean-Pierre Michel, der maßgeblichen Anteil an der parteipolitischen Orientierung des SM hatte, gehörte offenbar der CERES-Gruppe an.

Ein weiterer Strang personeller Verbindungen bestand zwischen dem *Syndicat de la magistrature* und dem *Parti socialiste unifié* (PSU), der 1960 aus unterschiedlichen Splittergruppen gegründeten Partei »Vereinigte Sozialistische Partei«, die allgemein als kreatives »Ideenlabor der Linken« angesehen wurde. Sie setzte, was ihre Vorstellungen von einer Justizreform anbetraf, auf eine Art Volksrichter, also Richterwahl, Abschaffung der Richter-Hierarchie, Betonung kollektiver Entscheidungen bei der Urteilsfindung. In ihren Reformüberlegungen ging sie weiter als die anderen Parteien.

Weniger ausgeprägt scheint die Verbindung zum PCF, dem *Parti communiste français*, gewesen zu sein. Das Argument der marxistischen Rechtssoziologie, dass die Justiz zwangsläufig ein Instrument der herrschenden Klasse darstelle und ihr jegliche Befriedungsfunktion fehle, mag für diese distanzierte Haltung mit verantwortlich gewesen sein. Der PCF verwarf darüber hinaus den Anspruch nach Selbstverwaltung, die nach seiner Ansicht die Initiative allein Intellektuellen und einer Gruppe von Führungspersönlichkeiten überlassen hätte. Wenngleich etliche Verbandsmitglieder mit marxistischem Gedankengut »flirteten«, so hatte doch nur eine kleine Zahl von ihnen in der kommunistischen Partei ihre politische Heimat.[72]

Während das rechte und das liberale Parteienspektrum in der Mitgliederstruktur des *Syndicat* de la magistrature keine Rolle spielte, war, was das linke Parteienspektrum anbetraf, die politische Orientierung des *Syndicat de la magistrature* vielgestaltig und nicht einer einzelnen politischen Gruppie-

70 Centre d'études, de recherches et d'éducation socialistes.
71 Zit. nach Robert, On les appelle, 139.
72 Dazu Robert, On les appelle, 143.

rung zuzuordnen. Was den Verband mit dem linken Lager insgesamt verband, war sowohl die Übereinstimmung in der stärkeren Ausrichtung an »sozialen« Grundsätzen, also der Neigung, die Interessen von Minderheiten und Unterprivilegierten zu unterstützen[73], wie auch Teile seiner Programmatik. So hatte sich, wenn auch innerhalb des Verbandes nicht unumstritten, das SM zum »grade unique« bekannt, einer Richterschaft, die ohne hierarchische Struktur organisiert sein sollte, also ohne die leidige Abhängigkeit in der Laufbahn-Gestaltung, einer Richterschaft, die ihre Kammervorsitzenden und Gerichtspräsidenten selbst wählte, die keine Orden oder Ehrungen für die Richter zuließ und damit alle Formen einer Einflussnahme durch obrigkeitliche Maßnahmen ausschloss.

Chazal de Mauriac, einer der gemäßigten Sprachführer der zweiten Generation von Verbandsmitgliedern, verortete 1974 die inhaltliche Orientierung des SM innerhalb der sozialistischen Bewegung, während das ganze Spektrum des linken Lagers sich tendenziell in der Mitgliederschaft des *Syndicat de la magistrature* wiederfinde[74].

Mit Freude und Genugtuung erlebten 1981 die Mitglieder des *Syndicat* das »Wunder vom 10. Mai«[75]: François Mitterrand gewann gegen den Amtsinhaber Giscard d'Estaing die Wahl zum Staatspräsidenten. Am 21. Juni komplettierte die Wahl zur Nationalversammlung den Triumph der linken Parteien. Erstmals seit 23 Jahren hatte die Opposition die Stimmenmehrheit errungen; der so lange erhoffte Wandel war greifbar nahe.

Wie erwartet honorierte die neue Regierung die politische Vorleistung der Richterverbände. Während der frühere Vorsitzende der USM, André Braunschweig[76], zum Kabinettschef des neuen Justizministers Robert Badinter ernannt wurde, bekleideten mehrere Gründungsmitglieder des SM, Pierre Lyon-Caen, Louis Joinet, Dominique Charvet, hohe Beraterposter in der Regierung. Etwa zehn weitere Mitglieder des *Syndicat* traten als Mitarbeiter in verschiedene Ministerialkabinette ein.

In einer der ersten Sitzungen des Parlaments stellte der neue Justizminister in einer eindrucksvollen Rede den Antrag auf Abschaffung der To-

---

73 Deutlich ist dabei der Einfluss der *Confédération française démocratique du travail* (CFDT), die 1964 aus der der linkskatholischen Arbeiterbewegung entstammenden *Confédération française des travailleurs chretiens (CFTC)* hervorging.

74 Nach Robert, On les appelle, 140.

75 Soulez-Larivière, *Les juges dans la balance*, 210.

76 Von 1974–1978 Vorsitzender erst der UFM, dann der USM.

desstrafe. Trotz der in der französischen Bevölkerung nach wie vor vorherrschenden Zustimmung zu dieser Sanktionsform, stimmte die Versammlung einstimmig dem Gesetzesantrag zu. Wie auch in weiteren Reformen so auch hierin folgte die Regierung den Vorarbeiten des *Syndicat de la magistrature*. Ebenfalls abgeschafft wurden alle Sondergerichte, die Militärgerichtshöfe, ebenso wie die Hochsicherheitstrakte in den Haftanstalten. Das Gesetz »anti-casseurs« wurde aufgehoben und schließlich das Regelwerk »Sécurité – liberté« gekippt. Mit Genugtuung verfolgte das SM und mit ihm die Richterschaft insgesamt die Verwirklichung lang gehegter Überzeugungen. Zunächst erschien es eindeutig, dass der Justiz unter dem neuen Regime ein anderer Stellenwert eingeräumt werden sollte.

Allerdings begann sich unter den neuen Machtverhältnissen der Richterverband SM die Frage vorzulegen, wie er es mit der Nähe zur exekutiven Macht halten wollte. Sollte er sich konstruktiv an der Regierungsarbeit beteiligen, was bedeutete, sich pragmatisch realisierbaren Planungen zuzuwenden? Dies schloss einerseits die Gefahr ein, sich dem Vorwurf der »connivence«, des stillschweigenden Einverständnisses mit den Mächtigen, auszusetzen, zum anderen gäbe der Verband mit seiner regierungskritischen Rolle einen Teil seiner Identität auf. Oder sollte er vorziehen, in Entsprechung zum Selbstbild des »Contre-pouvoir«, weiterhin eine oppositionelle Haltung einzunehmen, dies aber zu einem Zeitpunkt, wo endlich die Chance auf Verwirklichung etlicher seiner Forderungen bestand?

Wie sich bald zeigte, bedurfte es in der Frage »Contre-Pouvoir« oder Regierungsnähe keiner Festlegung; zu kurze Zeit nur währte die Harmonie. Der in der Regierungsarbeit nötige Pragmatismus führte zur ersten Ernüchterung. Die gegenüber Immigranten betriebene Politik der neuen Regierung stieß auf heftige Ablehnung in den Kreisen des Richterverbandes SM. Zudem schien die Regierung sich in Fragen der richterlichen Unabhängigkeit und der Reform des Obersten Richterrates nicht zu bewegen. In den Richterverbänden begann sich die Euphorie aufzulösen.

Als ein Jahr nach dem Machtwechsel André Braunschweig sein Amt als Kabinettschef niederlegte, war das Verhältnis soweit abgekühlt, dass sich Justizminister Badinter öffentlich über das Desinteresse beklagte, das die Richterverbände gegenüber der Regierung zur Schau trügen. Vor allem unter konservativen Richtern regte sich Widerstand gegen die Rechtspolitik der neuen Regierung: 200 Richter, davon einige Mitglieder des USM, schlossen sich aus Protest zusammen und bildeten einen neuen Richterverband, die *Association professionelle de la magistrature* (APM).[77] In ihren Reihen stellten ältere und hochrangige Richter die Mehrheit.

Wenn auch in der Folge die neue Vereinigung nie mehr als 500 Mitglieder gewinnen konnte und damit kein Gegengewicht gegen die beiden großen und medienpräsenten Richterverbände bildete, bestand immerhin nun ein Reservoir an rechtspolitischen Vorstellungen, aus dem die politische Rechte in den Perioden schöpfen konnte, in denen sie erneut die parlamentarische Mehrheit bildete.

In den folgenden Jahrzehnten erfuhr das Verhältnis Staatsmacht: Justiz keine grundlegende Veränderung. Es blieb gekennzeichnet von Spannungen und Zwistigkeiten, war doch die Richterschaft nicht mehr bereit, sich unwidersprochen der Prärogative der Exekutivgewalt zu fügen. Sie hatte sich innerhalb des Zeitraums 1946 bis 1981 eine Position als Gegengewicht erobert, gestützt auf den hohen Stellenwert, den sie in der öffentlichen Wahrnehmung innehatte. Die von den Richtern weiterhin unternommenen Bestrebungen, die Mitglieder des Obersten Richterrats CSM durch die Richter selbst wählen zu lassen und so der politischen Macht das zentrale Kontrollmittel über die Justiz zu nehmen, blieben ohne Erfolg. Für diesen Schritt in die richterliche Selbstverwaltung hätte es einer verfassungändernden Mehrheit in der Nationalversammlung bedurft, die bislang nicht zustande kam.

Das *Syndicat de la magistrature* schien fürs Erste, da nun 1981 sein Ziel erreicht und die selbst gestellte Aufgabe erfüllt war, den Zenith seiner Wirkung überschritten zu haben. Es blieb dauerhaft die kleinere Richtervereinigung, zwar bei weitem gewichtiger an Mitgliederzahl und Bedeutung als die neue APM, aber nicht in der Lage, den alten Mutterverband *Union syndicale des magistrats* zu überflügeln. Die Dynamik, die es in dem Bemühen an den Tag gelegt hatte, der Justiz zu der ihr zustehenden Position zu verhelfen, hatte ihn Grenzen des zivilen Gehorsams überschreiten und Provokationen begehen lassen; sie hatte die Richterschaft aber auch in die Lage versetzt, der Staatsgewalt Paroli zu bieten und sich der allzu engen Bindungen an die Macht zu entledigen. Damit hatte das *Syndicat de la magistrature* einen wesentlichen Beitrag geleistet für die Umgestaltung und Modernisierung der französischen Justiz. Es hat die Rechtsprechung gewissermaßen für die Gegenwart gerüstet, die, folgt man der Einschätzung

77 Dazu Soulez-Larivière, *Les juges dans la balance*, 219.

von Antoine Garapon und Denis Salas, anderen Herausforderungen gegenüber steht als die Richterschaft der Nachkriegszeit. »In dreißig Jahren«, konstatieren beide Autoren, »hat sich die Justiz und haben sich die Justizberufe stärker gewandelt als in mehreren Jahrhunderten. In unseren demokratischen Gemeinwesen sieht die Rechtsprechung ihre Stellung unversehens herausgehoben. Während man früher von ihr verlangte, die sozialen Beziehungen zu befrieden, die Maßnahmen des Staates vermittelnd weiterzugeben oder Sitte und Anstand zu bewahren, wird sie heute ganz unvermittelt darum gebeten, die Welt zu ordnen.«[78]

78 Garapon/Salas, *La République pénalisée*, 41.

9. Schlussbetrachtung

Der Zeitraum 1946 bis 1981 erwies sich für die französische Richterschaft in mehrfacher Hinsicht als die entscheidende Phase des 20. Jahrhunderts. In dieser Zeitspanne vollzog sich der Wandel, der den Berufsstand in die Modernität führte. In erster Linie prägt, unabhängig von den unterschiedlichen Bereichen, den Formen und Ergebnissen, in denen sich Veränderungen manifestierten, ein zentrales Wesensmerkmal diese Zeitspanne. Es ist das Ringen der Richter und ihrer Korporation um mehr Selbstbestimmung von den politischen Gewalten. Diese 35 Jahre bilden den Schauplatz, auf dem die französische Richterschaft das erste Kapitel des Kampfes um ihre Unabhängigkeit ausfocht.

Politische Rahmenbedingungen und äußere Geschehnisse brachten die Richter dazu, sich ihrer Abhängigkeiten bewusst zu werden, ihre Rolle im Kräftefeld der gesellschaftlichen Akteure kritisch zu hinterfragen und einen neuen Standort zu suchen.

Um diesem Wandel nachzuspüren und den Veränderungen, die sich daraus ergaben, auf den Grund zu gehen, scheint es sinnvoll, die Zeitspanne in Einzelsegmente zu zerlegen und so in ihren einzelnen Bestandteilen zu analysieren.

Eine erste Periode lässt sich von 1946, dem Beginn der Vierten Republik, bis 1958, dem Aufkommen des gaullistischen Regimes, datieren und könnte unter dem Begriff »Phase der Desorientierung« gefasst werden.

Desorientiert und vom Trauma der *Epuration* gezeichnet, die sie mit der Anklage konfrontierte, sie habe sich ohne Gegenwehr in die Repressionspolitik des Vichy-Regimes einbinden lassen, war die Richterschaft während der Vierten Republik darauf bedacht, Wohlverhalten zu üben und dem Gebot der »Zurückhaltung« in jeder Weise gerecht zu werden. Die Verfassung von 1946 bestimmte ihr als hierarchisches Aufsichtsorgan einen Obersten Richterrat. Dieser war, um der in der Vergangenheit so unheilvollen Bindung an die exekutive Macht ein Ende zu setzen, so konstituiert, dass er sich aus Persönlichkeiten zusammensetzte, die durch die Legislative zu wählen waren. Diese Struktur verminderte zwar die Abhängigkeit der Justiz von der Staatsführung, ließ aber Raum für parteipolitische Einflussnahme. Vor allem enttäuschte sie die Hoffnungen der Richter auf mehr Autonomie der »Dritten Gewalt«.

Nahezu zeitgleich mit dem Entstehen der Vierten Republik verschärfte sich die Frage der algerischen Unabhängigkeit. Da Algerien wie ein Departement des Mutterlandes verwaltet wurde und die Regierung in Paris sich weigerte, dem Konflikt die Konditionen eines Krieges zuzugestehen, war die französische Justiz gerichtlich zuständig für die Gewaltakte des sich radikalisierenden Konflikts, für die Anschläge der Kämpfer des algerischen *Front de libération nationale* (FLN), für die Vergeltungsaktionen der französisch-europäischen Bevölkerung, für die Repressionsmaßnahmen des Militärs, später für die Übergriffe der *Organisation armée secrète* (OAS). Es erwies sich, dass die Justiz mit der Aufarbeitung der Gewalttaten überfordert war, doch blieb ihre Beteiligung unverzichtbar, um den Anschein der Rechtstaatlichkeit aufrecht zu erhalten. Zunehmend übernahm das Militär die Initiative, die Richterschaft ließ sich, ohnmächtig gegenüber den Exzessen, im Sinne der Staatsräson instrumentalisieren. Die jungen Richter, die im Rahmen ihres Wehrdienstes in Algerien Dienst taten, nahmen aus dieser Phase einen bleibenden Eindruck mit, den des Missbrauchs der Justiz durch die Dominanz der politischen Macht.

An den Verwerfungen der Algerien-Problematik zerbrach die Vierte Republik. General de Gaulle betrat erneut die politische Bühne. Die Periode, die sich nun anschließt und bis 1968 erstreckt, könnte mit der Leitlinie »Instrumentalisierung durch die Exekutive, dabei aber innerkorporative Sammlung und Selbstvergewisserung« beschrieben werden.

Die unter der Ägide General de Gaulles entstandene Verfassung der Fünften Republik brachte die institutionelle Neuordnung, in der die parlamentarischen Befugnisse beschnitten wurden, die Rolle des Staatspräsidenten hingegen großen Machtzuwachs erlangte. Diese neue Gewichtverteilung erlaubte der Exekutive, ungehindert ihre Vorstellungen vom wirtschaftlichen und technologischen Aufschwung zu realisieren; sie erfreute sich dabei der anhaltenden Zustimmung der Bevölkerung, die in Referenden deutlich wurde. Manche Teilbereiche des öffentlichen Lebens allerdings gerieten im Zuge der politischen Effizienz-Steigerung ins Hintertreffen.

Zu diesen gehörte die Richterschaft. In der Neuordnung der Fünften Republik war sie, die in den Verfassungstexten nur noch als »autorité judiciaire« erschien, der geringen Selbstverwaltungsvollmachten verlustig gegangen, die die Vierte Republik ihr zugebilligt hatten. Der Oberste Richterrat und damit die Kontrolle über das Beförderungssystem gerieten unter die Weisungsbefugnis des Staatspräsidenten. Den Protest der Richterschaft wegen der Abwertung des Obersten Richterrates minderten einige seit langem geforderte Zugeständnisse. Dazu gehörten unter anderem die materielle Besserstellung der Richter und die Schaffung einer zentralen Ausbildungsstätte für Richter, des *Centre national d'études judiciaires* (CNEJ) in Bordeaux.

In zunehmendem Maß jedoch stellte sich für die Richterschaft, die sich in der *Union fédérale ds magistrats* (UFM) einen Berufsverband geschaffen hatte, die Situation der Justiz unter dem gaullistischen Regime als »Krise« dar. Diese äußerte sich in der von der politischen Obrigkeit betriebenen Missachtung standespolitischer Forderungen und der Hintansetzung rechtspolitischer Interessen hinter Gesichtspunkte wirtschaftlicher und technologischer Entwicklung. Die Richterschaft war sich bewusst, dass sie, gewissermaßen obrigkeitlich sanktioniert, in der Öffentlichkeit an Prestige und Ansehen einbüßte. Zudem bestätigte de Gaulles unbedenklicher Umgang mit den Prinzipien der Rechtstaatlichkeit im innenpolitischen Bereich das Bild der Richterschaft als das eines willfährigen Instruments in den Händen der Politik.

Gleichzeitig trieb die zu geringe Zahl nachwachsender Richter wie auch die sich ausweitende Verrechtlichung aller Lebensbereiche das Justizwesen an die Grenze seiner Leistungsfähigkeit.

Der Ursprung für die Fehlentwicklung lag, wie der Richterverband *Union fédérale des magistrats* (UFM) erkannte, in der Abhängigkeit der Rechtsprechung von den politischen Gewalten. Die Veränderung dieses Befundes aber schien nicht möglich, da die Fünfte Republik 1958 in ihrer Verfassung die Rolle der Justiz in einer Weise beschnitten hatte, die es nicht erlaubte, sich der politischen Instrumentalisierung zu entziehen. Zudem hatten sich die Richter per Eid auf Zurückhaltung in politischen Fragen festgelegt und folgten damit der Tradition, die dem Richter eine Stellung außerhalb und oberhalb der Alltagsquerelen der Bevölkerung zuwies. Man verzichtete darauf, sich in das »Handgemenge der Straße« zu begeben, dort wirkungsvoll die Fehlentwicklungen zu benennen und für die eigenen Interessen zu werben. Der Protest fand Niederschlag nur innerhalb der Standesorganisationen.

Allerdings mischte sich in diesen Protest und in den Diskurs der Richtervereinigung UFM zunehmend die Frage nach dem rechtsstaatlichen Charakter der Fünften Republik und nach der »staatstragenden Rolle« der Justiz. Unter ihrem Vorsitzenden Jean Louis Ropers schien der Unmut der *Union fédérale des magistrats* erstmals ein Ventil in der Öffentlichkeit zu suchen. Man bemühte sich, aus der Isolierung herauszutreten und über die Presse das Ohr der Allgemeinheit zu gewinnen. Doch zeitigte der Diskurs nicht die erhofften Resultate. Weder zeigte die Bevölkerung Neigung, sich zum Anwalt der Richterschaft im Spannungsverhältnis Staat-Justiz zu machen, noch sahen die politischen Akteure Anlass, ihre Politik der Gängelung zu revidieren. Vielmehr stützte die französische Bevölkerung bis 1968 in den von de Gaulle anberaumten Referenden vorbehaltlos die autoritäre Politik des Regimes. In Anbetracht der Ermangelung einer wirkungsvollen politischen Opposition hätte nur über die weitergehende Mobilisierung der öffentlichen Meinung und als deren Vermittlungsinstanz über die Medien die Chance bestanden, Druck auf die Regierung auszuüben. Doch nach dem Misserfolg der Öffnungskampagne zog sich die Richterschaft in Bitterkeit vom Forum der öffentlichen Meinungsbildung zurück.

Erst im folgenden Zeitabschnitt von 1968 bis 1974, der mit den Begriffen »Auflösung der Blockierung innerhalb der Richterschaft und Schritt an die Öffentlichkeit« subsumiert werden kann, erfolgte eine Neupositionierung der Richterschaft.

Das eruptive Aufbrechen von Widerstand gegen die staatlichen Autoritäten im unruhigen Sommer 1968 machte neue Entwicklungen möglich und setzte langfristig den Aufbruch der Fronten in Gang: Es bahnte sich nun eine Entwicklung an, die die Stellung der Justiz im Dreiecksverhältnis Politik – Justiz – Öffentlichkeit nachhaltig verändern und die öffentliche Meinung dauerhaft für die Belange der Rechtsprechung sensibilisieren sollte.

Im Juni 1968 gründeten junge Richter, die im Unterschied zur Vorgängergeneration gemeinsam auf der Richterschule in Bordeaux ausgebildet worden waren und sich solidarischem Handeln verpflichtet fühlten, das *Syndicat de la magistrature*, eine Richtergewerkschaft. In planvoller Übertretung der den Richtern auferlegten »politischen Zurückhaltung« ging der neue Verband mit den Medien eine wirkungsvolle Zusammenarbeit ein, um die Justiz gegenüber der Öffentlichkeit zu öffnen und transparent zu machen. Zudem eröffneten die mit Interessenverbänden und Körperschaften gepflegten institutionalisierten Netzwerke neue Einsichten in die Funktionsweise des gesamtgesellschaftlichen Gefüges. Mit fundierter Sachkenntnis übte der Richterverband SM scharfe Kritik an den sozialen und politischen Verhältnissen und machte sich damit in kurzer Zeit zum viel beachteten Faktor des öffentlichen Lebens. Zugleich aber rückte die neue Rolle ihn in eine zunehmend oppositionelle Position. Solange die Gründergeneration des *Syndicat de la magistrature* die Fäden in der Hand hielt, blieb die Entwicklung zu Radikalisierung und Politisierung gebremst.

Die sich nach dem Abtreten der Gründungsväter abzeichnende Tendenz zur Radikalisierung – weniger in der Rechtsprechungstätigkeit als in der öffentlich-wirksamen Aktivität – bezeichnet eine weitere von 1974 bis zum Wahlsieg der Sozialistischen Partei 1981 anhaltende Periode, die als »Politischer Frontwechsel« erscheint.

Ergaben die ersten Jahre des *Syndicat de la magistrature* eine eindeutig positive Bilanz, die sich in der gesteigerten Aufmerksamkeit der Öffentlichkeit für die Belange der Justiz und in etlichen Zugeständnissen der politischen Kräfte zeigte, so neigte der Verband nach 1972 in zunehmendem Maß zur politischen Parteinahme. Mit eindeutigen Stellungnahmen und einigen spektakulären Gerichtsverfahren im konfliktträchtigen Bereich der Arbeitsgerichtsbarkeit verließ das SM das begrenzte Feld standes- und rechtspolitischer Zielsetzungen und stieß in das Feld sozialer Reformpolitik vor. Im Rahmen der »justice sociale« galt die Parteinahme den Unterprivilegierten; das Gesetz war als »outil de travail« Instrument zur Durchsetzung einer anderen Form von Gerechtigkeit, wo »der Schwache dem Starken, der Arme dem Reichen vorzuziehen war, […] wohl wissend, dass das eine wie das andere nicht immer mit der richterlichen Definition des ›Rechtsbrechers und seines Opfers‹ übereinstimmen«.[1]

Die Rigorosität seiner öffentlichkeitswirksamen Aktionen zog dem *Syndicat de la magistrature* die Gegnerschaft des konservativen Lagers zu; aber auch im Innern brachte die Politisierung schmerzhafte Zerwürfnisse und Mitgliederverluste.

Zahlenmäßig reduziert und mit dem Beinamen als »juges rouges« politisch gekennzeichnet, erlebte der Verband 1981 den Wahlsieg des politischen Feldes, dessen Aufkommen er mit allen Kräften unterstützt hatte.

1 Donzelot, Jacques: ‚Pour cette part d'invention…, in: *Justice: 20 ans de syndicalisme judiciaire 1968–1987*, Sonderheft, no. 120/121, Juni/Sept. 1988, 92.

Wenn auch die Radikalisierung des *Syndicat* von dem mitgliederstärkeren Mutterverband nicht nachvollzogen wurde, so bezeugen doch zahlreiche gemeinsam ausgeführte Aktionen und Solidaritätsbekundungen, auch zahlreiche Urteile von USM-Richtern, dass die gegen die Staatsmacht geführte Protest-Haltung des *Syndicat* von dem konkurrierenden Verband mitgetragen wurde. In der Tat agierte der Richterverband SM als Speerspitze der Richterschaft allgemein, wie der weitere Verlauf bestätigte. Der Gegensatz zwischen Rechtsprechung und Politik, der sich im Untersuchungszeitraum entwickelte und verfestigte, wirkt bis heute fort.

Während des Untersuchungszeitraums erfolgten, neben der Lösung aus den Bindungen zur politischen Ebene, für die französische Justiz, ja für das Rechtsdenken in Frankreich, wesentliche Modernisierungsschritte.

Dem Zeittrend entsprach, dass sich die Rolle des Gesetzes wandelte. Im Verlauf des Untersuchungszeitraums hatte das Gesetz tendenziell seinen Charakter verändert. Von einer eindeutigen, allgemein gültigen und verbindlichen Norm menschlichen Zusammenlebens war es zum Instrument politischen Willens und zum Mittel planender Voraussicht geworden. Damit vervielfachten sich die gesetzlichen Vorgaben und drangen als detaillierte Handlungsanleitungen in alle Bereiche des privaten und öffentlichen Lebens ein. Zudem vermehrten sich die Ebenen der Rechtsquellen. Neben nationale, parlamentarisch abgestimmte Gesetze und behördliche Verordnungen traten Rechtsquellen übernationaler europäischer oder völkerrechtlicher Provenienz, dazu Vorgaben des Gewohnheitsrechts[2] und der Rechtslehre. Der französische Richter hat heute in Bezug auf die Urteilsfindung großen Spielraum in der Auswahl von Rechtsquellen und in deren Interpretation. In der Aufwertung seiner Rolle, der Richterrolle, erkennt Antoine Garapon eine Konstante aller bedeutenden Reformen der letzten 30 Jahre und sieht darin das Merkmal einer modernen komplexen Gesellschaft[3].

Parallel und inhaltlich konsequent – wenngleich für das französische Rechtsdenken eine erstaunliche Wendung – fasste das Konzept einer Verfassungsgerichtsbarkeit als überparlamentarische Normsetzungsinstanz seit den frühen 70er Jahren in Frankreich Fuß. Bereits 1958 hatte die Verfassung den *Conseil Constitutionnel* eingerichtet – allerdings um damit der Regie-

2 Vorgaben der »coutume«, des Brauchtums.

3 Garapon, Antoine: L'évolution du rôle du juge, in: Les cahiers français: Justice, La Documentation française, 1991, 74.

rung gegenüber parlamentarischen »débordements« einen Rückhalt zu sichern. 1974 erweiterte Giscard d'Estaing das Anrufungsverfahren des Rates und legte damit den Grundstein zu einem spezifisch französischen Modell des Rechtstaatskonzepts. Ein neuer Weg zeichnet sich ab, der als Metapher der neuen Richterrolle, ihrer Kompetenz und Bedeutung angesehen werden kann.

Eine weitere Form von Modernisierung lässt sich erkennen, wenn die Funktionsweise der Justiz in den Blick genommen wird. Modernisierung bedeutete für die französische Richterschaft, eine größere Nähe zu den Rechtssuchenden herzustellen, die Justiz auf den Boden des Alltagslebens zu holen und damit eine gerechtere Rechtsprechung zu erreichen. Dieser Trend verlief konform mit dem internationalen Rechtsdiskurs, der die Abkehr von ordnungspolitischen Vorstellungen vollzog und individuelle Antriebe stärker gewichtete. Im Strafrecht manifestierte sich diese Ausrichtung darin, dass die Grundsätze der präventiven Kriminalitätsbekämpfung, der Infragestellung von Strafe und der Wiedereingliederung des Straftäters in die Gesellschaft sich Geltung verschafften.

Insgesamt scheint der Untersuchungszeitraum beispielhaft den spannungsreichen Übergang zweier Stadien auszuweisen. Zwei Phasen lösten einander ab, die unter zwei unvereinbaren Konzepten von Ordnungskulturen standen: die Epoche des Generals de Gaulle, in der die unbeeinträchtigte Funktionsfähigkeit der Zentralgewalt oberste Priorität beanspruchte, um die Bewältigung ungelöster Fragestellungen aus der Vergangenheit (Vergangenheitsbewältigung, Dekolonisierung) zu leisten und in der das Interesse des Gemeinwesens dominierte. Ihr folgte eine neue Epoche, eine Epoche nicht der autoritären Vorgaben und Normen, sondern des Angebots und des Kompromisses, der Welt des Konsums, der Jugend- und Freizeitkultur, in der die Chance zu Wirtschaftswachstum und zur individueller Entfaltung an erster Stelle rangierte und in der die zentrale Anforderung an den Staat darin bestand, dass er möglichst wenig in Erscheinung treten möge.

Die Emanzipation der Justiz aus der Kuratel der Politik und die Übernahme normativer Kontrolle waren dabei Elemente eines allgemeinen Trends, der alle modernen Demokratien prägte. Dass das französische Beispiel zu Beginn des Untersuchungszeitraums in dieser Hinsicht deutlichen Nachholbedarf aufwies, war vielleicht der Grund dafür, dass die Entwicklung hier besonders anschaulich und verdichtet, ja stürmisch verlief.

Chronologie

1944	Befreiung von Paris. Provisorische Regierung Bürgerkriegsähnliche Verhältnisse in Frankreich
1945	Unruhen in Algerien. Krieg in Indochina. Gründung der Union fédérale des magistrats
1946	Verfassung der IV. Republik. Zahlreiche Kabinette lösen sich ab. Politische Strukturkrise bis 1958
1954	Indochina-Krieg durch Genfer Verträge beendet
1958	Armeeputsch in Algerien. Unruhen greifen auf Frankreich über. Ausrufung des Notstandes. Sturz der Regierung. General de Gaulle übernimmt die Regierung. Verfassung der V. Republik verabschiedet: Justiz (Art. 64–66) als »autorité judiciaire«. Staatspräsident als »Garant« der Unabhängigkeit der Justiz und Vorsitzender des Obersten Richterrats (Stellvertreter: Justizminister), der für Berufung der Richter und Disziplinargewalt zuständig ist. Einrichtung des Conseil constitutionnel, der (Anrufung nur durch Staatspräsident und die Kammervorsitzenden) über die Verfassungsmäßigkeit von Gesetzesvorschlägen befindet.
1958/59	Umfassende Justizreform durch Michel Debré: Abschaffung der »juges de paix«, Neuordnung der Gerichtsorte, Reform der hierarchischen Struktur des Richterstandes, Aufbesserung der Richtergehälter, Einführung der Richterschule in Bordeaux (Centre national des études judiciaires CNEJ).
1960/61	Sondergerichte urteilen über Vorkommnisse in Algerien, innenpolitische Unruhen in Frankreich
1961	Staatsstreich der Generäle in Algier.
1962	Vereinbarungen von Evian zur Unabhängigkeit Algeriens. Einführung der Direktwahl des Staatspräsidenten nach Attentat auf de Gaulle.
1968	Mai-Unruhen in Paris. Gründung des Syndicat de la magistrature durch junge, in Bordeaux ausgebildete Richtergeneration. Schnelle Entwicklung des Verbandes.
1969	De Gaulle tritt zurück. Georges Pompidou Staatspräsident.

1971	Der Verfassungsrat Conseil Constitutionnel verwirft ein Gesetzesprojekt der Regierung.
1974	Tod Georges Pompidous. Valéry Giscard d'Estaing Staatspräsident. Giscard d'Estaing erweitert Anrufungsbefugnis des Verfassungsrats auf 60 Deputierte und 60 Senatoren. Umgestaltung der Richterschule in Bordeaux (nun als Ecole nationale de la magistrature ENM)
1975	Affäre Charette : Chapron. Ergebnis: Verschärfung der Arbeitsschutzgesetze.
1981	Strafrechtsreform (loi Sécurité et Liberté) von Innenminister Peyrefitte.
1981	François Mitterrand gewinnt die Wahl zum Staatspräsidenten. Links-Koalition gewinnt Wahl zur Nationalversammlung und stellt Regierung. Aufhebung der Reform »Sécurité et Liberté«. Abschaffung der Todesstrafe. Abschaffung der Sondergerichte

Justizminister:

François Mitterrand	01.02.1956 – 12.06.1957
Michel Debré	01.06.1958 – 07.01.1959
Edmond Michelet	08.01.1959 – 23.08.1961
Bernard Chenot	24.08.1961 – 04.04.1962
Jean Foyer	15.04.1962 – 06.04.1967
Louis Joxe	07.04.1967 – 31.05.1968
Henri Capitant	31.05.1968 – 27.04.1969
Jean-Marcel Jeanneney	28.04.1969 – 21.06.1969
René Pleven	22.06.1969 – 04.04.1973
Jean Taittinger	05.04.1973 – 27.05.1974
Jean Lecanuet	28.05.1974 – 26.08.1976
Olivier Guichard	27.08.1976 – 29.03.1977
Alain Peyrefitte	30.03.1977 – 21.05.1981
Robert Badinter	21.05.1981 –…

Bibliographie

I. Quellen

Archives nationales du Ministère de la Justice, Fontainebleau

Aktenbestände (Cartons):

950407/24
950407/21
CSP 850662 Art. 1
CSP 950407 Art. 1
850211 Art. 52, 55, 56
950407 Art. 1
CSP 850211 Art. 85
CSP 850211 Art. 86
850211 Art. 79
950407 Art. 22

Archives nationales, Paris

Aktenbestände:

BB/30/1843

Rapport, Bericht des Generalstaatsanwalts Maurice Aydalot an den Justizminister, 9. März 1964

Sénat, Seconde session ordinaire de 1969–1970, Nr. 248: Rapport sur le projet de loi organique relative au statut des magistrats par M. Marcel Molle, Sénateur.

Ordonnance no. 58–1270 vom 22. Dez. 1958 »portant loi organique relative au statut de la magistrature«

Organe der Richterverbände:

– Le Pouvoir judiciaire PJ (Union fédérale de la magistrature UFM, 1946–1974)

- Le Nouveau Pouvoir judiciaire NPJ (Union syndicale de la magistrature USM, 1974–1981)
- L'Action judiciaire (Association de la magistrature, 1961–1968)
- Bulletin der Association des auditeurs et anciens auditeurs de la justice AAAAJ, 1961–1968)
- Justice (Syndicat de la magistrature SM, 1968–1981)

II. Gedruckte Quellen

Kongressberichte und Sonderausgaben

Association de la Magistrature: *La justice dans le monde moderne* (Actes du Colloque, Paris, 10–12. Mai 1965), Melun 1966

Béteille, Raoul (Eröffnungsrede zur Sitzungsperiode): *Regards sur la justice et ailleurs*, Paris 1970

Bibliothèque municipale de Mulhouse: *La justice d'aujourd'hui* (Bibliographie), Mulhouse 1977

Braud, Jacques: *La justice, le juge, le justiciable*, (Eröffnungsrede zur Sitzungsperiode), Paris 1973

Bressolet, Marc: *L'accès à la justice*. Rapport préliminaire au Congrès de l'Association nationale des avocats, Paris 1977

Centre de Droit international de l'Institut de Sociologie: *Reflexions sur la définition et la répression du terrorisme* (Actes du Colloque, 19–20 März 1973), Brüssel 1974

Centre d'études et de recherches marxistes. Section juridique:

Justice et démocratie (Actes du Colloque, 30 April 1966), Paris 1968

Centre de recherches pour l'étude et l'observation des conditions de vie: *Aide judiciaire et accès à la justice*, Paris 1976

Centre de sciences politiques de l'Institut de sciences juridiques, Nice: *La Justice*, Paris 1961

Congrès des avoués de France: *La Justice, les auxiliaires de justice devant les problèmes actuels* (Dijon 28–29 Mai 1962), Paris 1962

Eglise catholique romaine. Synode des évêques: *Le sacerdoce ministériel. La justice dans le monde*, Paris 1971

Facultés de Droit et des sciences économiques, Toulouse : *Droit, économie et société* (Actes du Colloque, 28–31 Mai 1958), Paris 1959

Fernet, P.-.: *Recueil complet des travaux préparatoires du Code civil*, Bd. 15, Paris 1825

France: *Organisation judiciaire et statut de la magistrature (Ordonnances du 22 déc. 1958 et du 4 févr. 1959)*, Paris 1959

France, Ministère de l'économie et des finances: *Organisation judiciaire de la France*, Paris 1971

France (La Documentation française): *L'Organisation judiciaire en France*, Paris 1978

France: *Code de l'organisation judiciaire*, Paris 1978

France (Ministère de la Justice): *Compte général de l'administration de la justice civile et commerciale et de la justice criminelle*, Melun verschiedene Jahrgänge

France (La Documentation, Direction): *Quelques problèmes de l'information. Presse, radio, télévision, publicité*, Paris 1969

France (La Documentation française): *Rapports sur les problèmes posés par les sociétés des rédacteurs*, Paris 1970

France (La Documentation française): *Le Secrétariat d'Etat à l'action sociale et à la réadaptation (1968–1972)*, Paris 1972

France (La Documentation française): *Mai 1968*, Paris 1988

France: *Chronologie des évènements de mai 1968, notes et études documentaires*, Paris 1970

L'Homme et la Justice, Sonderausgabe der »Table ronde«, Nr. 225, Okt. 1966

Instituts d'études judiciaires: *La logique judiciaire* (Actes du Colloque), Paris 1969

Instituts d'études judiciaires, Toulouse: *Le principe de la publicité de la justice* (Actes du Colloque), Paris 1969

Institut d'études politiques, Strasbourg: *Justice et politique* (Actes du Colloque, 6–8 April 1973), Strasbourg 1974

Institut de philosophie du droit comparé, Toulouse : *Droit et nature des choses (*Actes du Colloque, Toulouse, 16–21 Sept. 1964), Paris 1965

Justice. Cahiers français, Nr. 251, Mai–Juni 1991

Justice. Syndicat de la magistrature: *20 ans de syndicalisme judiciaire 1968–1988*, Sonderheft Nr. 120/121, Juni–Sept. 1988

Justice. Syndicat de la magistrature: *20 ans de motions 1968–1987*, Sonderheft, Paris 1988

Justice 69, (Sonderausgabe der Société d'éditeurs parisiens associés), Paris 1969

La Justice contestée (Sonderausgabe der Zeitschrift «*Projet*»), Paris 1972

La Justice en France (Sonderausgabe der Zeitschrift *Après-demain*, Organ der Liga für Menschenrechte), Nr. 39, März 1970

La justice en question (Sonderausgabe der Zeitschrift ›*La Nef*‹), Jahrg. 27, Nr. 39, Januar–März 1970

Les justices d'exception et la presse française, Paris 1962

Laroque, Martial: *La justice et l'information* (Eröffnungsrede zur Sitzungsperiode), Melun 1965

Maus, Didier: *Recueil de textes et documents sur la pratique institutionnelle de la Ve. République* (La Documentation française), 2. Aufl., Paris 1982

Mazet, Jacques (Eröffnungsrede zur Sitzungsperiode): *L'équité dans la Justice*, Melun 1965

More, Jacques (Eröffnungsrede zur Sitzungsperiode): *Reflexions sur la justice*, Lyon 1971

Pégourier, Yves (Eröffnungsrede zur Sitzungsperiode): *Humanisme et justice en Occident et au Tiers Monde*, Chambéry 1963

Pinsseau, Henri: *L'organisation judiciaire en France*, (La Documentation française), Paris 1978

Police-Revue : *L'Organisation judiciaire de la France*, Paris 1977
La Police en France (Sonderausgabe der Zeitschrift *La Nef*), Heft Nr. 14, Juni–Sept. 1963
Prelot, Marcel: *Pour comprendre la nouvelle Constitution. Etudes et documents*, Paris 1958
Remontrances du Parlement de Paris au XVIIIe. Siècle, 3 Bde. (Hg. Jules Flammermont), Paris 18888–1889
Rémy, Michel (Eröffnungsrede zur Sitzungsperiode): *Justice et évolution*, Bourges 1973
Syndicalisme, Justice et Liberté. Le juge, garant des libertés, est-il libre lui-même? (Sonderausgabe von Justice, Organ der Richtergewerkschaft SM), November 1970
Travaux de l'Association Henri Capitant : *La notion de l'Ordre public et des moeurs dans le droit privé* (2. internationaler Kongress der Association Henri Capitant, 1952), Nr. VII, Montréal 1965
Union fédérale des magistrats: *Au service de la pensée judiciaire,* Melun 1971
Université de Paris: *L'intervention judiciaire et l'emploi* (La Documentation française), Paris 1979

III. Literatur

Alleg, Henri: *La question*, Paris 1958
Agor, André: *Histoire d'un procès ou pour une justice électronique*, Paris 1969
Ancel, Marc: *La défense sociale nouvelle*, Paris 1954
– *La défense sociale nouvelle. Un mouvement de politique criminelle humaniste*, Paris 1966
Archives de philosophie du droit: *Qu'est-ce que la philosophie du Droit?* Paris 1962
Arnaud, André Jean: *Essai d'analyse structurale du Code civil. La règle du jeu dans la paix bourgeoise*, Paris 1973
– *Les juristes face à la société du XIXe siècle à nos jours*, Paris 1975
– *Le droit trahi par la philosophie*, Rouen 1977
– *La Justice*, Paris 1977
Aron, Raymond: *Essai sur les libertés*, Paris 1965
– *Über die Freiheiten.* Essay, Frankfurt 1965
– *Histoire de l'Epuration*, Bd.1 De l'indulgence aux massacres (novembre 1942-septembre 1944), Paris 1944; Bd. 2 Des prisons clandestines aux tribunaux d'exception (septembre 1944-juin 1949), Paris 1969
Arpaillange, Paul: *La Simple question*, Paris 1980
Arrighi, Paul: La liberté de l'homme face à la justice, in: La Justice en question, La Nef, Heft 39, Jan.-März 1970
Aubenas, Roger: *La Justice*, Paris 1961
– La justice, in: *La Justice*, (hg. vom Centre des sciences politiques de l'Institut d'études juridiques de Nice), Paris 1961

Aubin, Bernhard: *Der juristische Hochschulunterricht in Frankreich und seine Reform*, Tübingen 1958
Audibert, Marcel: *Essai sur le juriste,* Paris 1960
Aujol, Jean-Louis: *Les mains de Pilate: adresse à la justice politique*, Paris 1976
– *Un avocat dans le siècle de Poincaré à Mitterrand,* Paris 1989
Aydalot, Laïli: *Les procès civils*, Paris 1971
Aydalot, Maurice: *Magistrats*, Paris 1975
– Le magistrat dans la cité et dans le siècle, in: Farcy, Jean-Claude: *Magistrats en majesté. Les discours de rentrée aux audiences solennelles des cours d'appel*, Paris 1998, S. 307ff
Babinet, François: Association ou syndicat de magistrats et profession judiciaire française, in: *Justice et politique.* Actes du colloque tenu à Strasbourg, 6–8 avril 1973, Strasbourg 1974, S. 121-132
Bachelier, Christian/Peschanski, Denis: *L'épuration de la magistrature de la Révolution à la Libération*, Paris 1994
Balmary, M: Recrutement, formation, Perfectionnement des magistrats de l'ordre judiciaire, in: *La justice dans le monde moderne* (Kolloquium), Paris 1966, S. 111–152
Ballreich, Hans: Das Staatsnotrecht in Frankreich, in: *Das Staatsnotrecht. Beiträge zum ausländischen öffentlichen Recht und Völkerrecht*, Heft 31, Köln 1955, S. 34ff.
Bancaud, Alain: Une »constance mobile«, la Haute magistrature, in: *Actes de la recherche en sciences sociales*, mars 1989, S. 30–48
– *La haute magistrature judiciaire entre politique et sacerdoce ou Le culte des vertus moyennes*, Paris 1991
–/ Rousso, Henri: L'Epuration des magistrats à la Libération (1944–1945), in: *L'Epuration de la magistrature de la Révolution à la Libération. 150 ans d'histoire judiciaire*, Paris 1993
– La haute magistrature sous Vichy, in: *Vingtième siècle*, Nr. 49, 1996
– *Une exception ordinaire. La magistrature en France 1930–1950*, Paris 2002
Baring, Arnulf: Frankreichs legale Diktatur, in: *Juristenzeitung*, 1961, S. 411–415
Barraquin, Yves: *Les Français et la justice civile, enquête psychosociologique auprès des justiciables*, Paris 1975
Barthélemy, Hubert: Une justice dépendante, in: *La Justice contestée*, Sondernummer der Zeitschrift« Projet«, Mai 1972, S. 515–646
Bastid, Paul: Les principes généraux de la nouvelle constitution française, in: *Revue internationale de droit comparé*, Bd. 11, 1959, S. 334ff
Batigne, Jacques: *Un juge passe aux aveux*, Paris 1973
Bäumer, Hartmut: Untersuchungsrichter Charette und der Unternehmer Chapron, in: *Kritische Justiz*, Nr. 9, 1976, S. 279–281
Bensaid, Daniel/Weber, Henri: *Mai 1968, une répétition générale*, Paris 1968
Berlia, Georges: Le problème de la constitutionalité du referendum du 28 octobre 1962, in: *Revue du droit public* (RDP), 1962, S. 936–946

– L'article 16 et son application, in: *Revue du droit public* (RDP), 1961, S. 1029–1036
– Le contrôle du recours à l'article 16 et de son application, in: *Revue du droit public* (RDP), 1962, S. 288
– Le problème de la constitutionnalité du réferendum du 28 octobre 1962, in: *Revue du droit public et de la science politique*, 1962, S. 936–946

Berstein, Serge: *La France de l'expansion. I. La République gaullienne 1958–1969*, Paris 1989

Berton, Henry: *Organisation judiciaire et procédure civile*, Paris 1959

Bertrand, L.: Les articles 34, 37 et 41 de la Constitution, in: *Conseil d'Etat, Etudes et Documents*, 1959, S. 67ff

Besson, André: *Le projet de réforme de la procédure pénale*, Paris 1956

Besson, Antonin: Le *Mythe de la justice*, Paris 1973
– Le Conseil supérieur de la Magistrature, in: *Recueil Dalloz*, Chroniques, 1960, S. 1ff.
– Le secret de la procédure pénale et ses incidences, in: *Recueil Dalloz*, 1959
– L'origine, l'esprit et la portée du code de procédure pénale, in: *Revue de science criminelle*, 1959

Blet, Jean-François: Le syndicat de la magistrature et la crise de l'Ecole nationale de la magistrature, in: *Justice et Politique*, Actes du colloque tenu à Strasbourg, 6–8 avril 1973, Strasbourg 1974, S. 133–152

Bloch-Michel, J.: *Les journées de mai 1968*, Paris 1968

Bodiguel, Jean-Louis: *Les Magistrats. Un corps sans âme?* Paris 1991

Boedels, Jacques: *Les habits du pouvoir. La Justice*, Paris 1992

Boigeol, Anne: *Comment devient-on magistrat?* Paris 1991
– La formation des magistrats, de l'apprentissage sur le tas à l'école professionnelle, in: *Actes de la recherche en sciences sociales*, März 1989, S. 49–64

Bokelmann, Elisabeth: Justiz zwischen Krise und Triumph, in: *Frankreich-Jahrbuch 2001.* (Hg. Lothar Albertin u.a.), Opladen 2001
– Die Richterschaft in der Fünften Republik: Aufbruch und Emanzipation?; in: *Frankreich-Jahrbuch 2001.* (Hg. Lothar Albertin u.a.), Opladen 2001
– Richterschaft und Politik in der beginnenden Fünften Republik: ein »Lagerwechsel«?, in: *Recht und Justiz im gesellschaftlichen Aufbruch (1960–1975),* (Hg. Jörg Requate), Baden-Baden 2003

Bouchardon, Pierre: *Souvenirs*, Paris 1953

Boucher, Philippe: *Le Ghetto judiciaire*, Paris 1978

Bourdieu, Pierre: La force du droit. Eléments pour une sociologie du champ juridique, in: *Actes de la recherche en sciences sociales*, Nr. 64, Sept. 1986, S. 1–19

Boure, Robert/Mignard, Patrick: *La crise de l'institution judiciaire*, Paris 1977

Bourguet-Chassagnon, Mariannick: *Le syndicalisme judiciaire (1968–1995)*, Diss., Université de droit et science politique de Reims 1997

Boyer, Robert: *La justice dans la balance*, Paris 1976

Braud, Philippe/Burdeau, François: *Histoire des idées politiques depuis la Revolution*, 2. Aufl., Paris 1992
Brédin, Jean-Denis: *L'Affaire*, Paris 1995
– La garde à vue, in: *La Nef*, Nr.14, 1963, S. 128f
–/ Badinter, Robert: La justice en question, Artikelserie in *Le Monde*, Okt., Nov. 1969
Brexl, Walter: *Die Rechtsstellung des französischen Richters unter besonderer Berücksichtigung des Arbeitsrichters*, Diss., Würzburg 1971
Brun, A.: *La jurisprudence en droit de travail*, Paris 1967
Brunet, Charles: Les libertés, in: *Après-demain* (Organ der Liga für Menschenrechte), Sonderausgabe Nr. 39, März 1970
Buchloh, Ingrid: *La justice contestée*, Bielefeld 1973
Buffard, Somine: *Le froid pénitentiaire*, Paris 1973
Burdeau, Georges: *Les libertés publiques*, 2. Aufl., Paris, 1961
– *Traité de science politique*, 7 Bde., Paris 1949–1956
– *Droit constitutionnel et institutions politiques*, 12. Aufl., Paris 1966
Burin, Frederic S.: Machtausübung und Rechtstaatlichkeit in der V. französischen Republik, in: *Politische Vierteljahresschrift*, 1964, S. 390–409
Cacheux, Albert: *Les fauteurs d'injuste justice*, Fontenay-le-Comte 1970
Caldus: *Pour une réforme de la Justice*, Paris 1969
Cam, Pierre: *Les prud'hommes, juges ou arbritres?* Paris 1981
– Juges rouges et droit du travail, in: *Actes de la recherche en sciences sociales*, Januar 1978, S. 2–27
Capdevielle, Jacques/Moriaux, René: *Mai 68. L'entre-deux de la Modernité. Histoire de 30 ans*, Paris 1988
Cappanera, Le Père Raoul S.J.: *La Justice et la Paix*, Paris 1967
Carbonnier, Jean: *Essais sur les lois*, Paris 1979 ,
– *Les éléments fondamentaux du droit*, Paris 1957
– La part du Droit dans l'angoisse contemporaine, in: *Le monde en devenir*. Encyclopédie française, Bd. XX, Paris 1959
– *Flexible droit. Textes pour une sociologie du droit sans rigueur*, Paris 1969
– *Sociologie juridique*, Paris 1972
– *Rechtssoziologie*, Berlin 1974
Casamayor, Louis (Pseudonym von Serge Fuster): *La justice pour tous*, Paris 1969
– *Où sont les coupables?* Paris 1953
– *Les juges…*, Paris 1956
– *Le Bras séculier, justice et police*, Paris 1960
– *La justice, l'homme et la Liberté*, Grenoble 1964
– *Combats pour la justice*, Paris 1968
– *Si j'étais juge*, Paris 1970
– *Questions à la justice*, Paris 1974
– *La tolérance*, Paris 1975
– *La justice*, Paris 1978

– *Et pour finir le terrorisme*, Paris 1983

Chaplet, Pierre: *La réforme judiciaire et ses options*, Paris o. J.

Charle, Christophe: Les magistrats en France au XIXe siècle. Les fondements sociaux et politiques d'une crise prolongée, in: *El tercer podèr. Hacia una comprehensión historíca de la justicia contemporánea en Espana*, hg. von J.M. Scholz, 1992, S. 119–135

Charles, Raymond: *Histoire du droit pénal*, Paris 1955

– *La justice en France*, Paris 1978

Charvin, Robert: *La Justice en France. Mutations de l'appareil judiciaire et lutte de classes*, Paris 1976

Chatelain, Jean: *La nouvelle Constitution et le régime politique de la France*, Paris 1959

Chauvaud, Frédéric: La magistrature et les chemins incertains de la professionnalisation de L'An VIII, in: *La professionnalisation des classes moyennes*, Talence 1996, S. 37–57

– *Le juge, le tribun et le comptable, Histoire de l'organisation judiciaire entre les pouvoirs, les savoirs et les discours (1789 – 1930)*, Paris 1995

– *Les magistrats*, Paris 1978

Chazelle, René: *Pour une réforme des institutions judiciaires*, Paris 1969

Chevallier, Jacques: *L'élaboration historique du principe de séparation de la juridiction administrative et de l'administration active*, Paris 1970

Chevallier, Roger Michel: L'article 16 de la Constitution française. Mythe et réalité, in: *Zeitschrift für ausländisches öffentliches Recht und Völkerrecht*, Band 22, 1962, S. 212–238

Claassen, Emil-Maria/Peters, Louis-Ferdinand: *Rebellion in Frankreich. Die Manifestation der europäischen Kulturrevolution 1968*, München 1968

Club Jean Moulin: *L'Etat et le citoyen*, Paris 1961

– *Staat und Bürger*, Stuttgart 1964

– *Que faire de la révolution de mai*, Paris 1968

– *Un parti pour la Gauche*, Paris 1965

Les clubs politiques en France, Paris 1965

Cocatre-Zilgien, André: *L'Affaire Argoud. Considérations sur les arrestations internationalement irrégulières*, Paris 1965

Colliard, Claude-Albert: *Libertés publiques*, Paris 1959

Commaille, J.: Justice: crise de confiance, in: *Français qui êtes-vous?* (hg.von J.-D. Reynaud/Y. Graffmeyer), Paris 1981

Coquet, James de: *La justice poursuivant le crime*, Paris 1977

Cornec, Jean: *A quoi ça tient!* Paris 1977

Costa, Jean-Louis: Nécessité, conditions et limites d'un pouvoir judiciaire en France, in: *Revue française de sciences politiques*, Bd. 10, Nr. 2, Juni 1960

– *Les institutions judiciaires*, Paris 1962

– *Liberté, ordre public et justice en France*, Paris 1965

Courtois, Stéphane/Lazar, Marc: *Cinquante ans d'une passion française*, Paris 1991

Crozier, Michel: Disparition du Politique, in: *Pouvoir et société* (Hg. vom Centre catholique des intellectuels français), Paris 1966

– *La société bloquée*, Paris 1970

– *L'acteur et le système*, Paris 1977

David, René: *Le Droit français*. Bd. 2, Principes et tendances du Droit français, Paris 1960

Desordre chez les agents de l'ordre, in: *La misère du monde* (Hg. Paul Bourdieu), Paris 1993, S. 273–278

Desprée, Sylvain: *Et devant les hommes*, Paris 1973

Dévillé, Anne: L'entrée du syndicat de la magistrature dans le champ juridique en 1968, in: *Droit et Société*, Nr. 22, 1992

Dezalay, Yves: Multinationales de l'expertise et déperissement de l'Etat, in: *Actes de la Recherche en sciences sociales*, Nr. 96/97, März 1973, S. 3–20

Dictionnaire des compétences des juridictions françaises, Créteil 1977

Dictionnaire historique de la vie politique française au XXe. Siècle, (Hg. Jean-François Sirinelli), Paris 1995

Dillaz, Serge: *La chanson française de contestation. Des barricades de la Commune à celles de Mai 1968*, Paris 1973

Drago, Roland: L'état d'urgence et les libertés publiques, in: *Revue du droit public*, 1955

– La réforme du Conseil d'Etat, in: *Actualité juridique: Droit administratif*, 1963, S. 525

Droz, Bernard/Lever, Evelyne: *Histoire de la guerre d'Algérie 1954–1962*, Paris 1982

Duhamel, Jean: *La justice discutée*, Paris 1955

Dumas, Roland: *Les avocats*, Paris 1977

Duprat, Gérard: Pour une étude politique de la crise de la magistrature française, in: *Justice et Politique*. Actes du colloque tenu à Strasbourg, 6–8 avril 1973, Strasbourg 1974, S. 217–258

Durkheim, Emile: *Sociologie et philosophie*, Neu-Ausgabe, Paris 1951

Duverger, Maurice: *Les institutions françaises*, Paris 1962

– *La cinquième République*, Paris 1959

– *Eléments de droit public*, Paris 1957

– *Le système politique francais. Droit constitutionnel et systèmes politiques*, 19.Aufl., Paris 1986

Ehrmann, Henry W.: *Das politische System Frankreichs. Eine Einführung*, München 1976

– Direct Democracy in France, in: *American Political Science Review*, 1963, S. 901

Ellul, Jacques: Initiales pour l'étude de la relation entre les émeutes de Mai–Juin 1968 et le droit, in: *Archives de philosophie du droit*, Bd. 14, S. 5–21

Epistemon: *Ces idées qui ont ébranlé la France*, Paris 1968

L'Epuration de la magistrature de la Révolution à la Libération, hg. von der Association française pour l'Histoire de la Justice, Paris 1993

Errera, Roger: *Les libertés à l'abandon*, Paris 1975

»L'expérience du syndicat de la magistrature, Témoignages« (Interview mit Pierre Lyon-Caen),in: *POUVOIRS*, Nr. 16, 1981

Farcy, Jean-Claude: *Guide des Archives judiciaires et pénitentiaires 1800-1958*, Paris 1992

–/ Rousso, Henry: *Justice, répression et persécution en France (fin des années 1930–début des années 1950)*, essai bibliographique, Paris 1993

– *Deux siècles d'histoire de la justice (1789–1989)*, Bibliographie, 2 Bde., Paris 1996

Fau, Guy: La crise de la justice française, in: *Cahiers rationalistes*, Nr. 275, Juni 1970, S. 203–247

Floriot, René: *Für den Angeklagten*, Hamburg 1960

– *Zu Unrecht verurteilt*, Hamburg 1969

– *Les erreurs judiciaires*, Paris 1972

– *Le secret professionnel*, Paris 1973

– *La réforme du divorce*, Paris 1975

Foucault, Michel: *Surveiller et punir. La Naissance de la prison*, Paris 1975

– *Überwachen und Strafen*, Frankfurt am Main 1977

Fougère, Louis (Hg.): *Le Conseil d'Etat, son histoire à travers les documents d'époque, 1799–1974*, Paris 1974

Fragnaud, Maryse: *Les conflits de compétence dans l'ordre judiciaire depuis les décrets du 22 décembre 1958 et du 2 août 1960.* Diss., Université de Rennes 1966.

François, Bastien: *Le régime politique de la Ve. République*, Paris 1998

Friedemann, Wolfgang: *Recht und sozialer Wandel*, Frankfurt am Main 1969

Garapon, Antoine: L'évolution du rôle du juge, in: *La Justice.* Cahiers français, Nr. 251, Mai–Juni 1991, S. 74–82

–/ Salas, Denis: *La République pénalisée*, Paris 1996

– *Bien juger. Essai sur le rituel judiciaire*, Paris 1997

Garçon, Maurice (Mitglied der Académie française): *La justice contemporaine (1870–1932)*, Paris 1933

– *La justice au Parnasse*, Paris 1935

– *Les Presses universitaires pendant l'Occupation*, Paris 1945

– *Le procès du Prix Goncourt*, Paris 1948

– *Procès sombres*, Paris 1950

– *Mal du siècle*, Paris 1951

– *Histoire de la justice sous la IIIe. République*, Aufl.1–7, Paris 1957

– *L'Affaire Sade (procès intenté par le ministère public aux éditions Pauvert)*, Paris 1957

– *Défense de la liberté individuelle*, Paris 1957

– *La peine de mort est primitive*, Paris 1961

– *L'avocat et la morale*, Paris 1963

– *Plaidoyer contre la censure*, Paris 1963

– *Le Palais à l'Académie*, Paris 1965

– *Lettre ouverte à la justice*, Paris 1966

– *Plaidoyer pour les arts et les lettres*, Paris 1966

Gardes, Pierre: *Pris sur le vif. Scènes de la vie judiciaire*, Uzès 1964

Gaudemet, Yves-Henri: *Les juristes et la vie politique de la IIIe République*, Paris 1970

Gaudillère, Emile: Les enseignements juridiques et judiciaires de l'affaire Guy Robert, in: *Syndicalisme*, Nr. 1384, März 1972
De Gaulle, Charles: *Mémoires de guerre*. Bd. 3 : *Le Salut 1944–1946*, Paris 1959
Gény, François: *Méthode d'interprétation et sources du droit privé positif*, Paris 1899
Gerth, Karl Heinz: *Der Staatsnotstand im französischen Recht*, Diss., Universität Mainz 1968
Gilcher-Holtey, Ingrid: *»Die Phantasie an die Macht«: Mai 68 in Frankreich*, Frankfurt am Main 1995
Gillot, Marcel: *Le voleur de galoches*, Villejuif 1971
Giresse, André: *Seul la vérité blesse*, Paris 1988
Goldman, Pierre: *Souvenirs obscurs d'un Juif polonais né en France*, Paris 1977
Goustine, Christian de: *La Justice*, Paris 1974
– *La torture*, Paris 1976
Greilsamer, Laurent/Schneiderman, Daniel: *Les juges parlent*, Paris 1992
Grimaud, Maurice: *En mai, fais ce qui te plaît*, Paris 1978
Grosser, Alfred: France: Nothing but Opposition, in: *Political Oppositions in Western Democraties*, New Haven/London 1965
Guarneri, Carlo/Pederzoli, Patricia: *La puissance de juger. Pouvoir judiciaire et démocratie*, Paris 1996
Guimezanes, Nicole: *Introduction au droit français*, Baden-Baden 1995
Haensch, Günther/Lory, Alain: *Frankreich. Bd.1: Staat und Verwaltung*, München 1976
Hakki Eldem, Sadi: *Le statut des magistrats*, Diss., Paris 1940
Hamelin, Jacques: *Entretiens sur la justice contemporaine*, Paris 1970
Hamon, Hervé/Rotman, Patrick: *Les porteurs de valises*, 2. Aufl., Paris 1982
–/ Rotman, Patrick: *Générations II. Les années de poudre*, Paris 1988
Hamson, C.J.: *Executive Discretion and judicial Control: An Aspect of the Conseil d'Etat*, London 1954
Haro, Alphonse de: *La Justice*, Toulouse 1977
Haupt, Heinz-Gerhard/Kreipe, W.: ›Die Lehren des Mai‹ in: *Dokumente*, Nr. 5/6 (1969) und Nr. 1/2,3/4 (1970)
– Anmerkung zur Kontroverse Poulantzas – Milibaud, in: *Kritische Justiz*, 4/1971, S. 217–234
Hébraut, P.: Justice 1959. I. L'autorité judiciaire; II. Les juridictions, in: *Recueil Dalloz*, Chroniques, 1959
Heidsieck, François: *La vertu de justice*, Paris 1970
Henke, Klaus-Dietmar/Woller, Hans: *Politische Säuberung in Europa. Die Abrechnung mit Faschismus und Kollaboration nach dem 2. Weltkrieg*, München 1991
Héron de Villefosse, René: *Géographie de la liberté: les droits de l'homme dans le monde (1953–1964)*, Paris 1965
Hilaire, Jean: *Histoire des institutions judiciaires*, Paris 1991
Hoffmann, Stanley: *Sur la France*, Paris 1976

Holleaux, André: L'administration des magistrats et leur indépendance, in: *Revue française de science politique*, Bd. XIII, 1963, S. 936–946

Hordern, Francis: *Le personnel judiciaire et les juridictions civiles et pénales*, Aix-en-Provence 1974

Hübner, Ulrich/Constantinesco, Vlad: *Einführung in das französische Recht*, 3. Aufl., München 1994

Imbert, Jean/Levasseur, Georges: *Le pouvoir, les juges et les bourreaux*, Paris 1972

Jacob, Madeleine: *A vous de juger*, Paris 1962

– *Quarante ans de journalisme*, Paris 1970

Jaffré, Yves-Frédéric: *Les tribunaux d'exception*, Paris 1962

– *L'opinion française en 1977*, Paris 1978

Joel, Michel: *Changer la justice*, Paris 1978

Joinet, Louis: L'avenir du syndicalisme judiciaire, in: *La Justice en question,* La Nef, Heft 39, Jan.–März 1970, S. 117–128

Kapp-Schwoerer, Ulrich: *Der politische Strafprozess in Frankreich*, Diss., Freiburg 1973

Kimmel, Adolf: Von der jakobinischen Republik zur rechtsstaatlichen Demokratie, in: *Frankreich-Jahrbuch 2001,* (Hg. Lothar Albertin u.a.), Opladen 2001

Kirchheimer, Otto: *Politische Justiz*, Neuwied/Berlin 1965

Kolm, Serge-Christophe: *Justice et équité*, Paris 1972

Kovar, R./Bloch, G. Ph.: Exécutif et législatif dans la Constitution de la Ve. République, in: *Jahrbuch des öffentlichen Rechts*, Bd. 8, 1959, 215ff.

Lacroix, Jean-Paul: *Le palais indiscret*, Paris, 1965

Laferrière, J.: La raison de la proclamation de la séparation des autorités administrative et judiciaire par l'Assemblée Constituante, in: *Mélanges Négulesco*, 1935

Lafont, Hubert: *Justice en miettes*, Paris, 1979

Lallemand, Paul: *Le recrutement des juges*, Paris, 1936

Lamarque, Jean: La théorie de la nécessité et l'article 16 de la Constitution de 1958, in: *Revue du droit public*, 1961, S. 558–628

Langlois, Denis: *Les dossiers noirs de la justice française*, Paris 1974

Lantier, Jacques: *Le temps des policiers*, Paris 1970

Laroche-Flavin, Charles: *La machine judiciaire*, Paris 1968

– Le magistrat, la justice et l'Etat, in: *Après-demain*, Nr. 122, März 1970

Laurent, Jean-Charles: *Principes de droit judiciaire français*, Paris 1962

Lavirotte, Dominique: *Le véritable enjeu*, Villefranche-sur-Saône 1968

Leclerc, Claude: Le déclin de la voie de fait, in: *Revue du droit public*, 1963, S. 697

Lecrubier, Daniel/Lyon-Caen, Pierre: Si le syndicat de la magistrature nous était conté, in: »*La Table ronde*«, Sonderheft 1988, S. 67–82

Lefèvre, Paul: *Les serviteurs de la Justice*, Paris 1974

Leistner, Georg: Justizreform in Frankreich, in: *Deutsche Richterzeitung* DriZ, 1971, S. 332ff

Lemoine, Yves/N'Guyen, F.: *Le livre noir du S.M.*, Paris 1991

Lenoir, Rémi: La parole est aux juges. Crise de la magistrature et champ journalistique, in: *Actes de la recherche en sciences sociales*, Nr. 101/102, März 1994, S. 77–84

– Désordre chez les agents de l'ordre, in: *La misère du monde* (hg. von Paul Bourdieu), Paris 1993

Lepaulle, Pierre: *La justice*, Paris 1934

Lequenne, Fernand: *Des juges et des hommes*, Paris 1951

Letourneur, Maurice: Les principes généraux du droit dans la jurisprudence du Conseil d'Etat, in: *Conseil d'Etat, Etudes et Documents*, 1951, S. 19

Levasseur, Georges (Hg.): *Les Techniques de l'individualisation judiciaire*, Paris 1971

Lévy-Bruhl, Henri: *Aspects sociologiques du droit*, Paris 1955

Libmann, Jean: *La peau du Justiciable*, Paris 1978

Lindon, Raymond: Liberté du Magistrat, in: *Janus*, Nr. 6, April–Mai 1965

– *Quand la justice s'en mêle*, Paris 1965

–/ Amson, Daniel: Un ombudsman en France?, in: *Semaine juridique*, 1970, Nr. 2322

– *Justice: Un magistrat dépose…*, Paris 1975

Lippens, Louis: *Face à la justice*, Lille 1975

Lombard, Paul: *Mon intime conviction*, Paris 1977

Loschak, Danièle: *Le rôle politique du juge administratif français*, Paris 1972

Loubet, Emile: *L'immobilisme judiciaire*, Courbevoie 1963

Macherez, Claude: *Les films de Cayatte et la loi pénale*, Reims 1970

Madelin, Philippe: *Dossier J comme Justice*, Paris 1978

Madiran, Jean: *De la justice sociale*, Paris 1961

Mager, Wolfgang: *Frankreich vom Ancien Régime zur Moderne. Wirtschafts-, Gesellschafts- und politische Institutionengeschichte 1630 bis 1830*, Stuttgart/Berlin 1980

Marquiset, Jean: *Le journal d'un juge*, Paris 1958

Masson, Gérard: *Les juges et le pouvoir*, Paris 1977

Massu, Géneral: *La vraie bataille d'Alger,* Paris 1971

Mayer, Daniel: La justice : un besoin, in: *Après-demain, Journal mensuel de documentation politique*, 16.März 1970

Mellor, Alec: *Je dénonce la torture*, Paris 1972

Mimin, Pierre: *Le style des jugements*, Paris 1970

Mitterrand, François: Le juge et le policier, in: *La Nef*, Nr. 14, 1963, S. 149–154

Monchablon, Alain: *Histoire de l'UNEF* (Union nationale des étudiants français) 1956–1968, Paris 1983

Monzie, Anatole de: *Grandeur et servitude judiciaires*, Paris 1931

– *La saison des juges*, Paris 1943

Morange, Georges: L'irresponsabilité de l'Etat législateur, in: *Recueil Dalloz*, Chroniques, Nr. 28, 1962

– Le contrôle des décisions prises au titre de l'article 16, in: *Recueil Dalloz*, Chroniques, 1962, S. 109–114

– Les principes généraux du droit sous la Ve. République, in: *Revue du droit public* (RDP), 1960, S. 1188–1197
Morrier, Jacques: *Reflexions sur un projet, justice et vie quotidienne*, Bordeaux 1976
Motulsky,Henri: L'état actuel de la philosophie et de la science du droit en France, in: *Contribution au IIIe. et IVe. Congrès international de droit comparé*, Bd. 1, Paris 1959
Mounier, Jean-Pierre: Du corps judiciaire à la crise de la magistrature, in: *Actes de la recherche en sciences sociales*, Nr. 64, Sept. 1986, S. 21–29
Münster, Arno: *Paris brennt. Die Mai-Revolution 1968*, Frankfurt am Main 1968
Naud, Albert: *Les défendre tous*, Paris 1973
Novick, Peter: *L'Epuration française, 1944–1949*, Paris 1985
Olivier, Gabriel: *L'Affaire du Courrier de Lyon*, Paris 1966
Parias, L.-H.: *Justice n'est pas faite*, Paris 1953
Pascal, Henri: *Une certaine idée de la justice*, Paris 1973
Pelloux, R.: *Le citoyen devant l'Etat*, (Que sais-je?), Paris 1955
Perrod, Pierre Antoine: *Justice et injustices*, Paris 1970
Perrot, Roger: *Institutions judiciaires*, Paris 1983
Philip, Loïc: Les internements administratifs, in: *Recueil Dalloz*, Chroniques, 1963
Piat, Colette: *Une robe noire accuse: la justice démasquée*, Paris 1976
Pierre, Maurice: Le pouvoir et sa police, in: *La Nef*, Nr. 14, 1963, S. 145ff.
Portefaix, Jean: *Histoire de la justice*, Paris 1963
Pottécher, Frédéric: *Les grands procès du siècle*, Paris 1964
– *A voix haute: mémoires*, Paris 1979
Poulantzas, Nicos A.: *Nature des choses et droit. Essai sur la dialectique du fait et de la valeur*, Paris 1965
– *Sociologie politique*, Paris 1973
Prélot, Marcel: *Sociologie politique*, Paris 1973
Quester-Sémeon, Victor: *Requisitoire contre la justice*, Paris 1969
Questiaux, Nicole: Statut, carrière et indépendance du Magistrat français, in: *Justice et politique,* Actes du colloque tenu à Strasbourg, 6–8 avril 1973, Strasbourg 1974
Rassat, Patrick: La magistrature et les évènements du printemps 1968, thèse ronéo. 1970
Rajsfus, Maurice: *Mai 68. Sous les pavés, la répression*, Paris 1998
Rauch, M.J./Schirmbeck, S.H.: *Die Barrikaden von Paris. Der Aufstand der französischen Arbeiter und Studenten*, Frankfurt am Main 1968
Raynal, Jean: *Histoire des institutions judiciaires*, Paris 1964
– *La justice de demain*, Paris 1966
Reliquet, Sandrine: *L'exercise de la magistrature en Algérie d'octobre 1956 à octobre 1958*, Paris 1989
Rémond, René: *Notre siècle, de 1918 à 1991*, Paris 1991
Richard-Molard, Georges/Marc, Gabriel: *Chrétiens face au pouvoir et à la justice sociale*, Paris 1972

Rioux, L./Backmann, R.: *L'Explosion de mai. Histoire complète des »Evènements«. Ce jour-là: 11 mai 1968*, Paris 1968

Rioux, Jean-Pierre/Sirinelli, Jean-François: *La guerre d'Algérie et les intellectuels français*, Paris 1991

Ripert, Georges: *Le déclin du Droit*, Paris 1949

– *Les forces créatrices du droit*, Paris 1955

– *Aspects juridiques du capitalisme moderne*, 2. Aufl., Paris 1951

Rivero, Jean: Le système français de protection des citoyens contre l'arbitraire administratif à l'épreuve des faits, in: *Mélanges Dabin*, Brüssel 1963, Bd. 2, S. 813ff

– Le Huron au Palais Royal ou reflexions naives sur le recours pour excès de pouvoir, in: *Recueil Dalloz*, Chroniques, 1962, S. 37

– Sous-équipement juridique de la France, in: *Recueil Dalloz*, Chroniques, 1967, S. 241

Robert, Marc: *On les appelle les juges rouges*, Paris 1976

Robert, Philippe/Faugeron, Claude: Analyse d'une représentation sociale: les images de la justice pénale, in: *Revue de l'Institut de Sociologie*, Brüssel 1973, S. 31–85

–/ Faugeron, Claude: *La justice et son public*, Paris 1978

Roland, Henri: *Institutions judiciaires*, Lyon 1979

Ropers, Jean-Louis: La défense des interêts professionnels et moraux de la magistrature, in: *Au service de la pensée judiciaire*, Melun 1971

Rougeaux, Jean-Pierre: La Haute Cour de justice sous la Ve. République, in: *Revue du droit public*, 1978, S. 1019–1053

Rousselet, Marcel: *Histoire de la Magistrature française de l'origine à nos jours*, 2 Bde., Paris 1957

– *Les cas de conscience du magistrat*, Paris 1967

–/ Aubouin, Jean-Michel: *Histoire de la justice*, 5. Aufl., Paris 1976

Rousso, Henry: *Le syndrome de Vichy, 1944–1987*, Paris 1987

Royer, Jean-Pierre: *La société judiciaire depuis le XVIIIe siècle*, Paris 1969

– *L'opinion française relative à la criminalité et à la justice pénale*, 13. Conférence de recherches criminologiques 1978, Strasbourg 1979

– *Juges et notables au XIXe. siècle*, Paris 1982

– *Histoire de la justice en France de la monarchie absolue à la République*, Paris 1995

Sauvageot, André: L'origine sociale de la magistrature, in: *Le Pouvoir judiciaire PJ*, Okt. 1954

– L'origine sociale de la magistrature, in: *Le Pouvoir judiciaire PJ*, Febr. 1960

Sauvageot, Jacques/Geismar, André/Cohn-Bendit, Daniel: *La revolte étudiante*, Paris 1968

– *Aufstand in Paris*, Reinbeck 1968

Savatier, René: Le juge dans la cité française, in: *Recueil Dalloz*, Chroniques, 1967, S. 195

Schaeffner, W.: *Geschichte der Rechtsverfassung Frankreichs*, Bd. 4: *Von der Revolution bis auf unsere Zeit*, Frankfurt am Main 1945–1950

Schätzel, Walter: Das französische Recht und seine Entwicklung, in: *Handbücher der Auslandskunde. Frankreichkunde*, Hg. Paul Hartig, Frankfurt am Main 1964

Schill, Hans J.: *Die Stellung des Richters in Frankreich*, Bonn 1961

Schnapper, Bernard: *Voies nouvelles en histoire du droit. La justice, la famille, la répression pénale (XIXe–XXe. siècle)*, Paris 1991

Schneiderfritz, Martin: *Krisenorganisation und Legalitätsprinzip in Frankreich. Entwicklung von der Revolution bis zur Fünften Republik*, Diss., Würzburg 1972

Scholz, Johannes-Michael: Pour une histoire sociale des professions juridiques à l'époque contemporaine, in: *Actes de la recherche en sciences sociales 93* (juin 1992), 117–119.

Schroeder, François-Michel: *Le nouveau style judiciaire*, Paris 1978

Scize, Pierre: *Au grand jour des Assises*, Paris 1955

Sena, Henri: *Histoires judiciaires*, Paris 1975

Servan-Schreiber, Jean-Jacques: *Frankreich steht auf*, Hamburg 1968

Servus juris: *Lettre ouverte à Messieurs les Présidents des Cours de justice*, Paris 1948

Siedentopf, Heinrich: Staatsnotstand und Parlamentsauflösung in der Fünften Republik, in: *Juristenzeitung*, 1968, S. 363–367

Siré, P.: Les problèmes du juge, in: *Revue des Deux Mondes*, Juli 1964

Solon: *Raisons pour la justice*, Paris 1986

Solus, Henri: *Cours de droit judiciaire privé*, Paris 1959

–/ Perrot, Roger: *Droit judiciaire privé*, Paris 1961

Sommier, Isabelle: *La violence politique et son deuil. L'après–68 en France et en Italie*, Rennes 1998

de Soto, J.: La loi et le règlement dans la Constitution de 1958, in: *Revue du droit public*, 1959, S. 240–297

Soulard, Roland: *Dictionnaire judiciaire des communes en France*, Elbeuf-sur-Seine 1962

Soulez-Larivière, Daniel: *Les juges dans la balance*, Paris 1987

– *L'Avocature*, Paris 1990

Souty, P.: *Recueil de jurisprudence en matière constitutionelle et des libertés publiques*, Paris 1950

Stück, H.: Französischer Mai, in: *Blätter für deutsche und internationale Politik*, Nr. 8, 1968

Syndicat de la Magistrature: *›Au nom du peuple français‹*, Paris 1974

– *'Des juges croquent la justice'*, Paris 1978

– *'Justice sous influence'*, Paris 1981

– *La Formation du magistrat. Livre blanc sur le Centre national d'études judiciaires* (Connaissances de la justice), Melun 1969

Le système politique français. Droit constitutionnel et systèmes politiques, 19. Aufl., Paris 1986

Tay, Hugues: *Le système présidentiel et la France*, Paris, 1967

Tercinet, Marcel-René: La liberté de manifestation en France, in: *Revue du droit public*, 1979, S. 1009–1058
Thénault, Sylvie: *Une drôle de justice. Les magistrats dans la guerre d'Algérie*, Paris 2001
Theolleyre, Jean-Marc: *Ces procès qui ébranlèrent la France*, Paris 1966
– *Procès d'après-guerre*, Paris 1985
– *L'accusée, 45 ans de justice en France*, Paris 1991
– *Les médias et la justice. Liberté de la presse et respect du droit*, Paris 1996
Thibaud, Paul: Les atteintes à la sûreté des Français, in: *Esprit*, Nr. 293, März 1969, S. 353–380
– Le Journal d'un juge, in: *Esprit*, Okt. 1954
Thorp, René-William: Le renouvellement de la justice, in: *Revue des Deux Mondes*, 15. Juli 1965
– *Vues sur la justice*, Paris 1962
– *Discours sur la réforme du barreau*, Paris 1955
Tissot, Olivier: *Sans âme ni conscience*, Paris 1975
Touffait, André: Justice civile d'aujourd'hui et de demain, in: *Revue d'information des cadres de la région parisienne*, 1967–1968
Toulemon, André: *En marge du Code et aux alentours du Palais*, Paris 1958
– *Considérations sur le temps présent,* Paris 1964
– *Code de la presse*, Paris 1964
– *Barreau de Paris et barreaux de province*, Paris 1966
Tournoux, Jean-Paul: *Le mois de mai du général*, Paris 1969
Tsoutsos, Athos G.: *Les notions d'administration et de juridiction, leur nature et les relations*, Paris 1968
Ullmann, Jean: *Mémoires d'un président de Cour d'Assises*, Paris 1978
Varaut, Jean-Marc: *La Liberté des temps difficiles*, Paris 1976
Vedel, Georges: *Droit constitutionnel*, Paris 1949
– Vers le régime présidentiel, in: *Revue française de science politique*, 1964, Nr. 14, S. 20–34
Verpraet, Georges: *Le nouveau visage de la magistrature*, Paris 1965
Vidal-Naquet, Pierre: *L'Affaire Audin*, Paris 1958
– *La Gangrène*, Paris 1959
– *La raison d'Etat*, Paris 1962
– *La torture dans la République*, Paris 1972
– /Schnapp, Alain: *Journal de la Commune étudiante*, Paris 1969
Vingtras, Jacques: »Rote Hilfe« und politische Justiz in Frankreich, in: *Kritische Justiz*, Nr.1/1972, S. 24–42
Vogel, Wolfram: Der Conseil constutionnel zwischen Recht und Politik, in: *Frankreich-Jahrbuch 2001* (Hg. Lothar Albertin u.a.), Opladen 2001 S. 97–110
Vouin, Robert: L'application du Code de procédure pénale et le malheur des temps, in: *Revue de science criminelle et de droit pénal comparé*, Jan.–März 1962, S. 65–74
Wagner, Albrecht: Die französische Justizreform, in: *Deutsche Richterzeitung*, 1959, S. 101

Weill, Alex: Influence du droit comparé sur le droit privé français, in: *Revue trimestrielle de droit civil*, 1963, S. 526ff.

Willener, Alfred: *L'image-action de la société ou la politisation culturelle*, Paris 1970

Williams, Philip/Harrison, Martin: The French Referendum of April 1962, in: *Parliamentary Affairs*, 1962, S. 294–306

Zavaro, Maurice: Traditions judiciaires et exigences du monde moderne, in: *Cahiers Laïques*, Nr. 119, Sept./Okt. 1970

Ziebura, Gilbert: *Die 5. Republik. Frankreichs neues Regierungssystem*, Köln 1960

Ziebura, Gerald: Der Staatsnotstand in Frankreich, in: *Der Staatsnotstand*, hg. von E. Fraenkel, 1965, S. 171